Annika Schlouck

Magischer Häkelspass

stv

ANNIKA SCHLOUCK

Magischer HÄKELSPASS

FANTASTISCHE FINGER- UND HANDPUPPEN

EINHORN, SCHMETTERLINGSFEE, WALDWICHTEL & CO.

Leopold Stocker Verlag
Graz – Stuttgart

Umschlaggestaltung:
DSR Werbeagentur Rypka GmbH, 8143 Dobl/Graz, www.rypka.at
Umschlagbilder vorne: Blende 8, Nicole Treinen-Kuhn
Umschlagbilder hinten: Stimmungsbilder: Rene Schlouck, foto-schlouck.de;
Detailfotos: Annika Schlouck.

Bildnachweis:
Detailfotos: Annika Schlouck; alle Stimmungsfotos: Rene Schlouck, foto-schlouck.de, mit Ausnahme von S. 8 u., 16, 50 o., 59 o., 63 li. o.: Blende 8, Nicole Treinen-Kuhn

Lektorat: Annerose Sieck, D-24536 Neumünster

Bibliografische Information der Deutschen Nationalbibliothek
Die Deutsche Nationalbibliothek verzeichnet diese Publikation in der Deutschen Nationalbibliografie; detaillierte bibliografische Daten sind im Internet unter http://dnb.d-nb.de abrufbar.

Hinweis: Dieses Buch wurde auf chlorfrei gebleichtem Papier gedruckt. Die zum Schutz vor Verschmutzung verwendete Einschweißfolie ist aus Polyethylen chlor- und schwefelfrei hergestellt. Diese umweltfreundliche Folie verhält sich grundwasserneutral, ist voll recyclingfähig und verbrennt in Müllverbrennungsanlagen völlig ungiftig.

Auf Wunsch senden wir Ihnen gerne kostenlos unser Verlagsverzeichnis zu:
Leopold Stocker Verlag GmbH
Hofgasse 5/Postfach 438
A-8011 Graz
Tel.: +43 (0)316/82 16 36
Fax: +43 (0)316/83 56 12
E-Mail: stocker-verlag@stocker-verlag.com
www.stocker-verlag.com

ISBN 978-3-7020-1754-5

Layout und Repro: DSR Werbeagentur Rypka GmbH, 8143 Dobl/Graz
Druck: hm•perfectprintconsult•eu

HÄKELINHALT

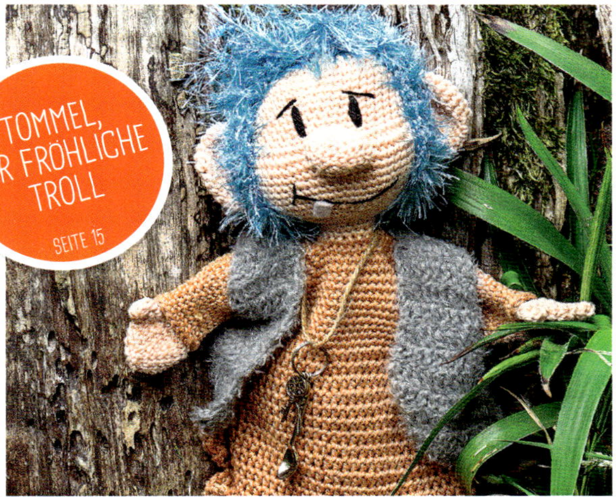

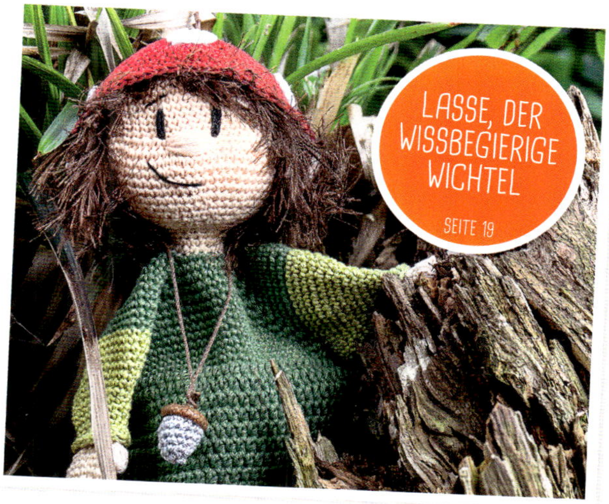

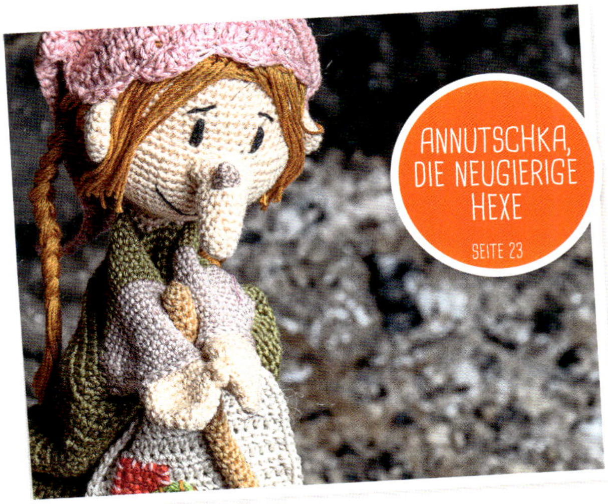

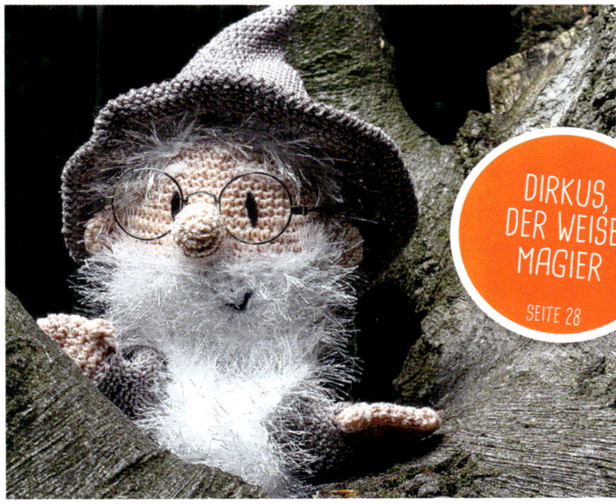

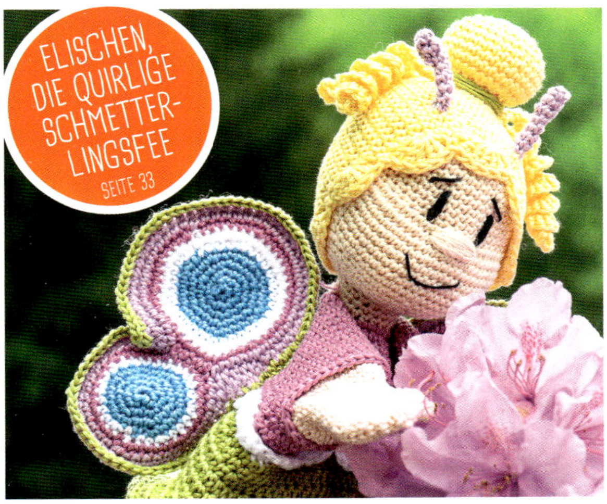

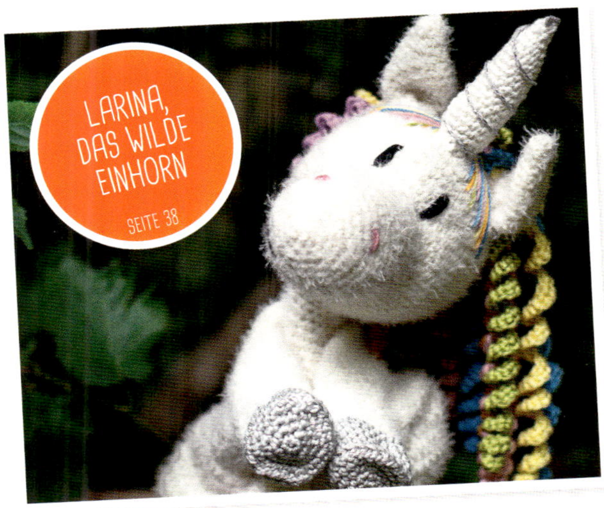

HÄKELINHALT

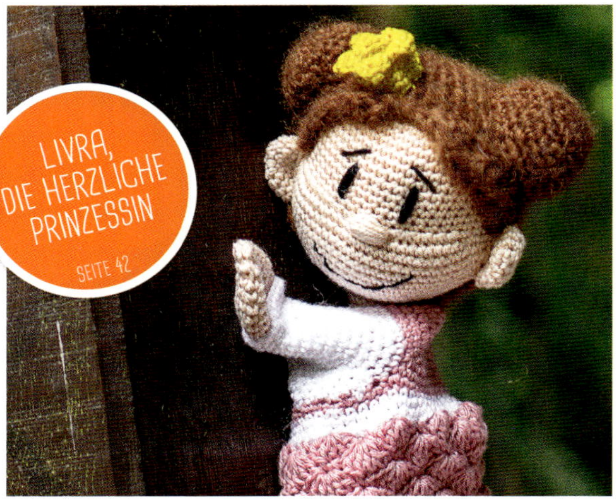

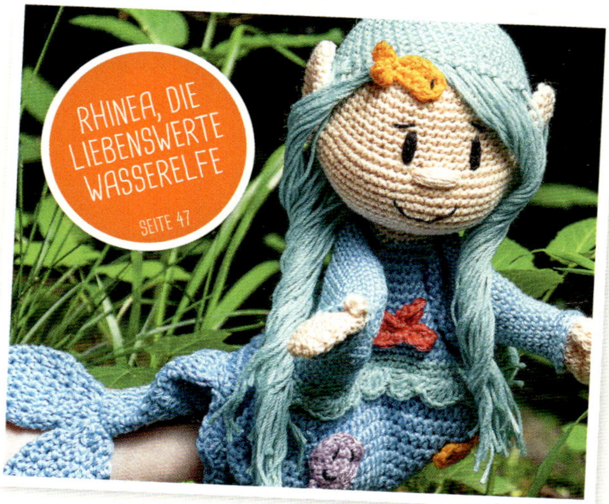

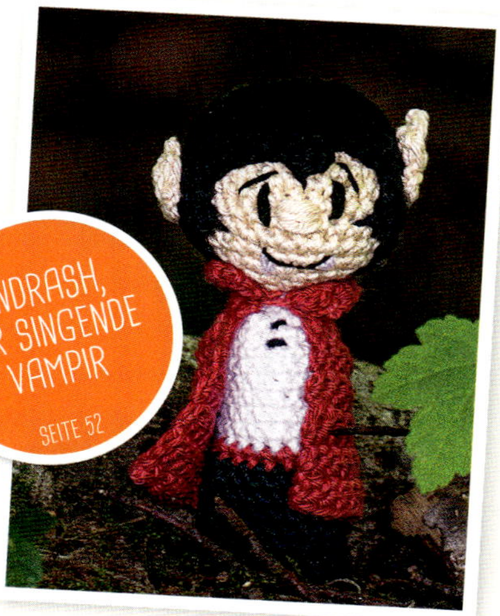

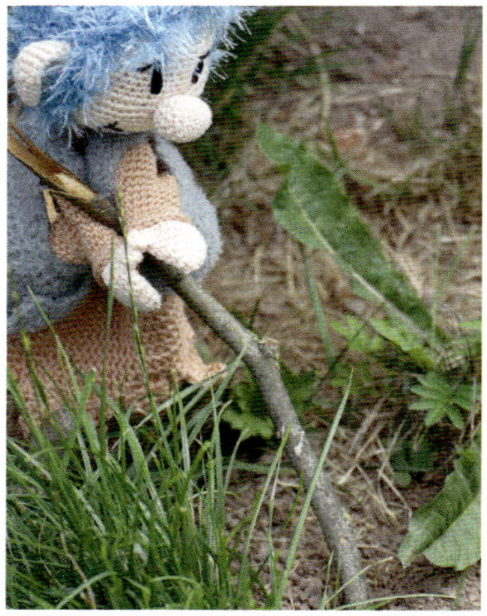

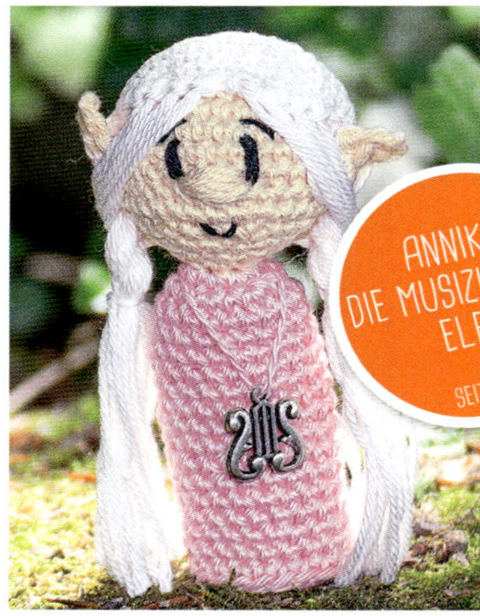

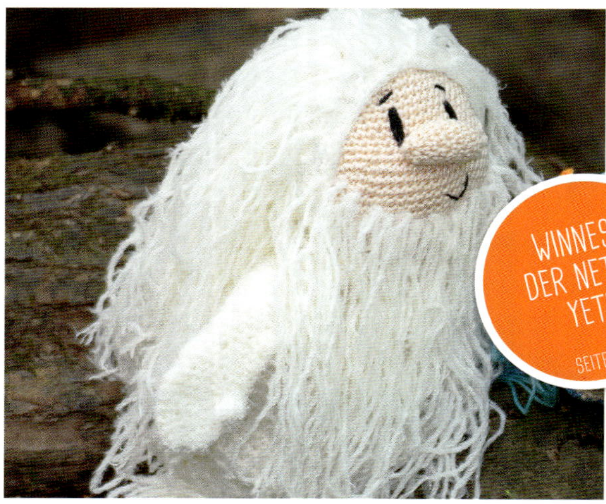

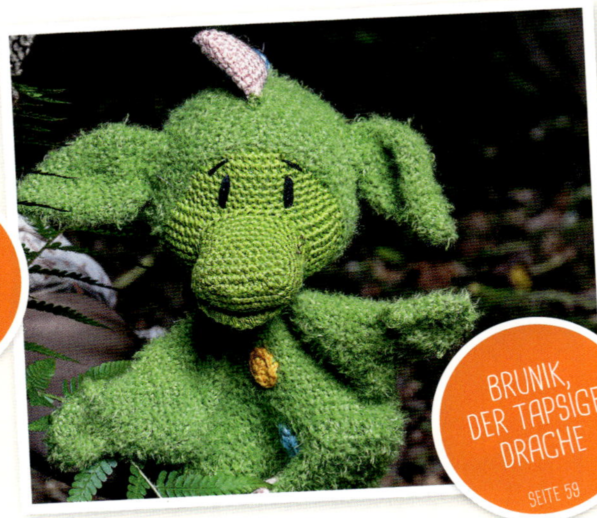

HÄKELINHALT

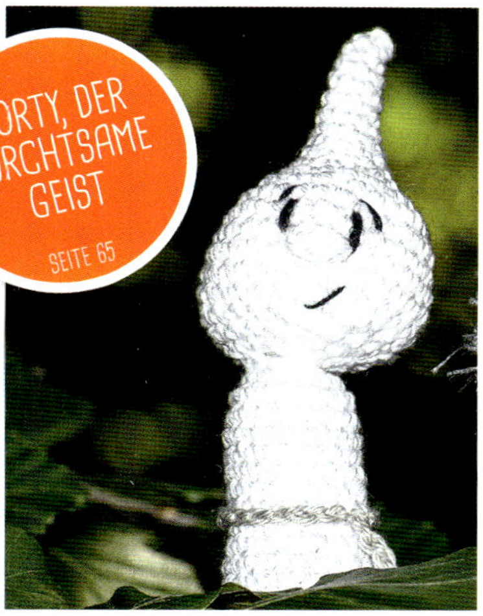
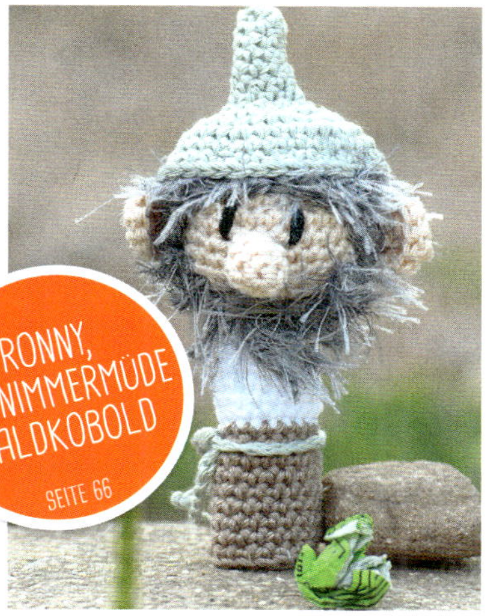
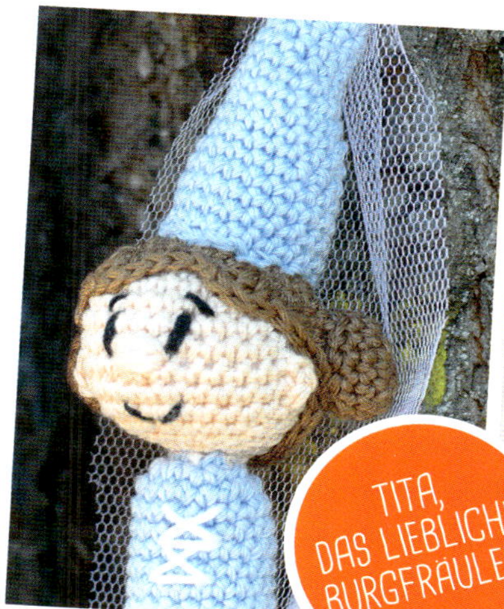

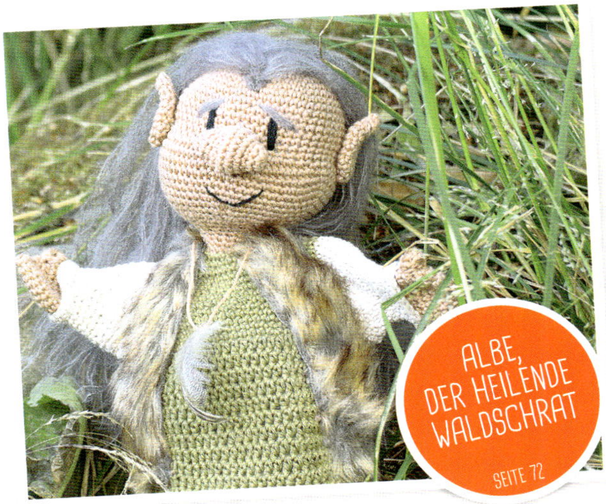
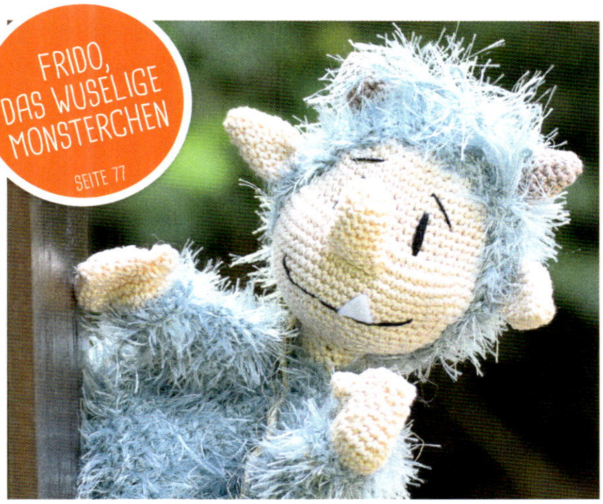

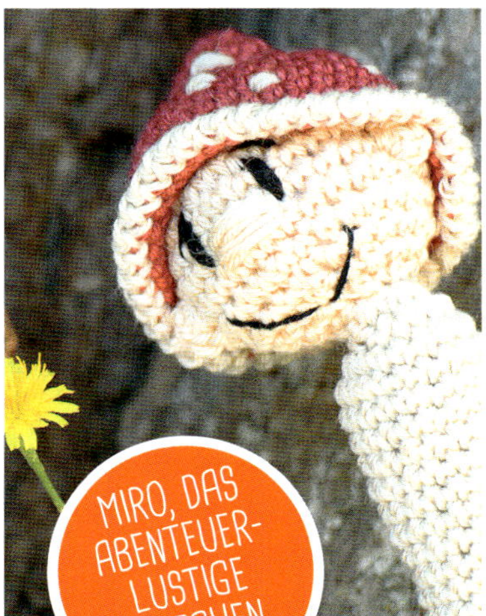
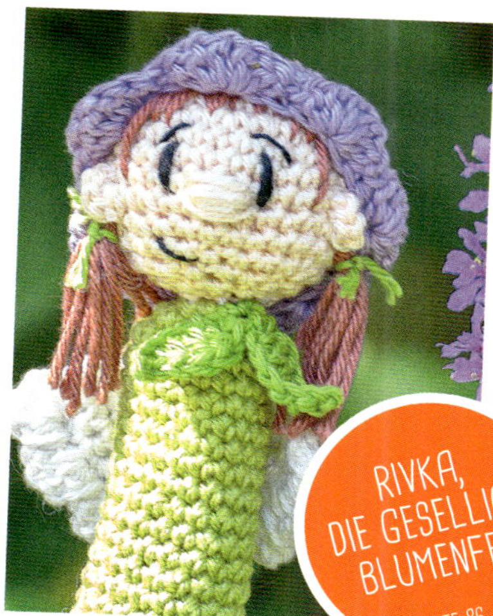
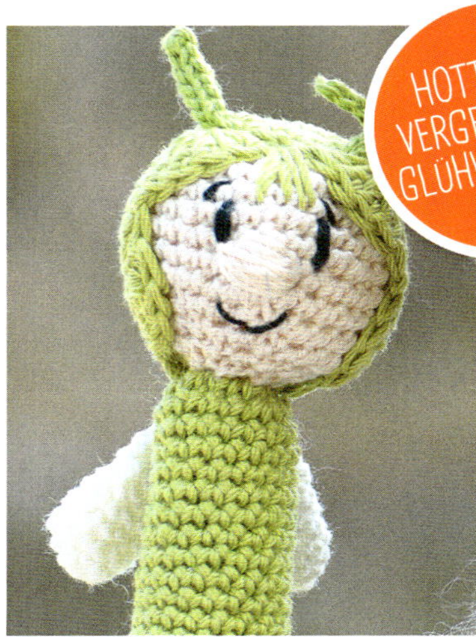

VORWORT

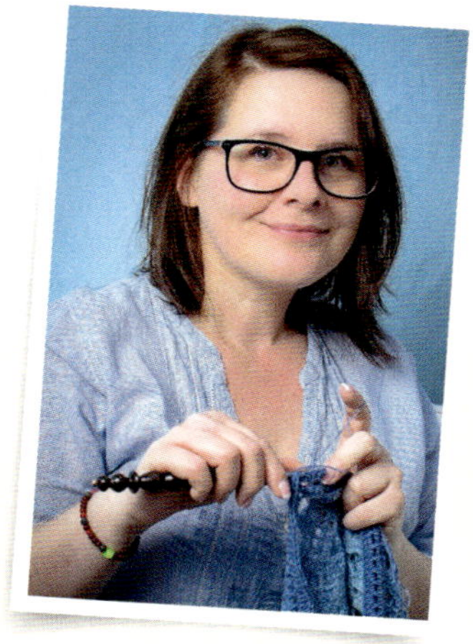

Liebe Leserinnen, liebe Leser,

Hand- und Fingerpuppen mochte ich schon als Kind wahnsinnig gern. Jetzt als Mutter liebe ich es, sie zu entwerfen und zu häkeln, um damit die Augen meiner Kinder zum Leuchten zu bringen. Für Kinder sind diese Puppen lebendige Wesen, mit denen sie reden, ihnen Dinge anvertrauen und in Fantasiewelten entschweben können.

Hand- und Fingerpuppen sind eine tolle Begleitung im Alltag und können so manches Mal auch das Sprachrohr der Eltern sein. Das Zähneputzen macht gleich doppelt so viel Spaß, wenn das Livra, die Prinzessin, übernimmt, und das Zimmer ist viel flotter aufgeräumt, wenn Elischen, die Schmetterlingsfee, dabei herumschwirrt und tatkräftig hilft! Selbst die Schulaufgaben sind schneller fertig, wenn Dirkus, der Magier, seinen Zauberstab schwingt!

Umso mehr habe ich mich gefreut, dass der Leopold Stocker Verlag mir die Chance gegeben hat, dieses Buch zu schreiben. Es hat mir sehr viel Spaß gemacht, die Figuren zu entwerfen und so die Bewohner eines magischen Zauberwaldes entstehen zu lassen. Jede Puppe hat ihren ganz eigenen Charakter, und doch sind sie untereinander verbunden und bilden eine Gemeinschaft, wie die kleinen einführenden Geschichten zeigen.

Und nun … tauchen Sie ein in die magische Fantasiewelt der Hand- und Fingerpuppen. Lassen Sie vor Ihren Augen einen magischen Zauberwald entstehen, in denen Kobold, Fee, Elfe, Hexe, Yeti und viele andere Figuren zum Leben erwachen. Machen Sie eine Reise in Ihre Kindheit oder beglücken Sie Ihre Kinder oder Kinder von Freunden und Nachbarn, die mit diesen Puppen jede Menge Abenteuer erleben können.

Magische Grüße
Anni von Annis Häkelei

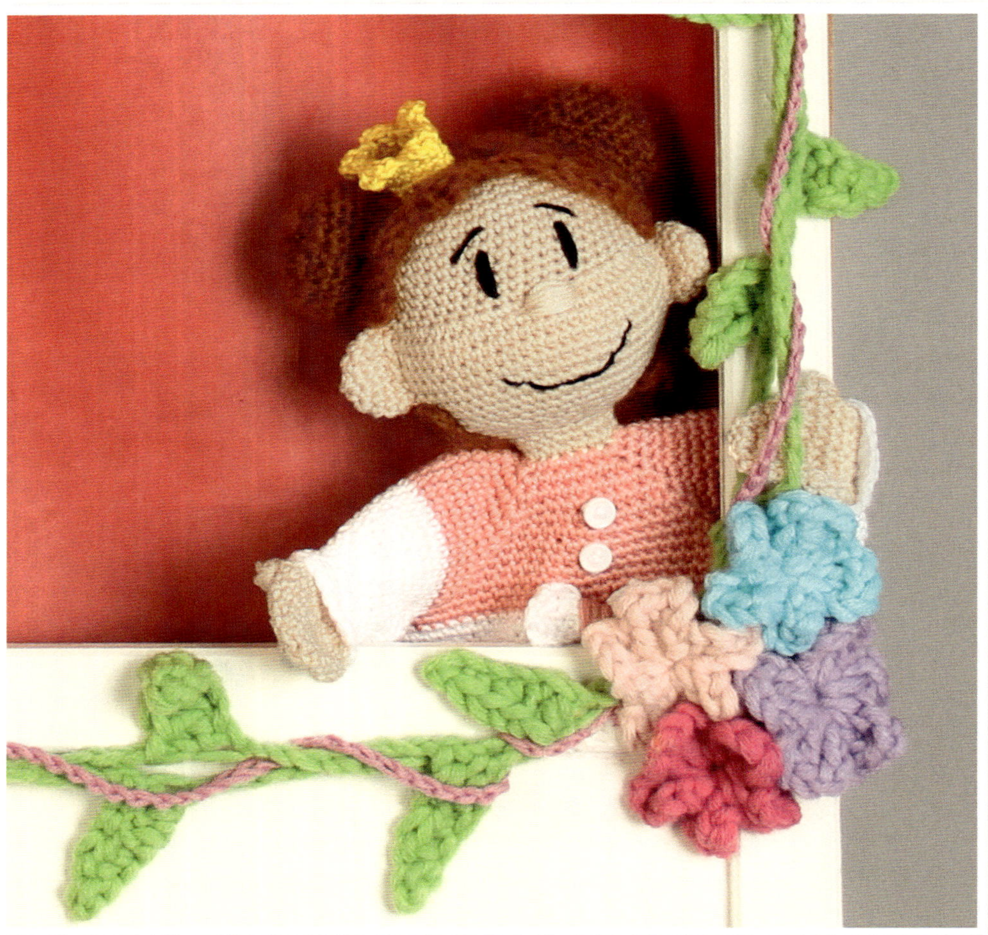

BESONDERE MASCHEN UND STICHE

ERFORDERLICHE KENNTNISSE

Wer die Hand- und Fingerpuppen häkeln möchte, sollte schon über Grundkenntnisse im Häkeln verfügen. Die Puppen und das entsprechende Zubehör werden mit festen Maschen, Stäbchen, halben Stäbchen und Doppelstäbchen in Runden und Reihen gehäkelt.
In einigen Fällen sind besondere Maschen und Stiche erforderlich, die hier erklärt werden.

Krebsmaschen
Das sind feste Maschen, die in umgekehrter Richtung (von links nach rechts) gehäkelt werden; dabei legen sich die Maschen wie eine kleine Kordel um die Kante. Dafür von links nach rechts arbeiten. Hinter beide Maschenglieder der Vorreihe einstechen, Faden holen und durchziehen, Faden holen und durch beide Schlingen auf der Nadel ziehen. Rechts in die nächste Masche der Vorreihe stechen und wiederholen.

In vorderes Maschenglied häkeln
Das vordere Maschenglied ist die Hälfte des „V" an der Oberkante der Arbeit, die näher zum Körper liegt. Durch Arbeiten in das vordere Maschenglied bilden die noch freien hinteren Maschenglieder Querlinien auf beiden Seiten der Arbeit.

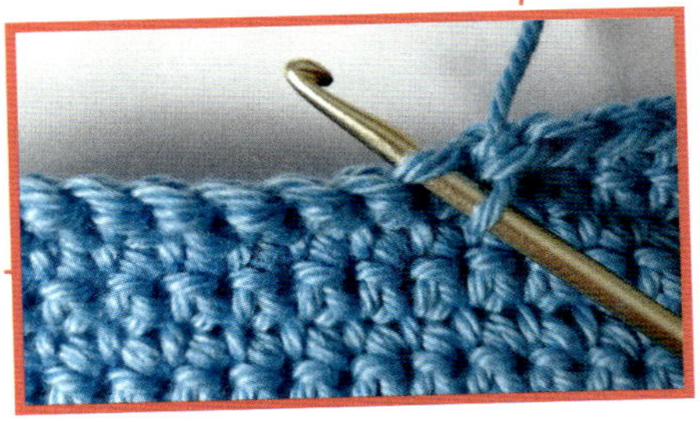

In hinteres Maschenglied häkeln
Das hintere Maschenglied ist die Hälfte des „V" an der Oberkante der Arbeit, die vom Körper abgewandt liegt.
Durch Arbeiten in das hintere Maschenglied entsteht ein Rippenmuster, das der Arbeit Elastizität verleiht.

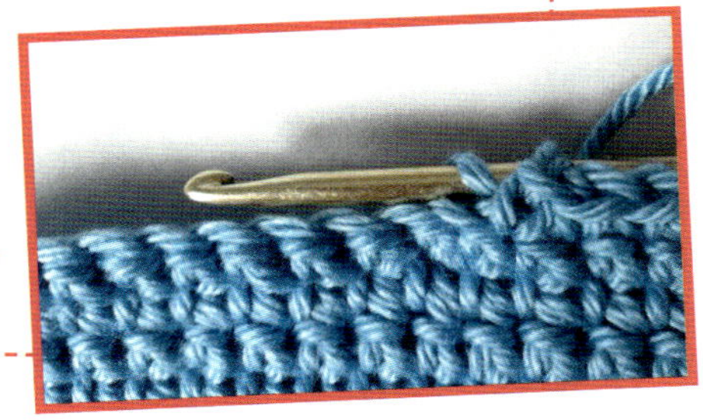

Knötchenstich
Die Knötchen werden gebildet, indem der Faden ein- oder zweimal um die Nadel geschlungen wird. Von links durch das Teil stechen, den Faden unmittelbar am Ausstich einmal oder mehrere Male um die Nadel wickeln, eng daneben wieder einstechen und den Faden anziehen.

Margeritenstich
Der Margeritenstich besteht aus einem Kettenstich, der mit einem Spannstich fixiert wird. Man sticht von unten durch das Häkelstück, formt eine Schlinge, sticht in die Ausgangstelle zurück und am oberen Rand der Schlinge wieder raus und fixiert diese dann in der gewünschten Größe mit einem Spannstich. Das in gewünschter Anzahl wiederholen.

Überwendlingsstich
Eine gängige Art, eine saubere Naht zu erhalten, ist es, die Teile im Überwendlingsstich mit der Stopfnadel zusammenzunähen. Die Teile liegen dabei rechts auf rechts oder mit der Vorderseite nach unten. Den Faden an einem Teil sichern und die Nadel durch die jeweils gegenüberliegenden Maschen ziehen. Entlang der zu verbindenden Kanten fortfahren und den Faden zum Schluss sicher vernähen.

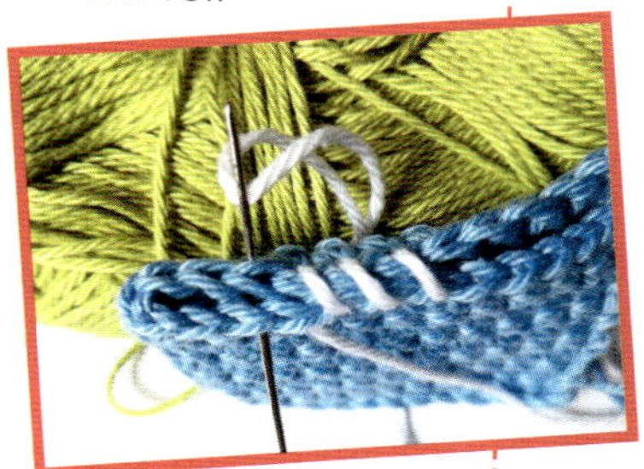

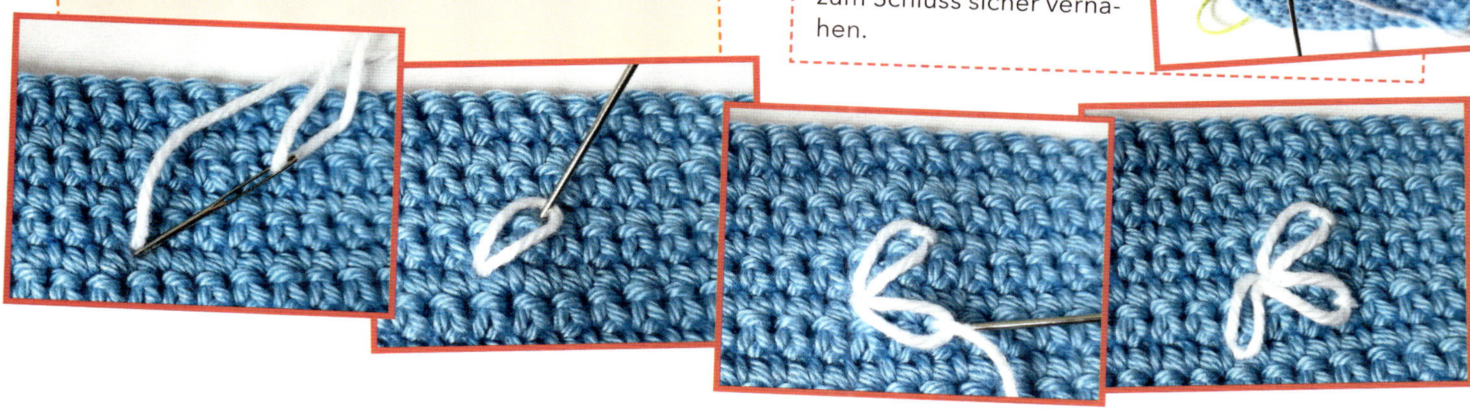

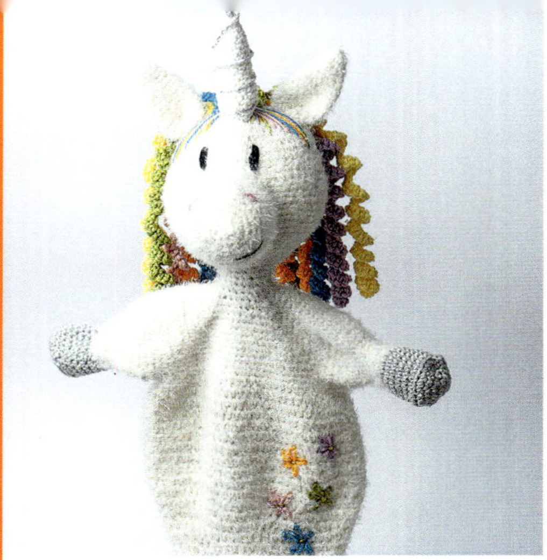
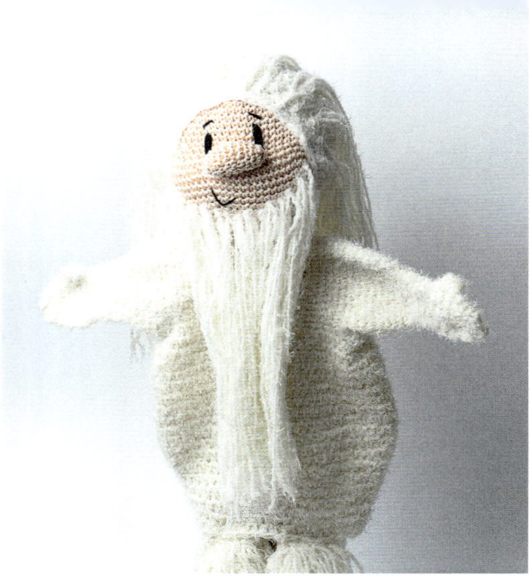
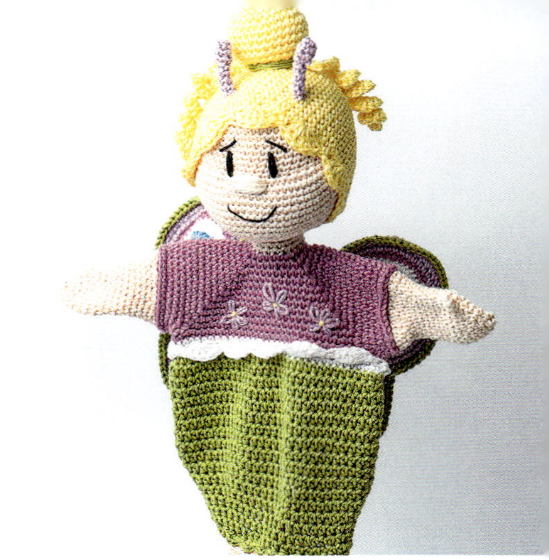
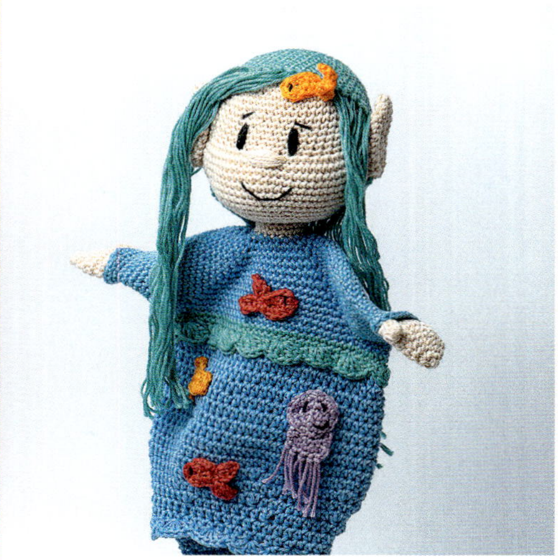
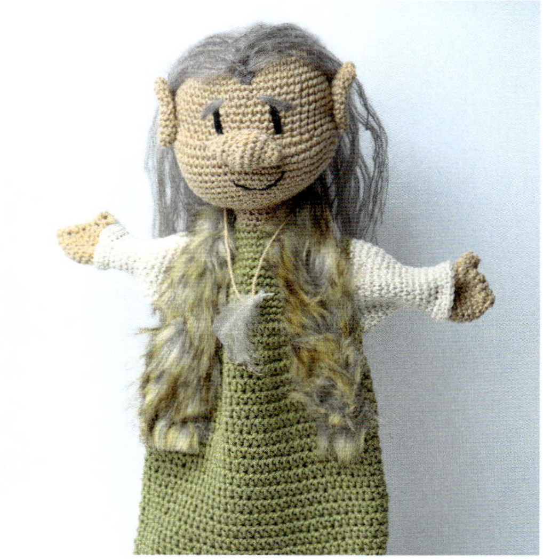
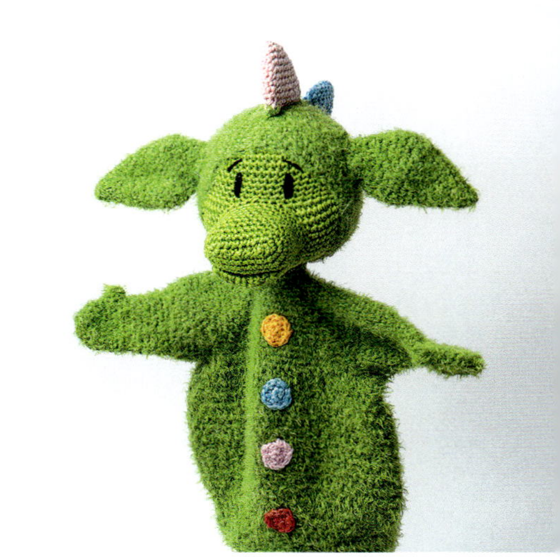
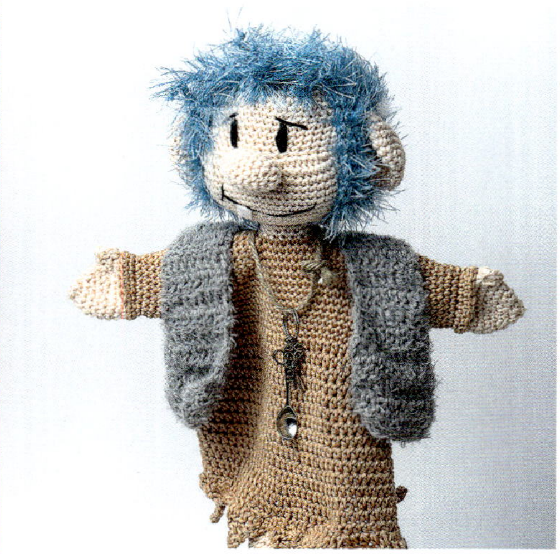
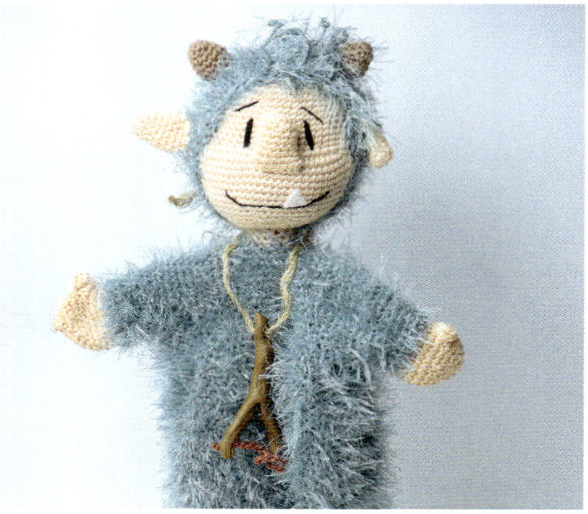
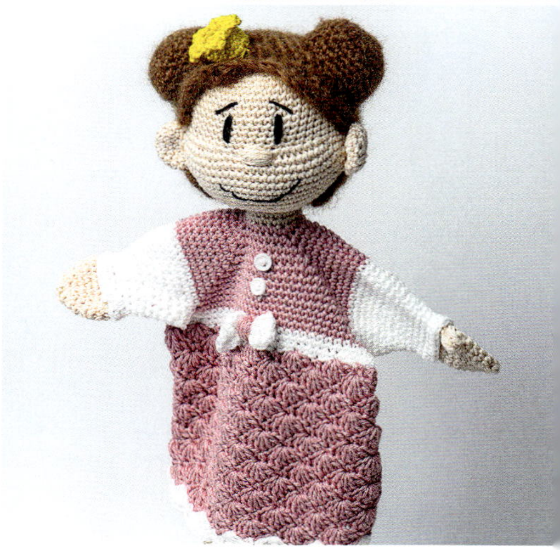
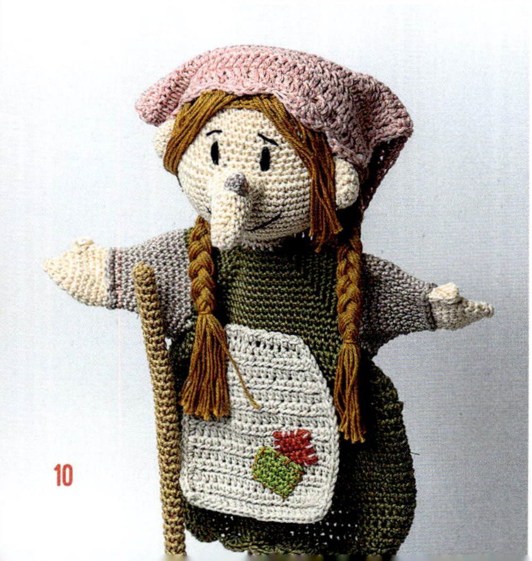
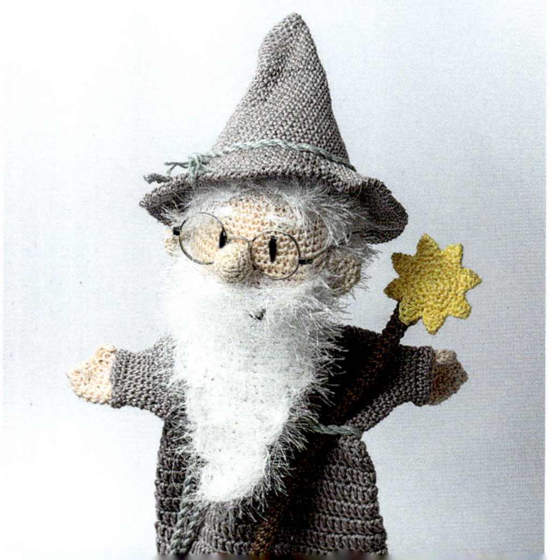
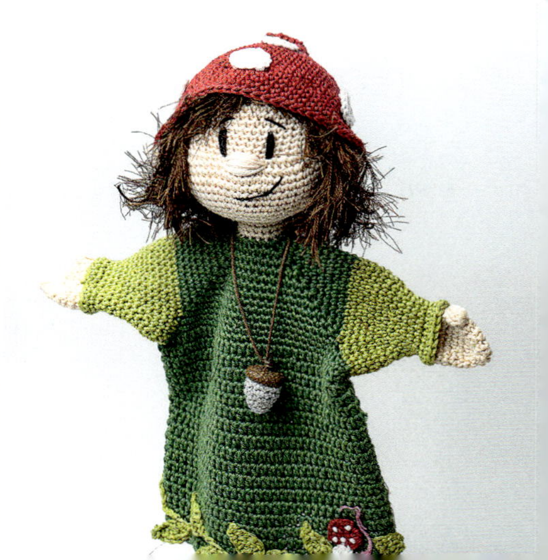

GRUNDANLEITUNGEN

Kopf, Oberkörper, Arme, Beine und Füße der Handpuppen werden nach derselben Grundanleitung gehäkelt. Wenn es nicht anders erwähnt wird, wird mit Häkelnadel 2,5 mm in Spiralrunden gearbeitet, d. h. die Reihen werden nicht mit 1 Kettmasche geschlossen.

DAS BRAUCHT MAN

Wolle
Catona von Scheepjes, 100 % Baumwolle,
50 g/125 m: 30 g Hautfarben (Nr. 255),
je 50 g in der jeweiligen Kleiderfarbe (bei einigen Puppen ist mehr erforderlich, genaue Angaben bei der Anleitung)

Zubehör
Füllwatte
Häkelnadeln 2,5 und 3,0 mm
Stick-/Vernähnadeln

UND SO GEHT ES

KOPF

Mit Häkelnadel 2,5 mm und Hautfarben 2 Lfm anschlagen.
1. Rd: 6 fM in die 2. Lfm (= 6 fM).
2. Rd: Jede M verd (= 12 fM).
3. Rd: Jede 2. M verd (= 18 fM).
4. Rd: Jede 3. M verd (= 24 fM).
5. Rd: Jede 4. M verd (= 30 fM).
6. Rd: Jede 5. M verd (= 36 fM).
7. Rd: Jede 6. M verd (= 42 fM).
8. Rd: Jede 7. M verd (= 48 fM).
9. Rd: Jede 8. M verd (= 54 fM).
10.-18. Rd: 54 fM (= 54 fM).
19. Rd: 6 M verd, 4 fM, 6 M verd, 38 fM (= 66 fM).
Hinweis: Die 4 Maschen zwischen den Verdopplungen in der 19. Rd markiere ich mit einem Faden, so ist es später einfacher, den Platz für die Nase zu finden (Foto 1).

20. Rd: 66 fM (= 66 fM).
21. Rd: 28 fM, 2 M zus, 34 fM, 2 M zus (= 64 fM).
22. Rd: 28 fM, 2 M zus, 32 fM, 2 M zus (= 62 fM).
23. Rd: 28 fM, 2 M zus, 30 fM, 2 M zus (= 60 fM).
24. Rd: 28 fM, 2 M zus, 28 fM, 2 M zus (= 58 fM).
25. Rd: 28 fM, 2 M zus, 26 fM, 2 M zus (= 56 fM).
26. Rd: 28 fM, 2 M zus, 24 fM, 2 M zus (= 54 fM).
27. Rd: Jede 8. und 9. M zus (= 48 fM).
28. Rd: Jede 7. und 8. M zus (= 42 fM).
Hier den Kopf schon mit Füllwatte stopfen, dabei besonders auf die Wangen achten und diese ordentlich füllen, damit sie eine schöne Form bekommen.
29. Rd: Jede 6. und 7. M zus (= 36 fM).
30. Rd: Jede 5. und 6. M zus (= 30 fM).
Noch einmal mit Füllwatte nachstopfen. Bereits hier darauf achten, dass in der Mitte ein Loch bleibt, in dem euer Finger später Platz hat.

31. Rd: Jede 4. und 5. M zus (= 24 fM).
32. Rd: Jede 3. und 4. M zus (= 18 fM).
Nochmal stopfen, dabei das Loch für euren Finger nicht vergessen (Foto 2).

33. Rd: Nur ins hintere Maschenglied (siehe Seite 9) arbeiten (= 18 fM).
34.-38. Rd: 18 fM (= 18 fM).
39. Rd: Jede 2. + 3. M zus (= 12 fM).
40. Rd: Je 2 M zus (= 6 fM).
Die Arbeit mit 1 Km beenden und den Faden durch die 6 Maschen fädeln, zusammenziehen und vernähen (Foto 3). Nun den Hals in Pfeilrichtung bis zur 33. Rd (das ist die Runde, in der wir nur in die hinteren Maschenglieder gearbeitet haben) in das Kopfinnere schieben. Das sieht dann aus wie auf Foto 4. Nun häkeln wir den Hals und schlagen dazu in der 33. Rd in die stehengelassenen Maschenglieder den Faden erneut an. Hier ist es jetzt wichtig, darauf zu achten, wo man diese Runde anfängt, damit der Körper später in die richtige Richtung zeigt!
41.-43. Rd: 18 fM (= 18 fM).

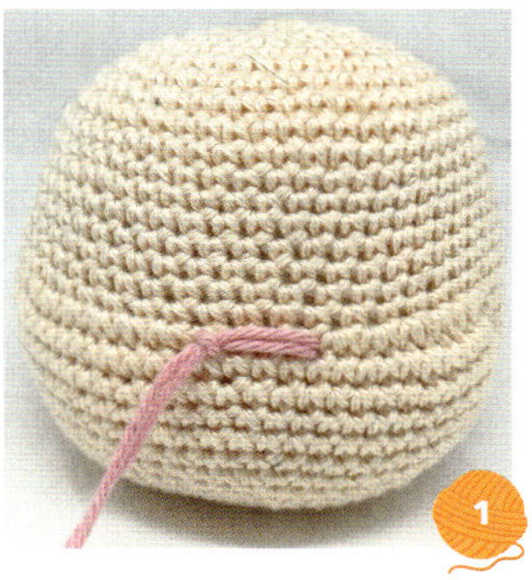

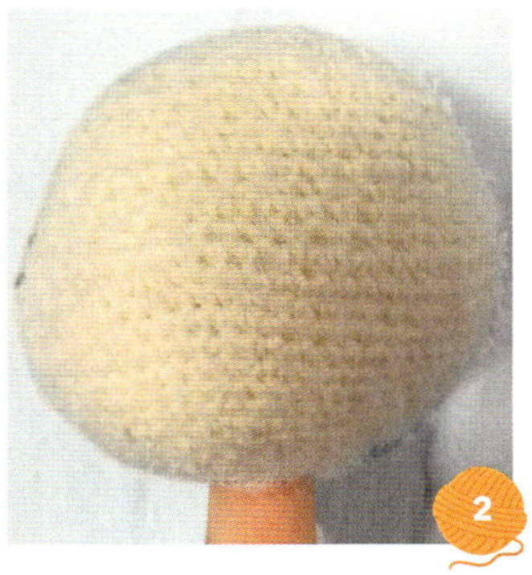

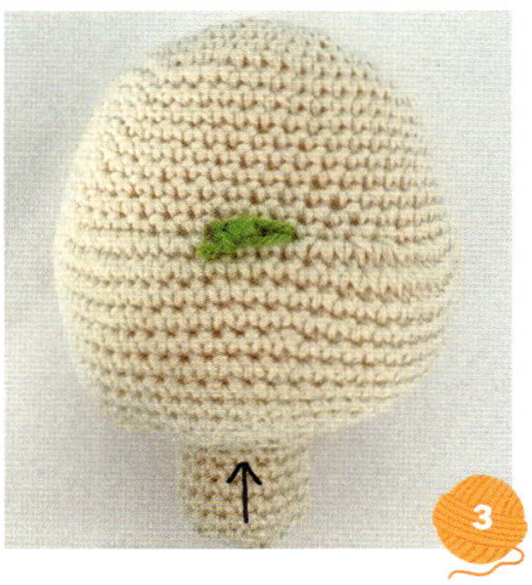

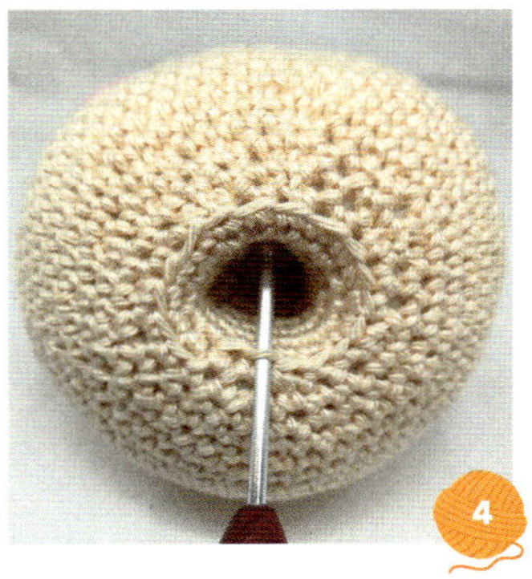

OBERKÖRPER

Hier wechseln wir nun zur Farbe des Kleides. Das Kleid häkeln wir mit Nadelstärke 3,0 mm. Darauf achten, dass der Farbwechsel hinten in der Mitte der Runde stattfindet. Ansonsten weiter fM häkeln, bis die hintere Mitte erreicht ist (Foto 5 und 6).

44. Rd: Jede 3. M verd (= 24 fM).
45. Rd: 3 fM, 3 fM in 1 M, 4 fM, 3 fM in 1 M, 6 fM, 3 fM in 1 M, 4 fM, 3 fM in 1 M, 3 fM (= 32 fM).
46. Rd: 5 fM, 3 fM in 1 M, 6 fM, 3 fM in 1 M, 8 fM, 3 fM in 1 M, 6 fM, 3 fM in 1 M, 3 fM (= 40 fM).
47. Rd: 6 fM, 3 fM in 1 M, 8 fM, 3 fM in 1 M, 10 fM, 3 fM in 1 M, 8 fM, 3 fM in 1 M, 4 fM (= 48 fM).
48. Rd: 7 fM, 3 fM in 1 M, 10 fM, 3 fM in 1 M, 12 fM, 3 fM in 1 M, 10 fM, 3 fM in 1 M, 5 fM (= 56 fM).
49. Rd: 8 fM, 3 fM in 1 M, 12 fM, 3 fM in 1 M, 14 fM, 3 fM in 1 M, 12 fM, 3 fM in 1 M, 6 fM (= 64 fM).
50. Rd: 9 fM, 3 fM in 1 M, 14 fM, 3 fM in 1 M, 16 fM, 3 fM in 1 M, 14 fM, 3 fM in 1 M, 7 fM (= 72 fM).
51. Rd: 10 fM, 3 fM in 1 M, 16 fM, 3 fM in 1 M, 18 fM, 3 fM in 1 M, 16 fM, 3 fM in 1 M, 8 fM (= 80 fM).
52. Rd: 11 fM, 3 fM in 1 M, 18 fM, 3 fM in 1 M, 20 fM, 3 fM in 1 M, 18 fM, 3 fM in 1 M, 9 fM (= 88 fM).
53. Rd: 12 fM, 3 fM in 1 M, 20 fM, 3 fM in 1 M, 22 fM, 3 fM in 1 M, 20 fM, 3 fM in 1 M, 10 fM (= 96 fM).

Jetzt sieht eure Handpuppe schon aus wie auf Foto 7.

ARMAUSSCHNITTE

54. Rd: 14 fM, 8 Lfm, 22 M überspr, 26 fM, 8 Lfm, 22 M überspr, 12 fM (= 68 fM).
Die Armausschnitte nach dieser Runde sehen aus wie auf Foto 8.
55. Rd: 68 fM (= 68 fM).

OHREN (2 X HÄKELN)

Auch die Ohren werden für fast alle Puppen gleich gearbeitet. Bei den Ausnahmen findet ihr die entsprechende Anleitung dort.

Mit Häkelnadel 2,5 mm und Hautfarben 2 Lfm anschlagen.
1. Rd: 6 fM in die 2. Lfm (= 6 fM).
2. Rd: Jede M verd (= 12 fM).
3. Rd: Jede 4. M verd (= 15 fM).
4. + 5. Rd: 15 fM (= 15 fM).
Die Arbeit mit 1 Km beenden und einen längeren Faden zum Annähen lassen.
Die Ohren bleiben ungefüllt (Foto 9).

ARME (2 X HÄKELN)

Genauso wie Kopf und Oberteil werden die Arme und die Hände für fast alle Handpuppen gleich gearbeitet. Bei den Ausnahmen findet ihr die Anleitung dort.
Für die Arme schlagen wir jeweils im Armausschnitt in der unteren Mitte 32 fM an (Foto 10).

1.-3. Rd: 32 fM (= 32 fM).
4. Rd: 2 M zus, 28 fM, 2 M zus (= 30 fM).
5. Rd: Jede 4. und 5. M zus (= 24 fM).
6. Rd: 24 fM (= 24 fM).
7. Rd: Jede 3. und 4. M zus (= 18 fM).
8.-11. Rd: 18 fM (= 18 fM).
12. Rd: 18 fM, jedoch nur in das vordere Maschenglied (siehe Seite 9) arb.
13. Rd: 18 fM (= 18 fM).
Die Arbeit mit 1 Km beenden und den Faden vernähen.

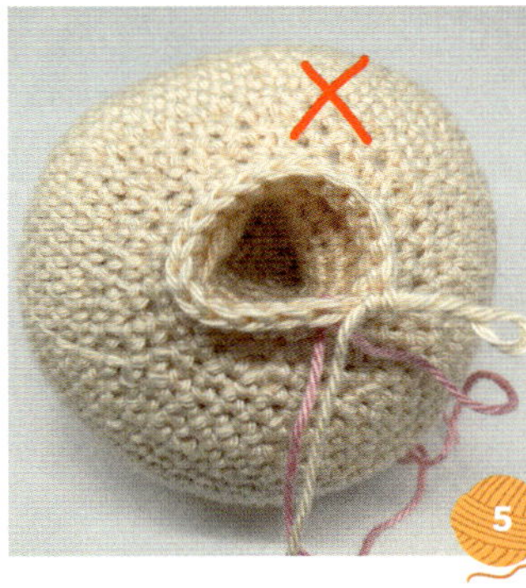
5

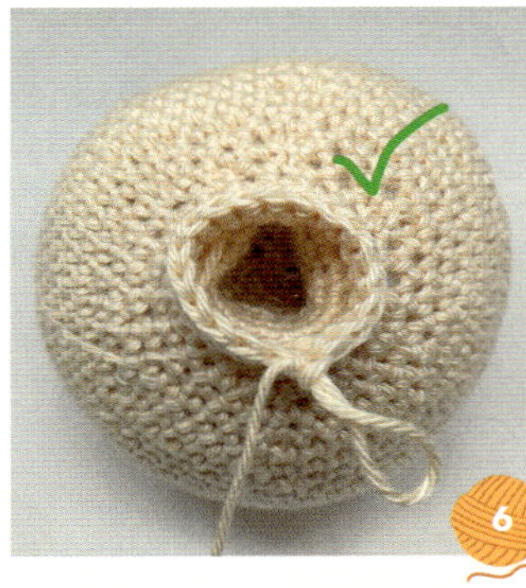
6

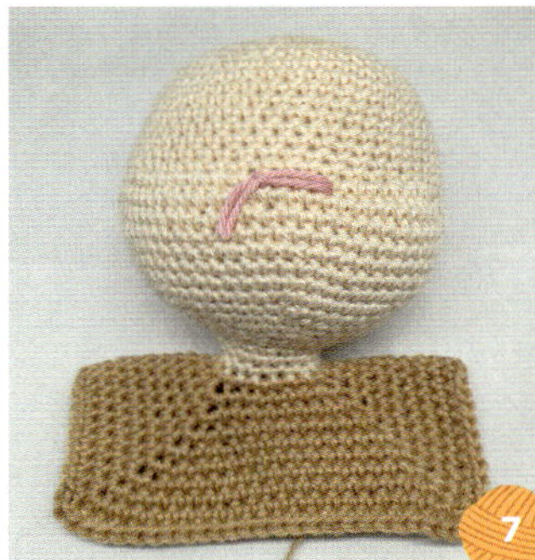
7

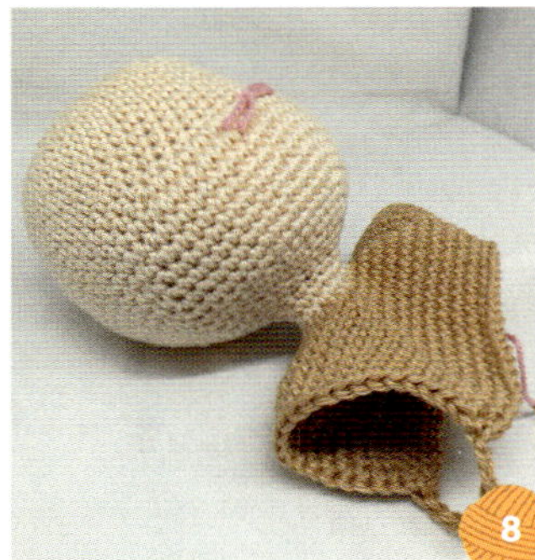
8

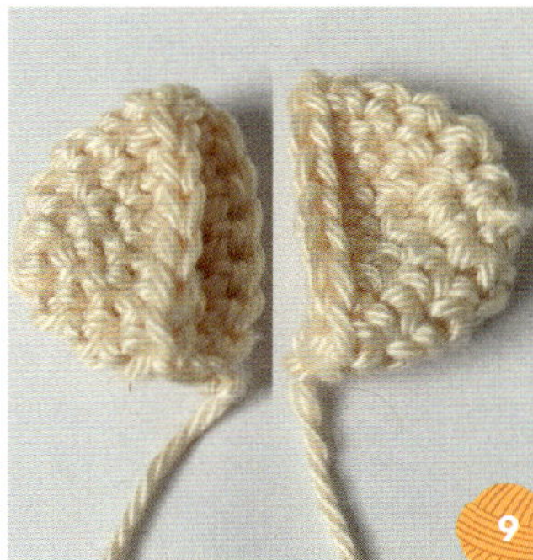
9

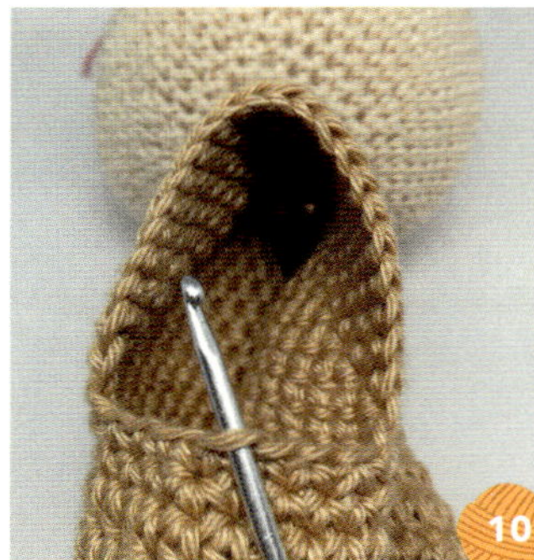
10

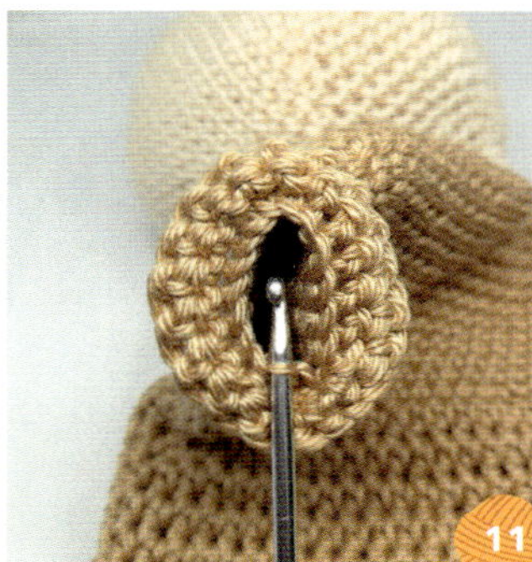
11

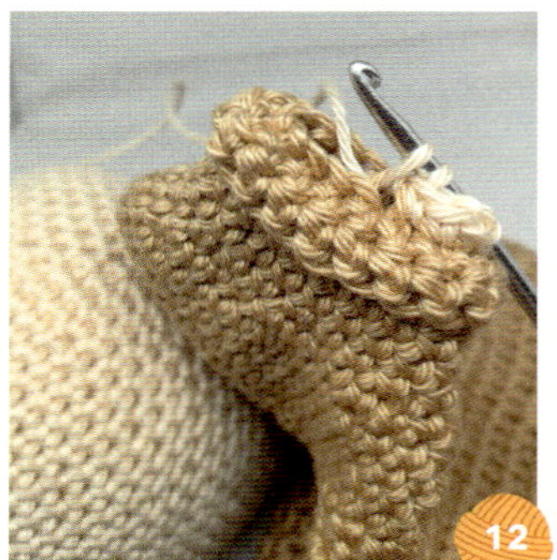
12

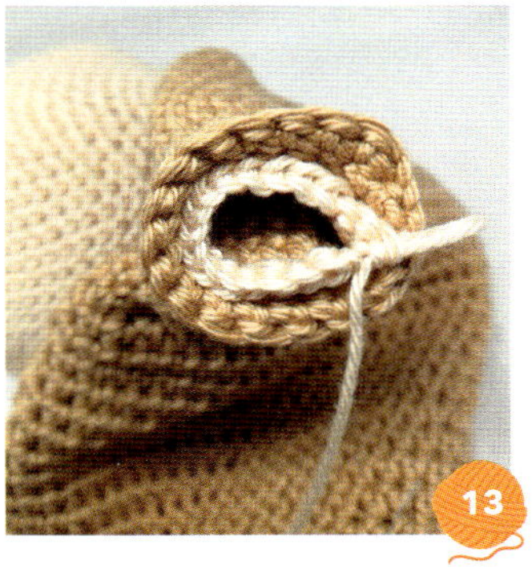

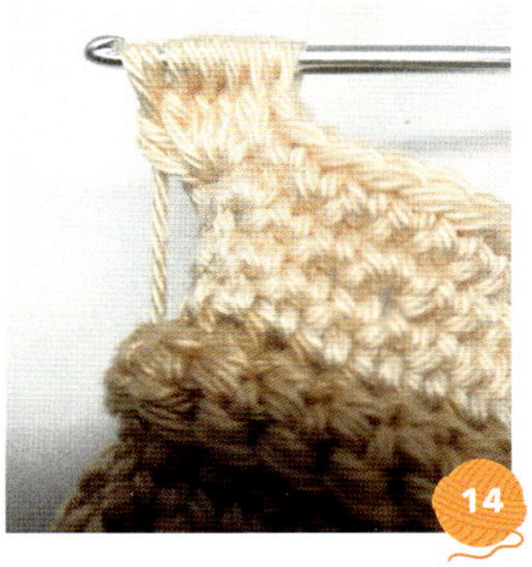

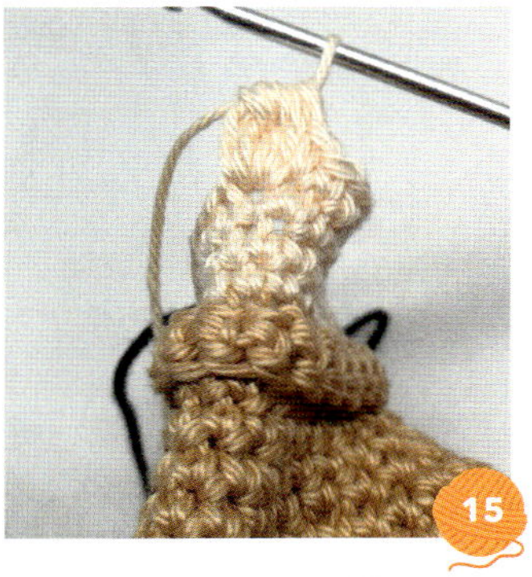

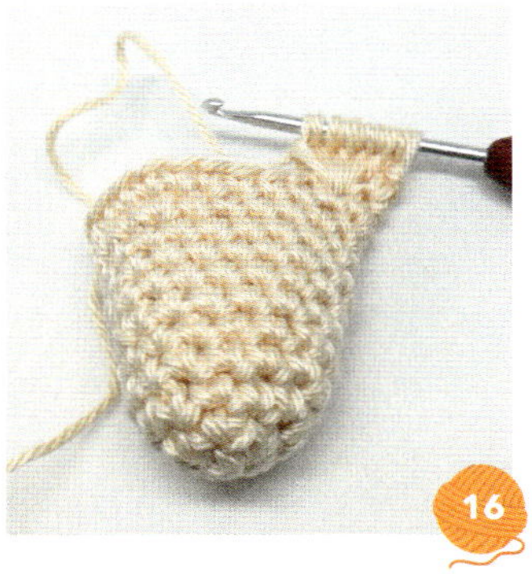

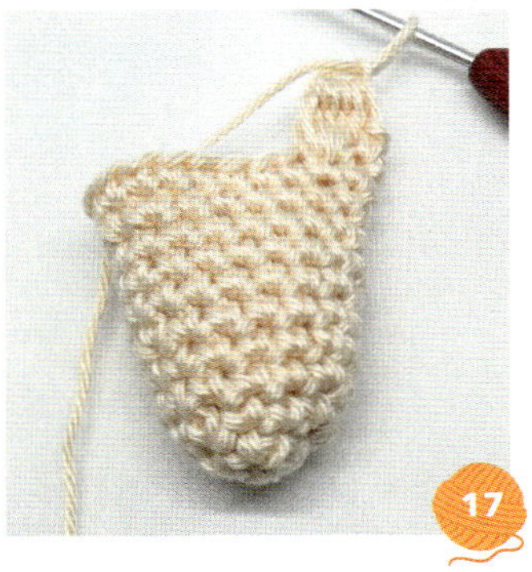

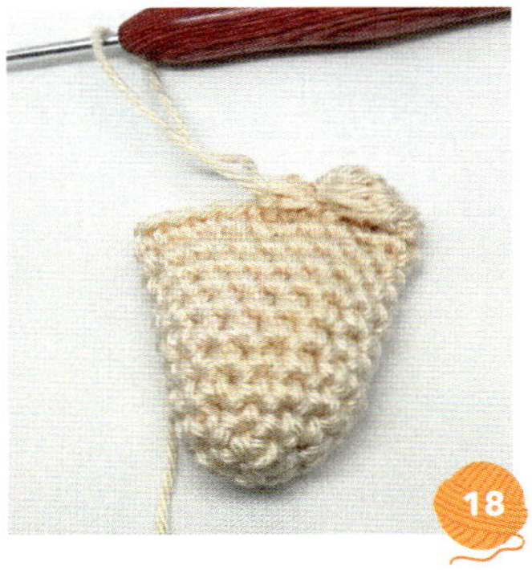

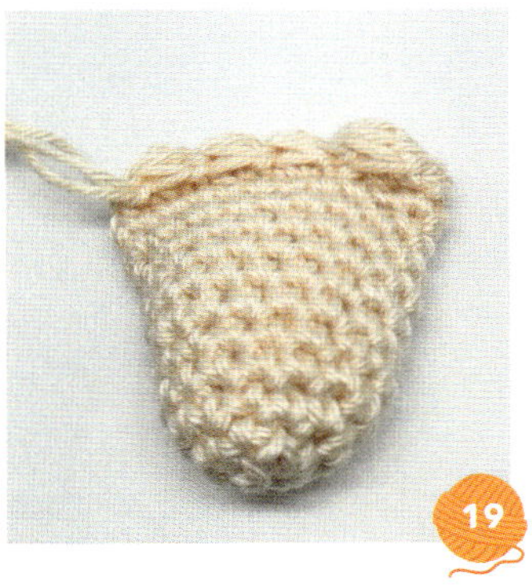

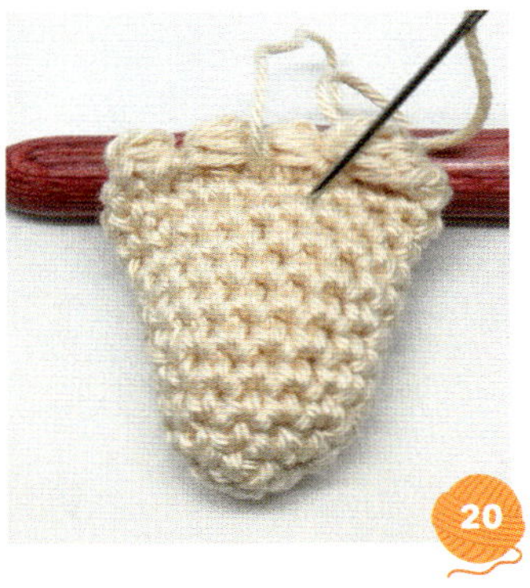

HÄNDE (2 X HÄKELN)

Für die Hand schlagen wir jeweils den Faden in Hautfarben erneut an und zwar in die hinteren Maschenglieder der 12. Rd des Arms. Darauf achten, dass der Faden in der unteren Mitte angeschlagen wird, damit der Daumen später die richtige Position hat (Foto 11 und 12).
Jetzt sieht eure Hand aus wie auf Foto 13.
1. + 2. Rd: 18 fM (= 18 fM).
3. Rd: Jede 3. M verd (= 24 fM).
4. Rd: 12 fM, 5 DStb in 1 M und zus abmaschen, 11 fM (= 24 fM). (Foto 14 und 15).
5. Rd: Jede 3. und 4. M zus (= 18 fM).
6. Rd: 18 fM (= 18 fM).
7. Rd: Jede 2. und 3. M zus (= 12 fM).
8. Rd: 12 fM (= 12 fM).
9. Rd: Je 2 M zus (= 6 fM).
Die Arbeit mit 1 Km beenden, den Faden durch die 6 Maschen fädeln und zusammenziehen. Den Faden vernähen.

FÜSSE (2 X HÄKELN)

Mit Häkelnadel 2,5 mm und Hautfarben 2 Lfm anschlagen.
1. Rd: 6 fM in die 2. Lfm (= 6 fM).
2. Rd: Jede M verd (= 12 fM).
3. Rd: Jede 4. M verd (= 15 fM).
4. + 5. Rd: 15 fM (= 15 fM).
6. Rd: Jede 5. M verd (= 18 fM).
7.-9. Rd: 18 fM (= 18 fM).
10. Rd: Jede 6. M verd (= 21 fM).
11. Rd: 21 fM (= 21 fM).
Jetzt den Fuß mit Füllwatte füllen, die Ränder aufeinanderlegen und die nächste Reihe durch jeweils die 2 gegenüberliegenden Maschen häkeln.
Denn jetzt werden die Zehen gehäkelt. Dafür werden beide Seiten zusammengehäkelt, d. h. man häkelt durch alle beiden Maschen!
1. R: 1 M überspr, 5 DStb in 1 M und zus abmaschen, 1 Lfm, 1 M überspr, 1 Km, * 3 Stb in 1 M und zus abmaschen, 1 Km *, 2 x whd
(Foto 16, 17, 18, 19).
Die Arbeit beenden und einen etwas längeren Faden stehen lassen und damit die Zehenzwischenräume etwas abnähen (Foto 20).

VERWENDETE ABKÜRZUNGEN

fM .... Feste Maschen	Rd .... Runde	verd .... verdoppeln
Stb .... Stäbchen	M .... Masche	überspr .... überspringen
hStb .... halbe Stäbchen	Lfm .... Luftmasche	wdh .... wiederholen
DStb .... Doppelstäbchen	Wende-Lfm .... Wendeluftmasche	zus .... zusammen
R .... Reihe	Steige-Lfm .... Steigeluftmasche	

Schwierigkeitsgrad: leicht mittel schwierig

Den zweiten Fuß arbeiten wir gegengleich, d. h., zuerst häkeln wir die drei kleineren Zehen und dann den großen Zeh. Das einzige, was sich ändert, ist, dass bei der ersten kleinen Zehe anstatt der Km 1 M übersprungen wird.

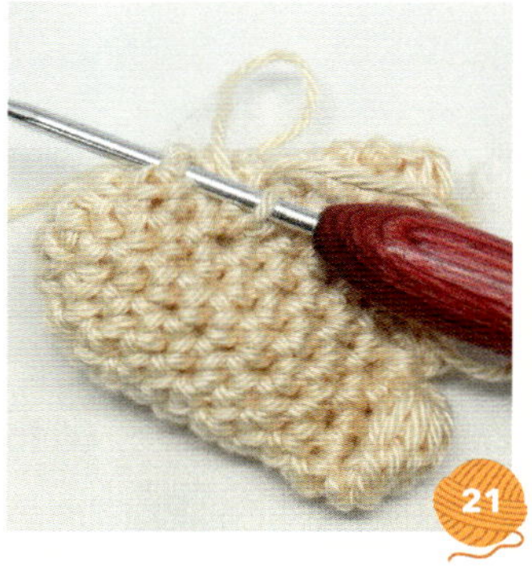
21

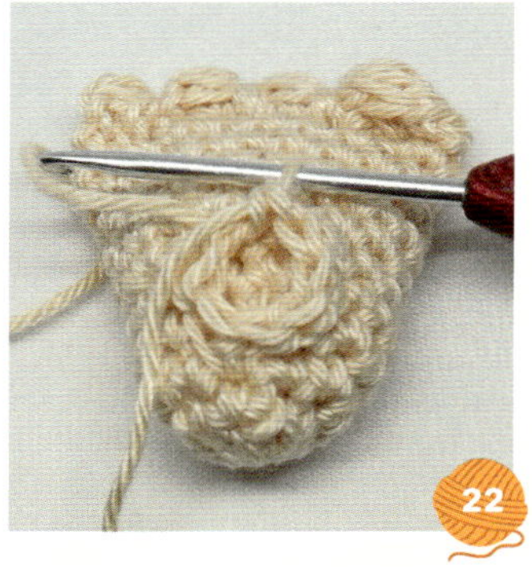
22

BEINE (2 X HÄKELN)

Für das Bein schlagen wir auf dem Fuß 6 Maschen an **(Foto 21 und 22)**. Die Runde mit 1 Km schließen, 1 Lfm häkeln und die Arbeit wenden. Ab hier arbeiten wir weiter in Spiralrunden. Die Arbeit muss gewendet werden, da ansonsten die linke Häkelseite außen wäre, und da diese ein anderes Maschenbild hat, würde das nicht zum Rest passen.

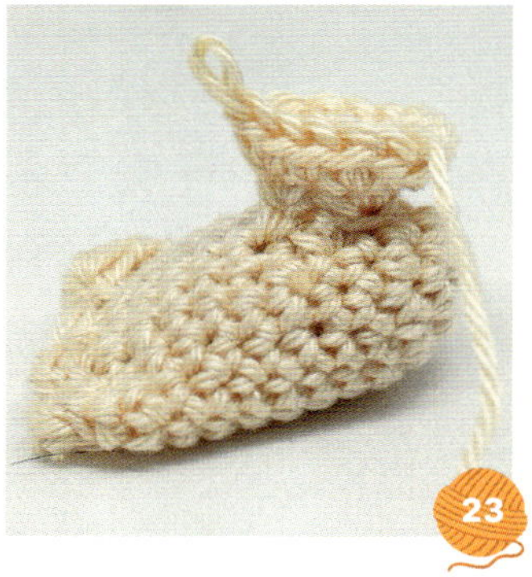
23

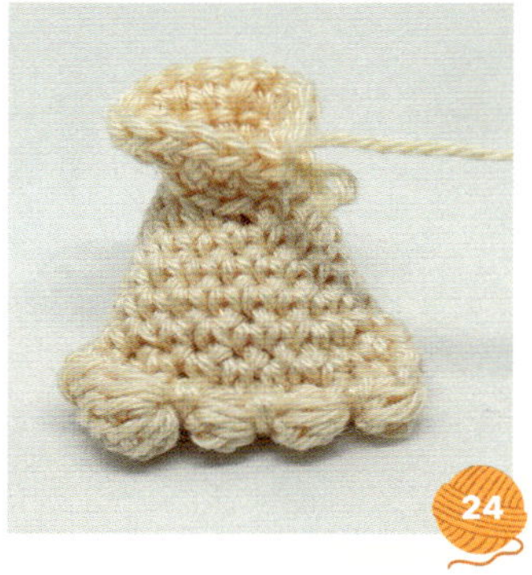
24

1. Rd: Jede M verd (= 12 fM).
2. Rd: Jede 2. M verd (= 18 fM). **(Foto 23 und 24)**.
3.–22. Rd: 18 fM (= 18 fM).
Das Bein immer mal wieder mit Füllwatte füllen. Die letzten 6 Reihen des Beines bleiben ungefüllt.

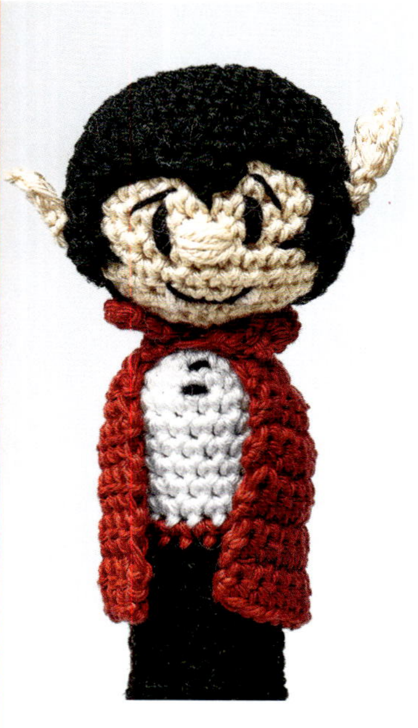

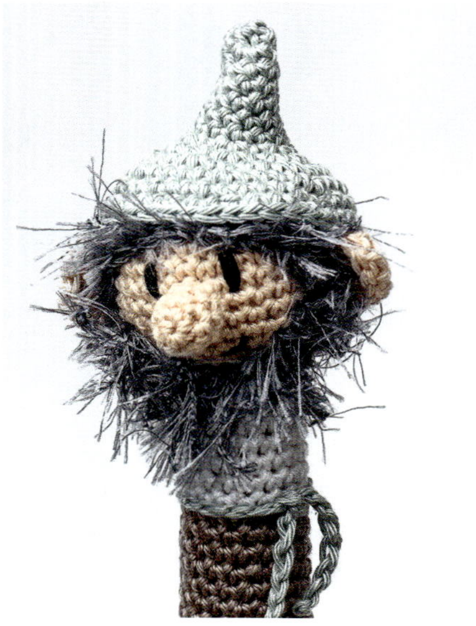

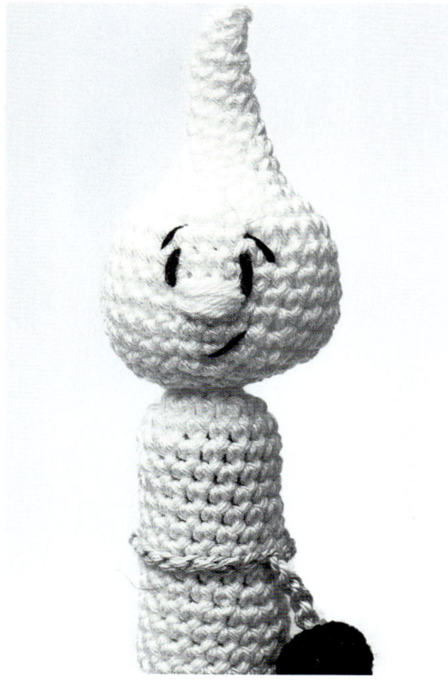

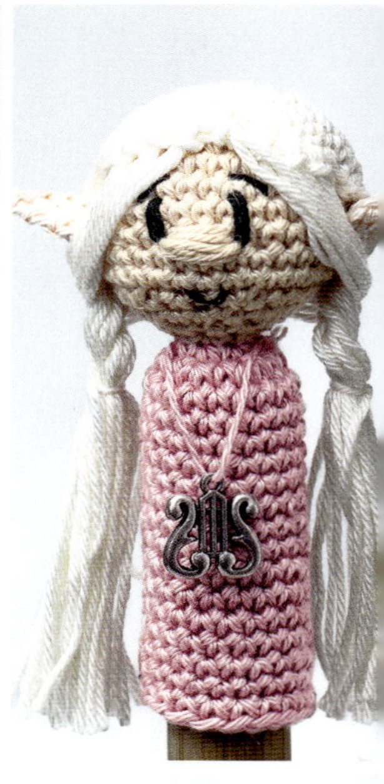

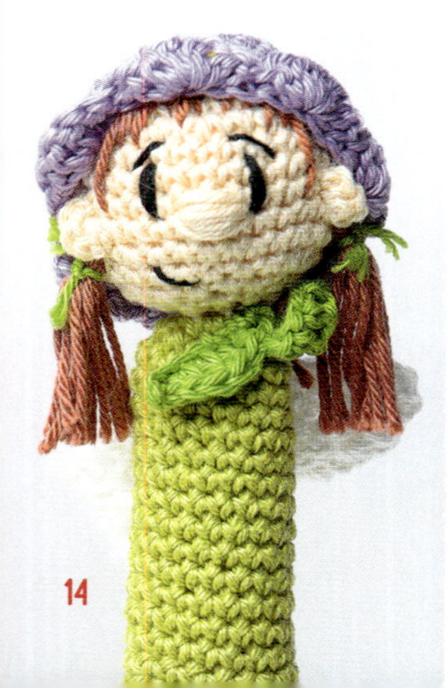

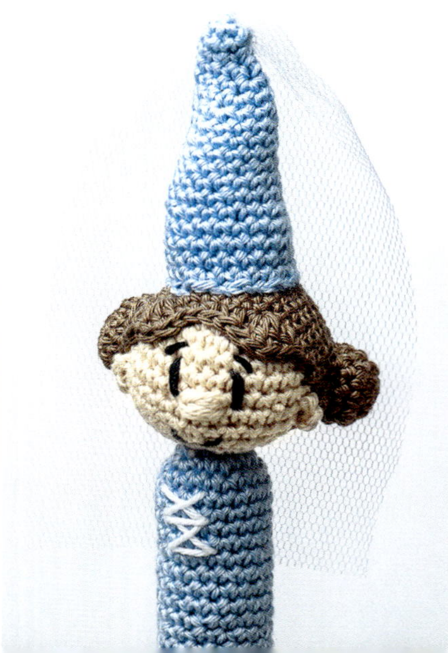

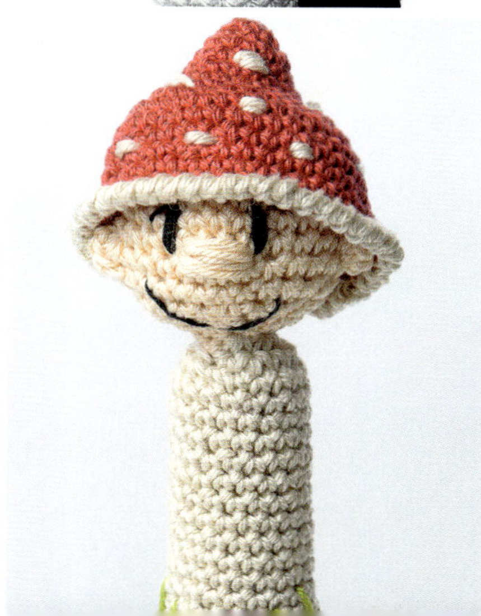

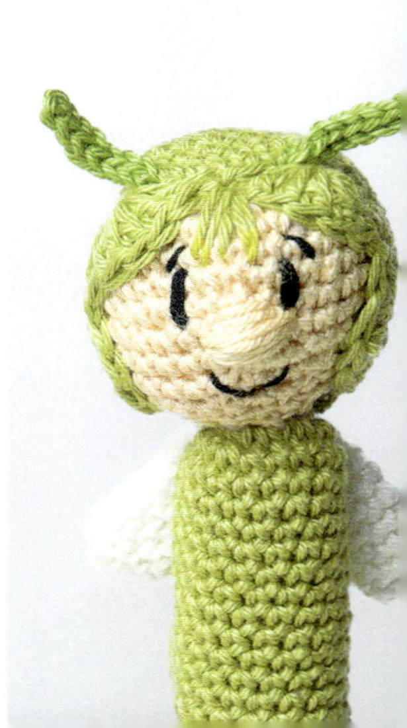

TOMMEL, DER FRÖHLICHE TROLL

Dem fröhlichen Troll sitzt der Schalk im Nacken. Besonders gern ärgert er die anderen Bewohner des magischen Waldes. Am liebsten wirft er mit Schwung Kastanien – oder was er sonst so auf dem Waldboden findet – durch die Gegend. Wenn er jemanden trifft, lacht er sich ins Fäustchen. Und dann hüpft er fröhlich singend durch den Wald und überlegt, was er als Nächstes anstellen könnte. Manchmal begleitet er auch Lasse, den Wichtel, auf dessen Erkundungstouren. Frech ist er, der Tommel, doch wenn Livra, die Prinzessin, vor ihm steht, wird er ganz zahm. Denn sie hat er besonders ins Herz geschlossen. Ja, ein bisschen ist er sogar in sie verliebt.

DAS BRAUCHT MAN

Wolle
Catona von Scheepjes, 100 % Baumwolle, 50 g/125 m: 30 g Hautfarben (Nr. 255), 50 g Hellbraun (Nr. 518), Rest Schwarz (Nr. 110)
Brazilia von Scheepjes, 100 % Polyester, 50 g/ 90 m): 20 g Blau (Nr. 01292)
Woll Butt Maya Kuschelgarn, 63 % Polyamid/37 % Schurwolle, 50 g/130 m: 10 g Hellgrau

Zubehör
3 Anhänger nach Wunsch (hier: je 1 Löffel, Schlüssel und Schere).
1 Stück Paketschnur
1 kleines Stück weißer Filz (für den Zahn)
Kleber
Häkelnadeln 2,5, 3,0 und 4,5 mm
Stick-/Vernähnadeln

Größe
Mit dem angegebenen Garn gehäkelt, hat der fertige Troll eine Größe von 32 cm.

UND SO GEHT ES

KOPF UND OBERKÖRPER

Wir häkeln den Troll nach der **Grundanleitung** bis zur 55. Rd **(siehe Seite 11 f.)**.

Hinweis: In der 44. Rd wechseln wir zu Hellbraun.

56. Rd: Jede 17. M verd (= 72 fM).
Die Rd mit 1 Km in die 1. M schließen. Ab jetzt häkeln wir in geschlossenen Runden, das heißt, jede Runde wird mit 1 Km in die 2. Lfm am Anfang geschlossen und beginnt mit 2 Lfm.

57.-71. Rd: 2 Lfm, 72 hStb (= 72 hStb).
Arbeit beenden und den Faden vernähen.

Für den Kleiderrand häkeln wir Zacken (Foto 1).

Hinweis: Der Kopf des Trolls muss dafür in die eigene Richtung zeigen. Dann den Faden erneut anschlagen und wie folgt häkeln:
1. R: 6 fM (= 6 fM).
2. R: 2 M zus, 2 fM, 2 M zus (= 4 fM).
3. R: Je 2 M zus (= 2 fM).
4. R: 2 M zus (= 1 fM).
Arbeit beenden und den Faden vernähen. Die Reihe 1–4 noch 11 x wdh.

ARME UND HÄNDE (2 X HÄKELN)

Für die Arme schlagen wir jeweils im Armausschnitt mit Hellbraun den Faden neu an und häkeln nach der **Grundanleitung Arm/Hand** **(siehe Seite 12 f.)**.

OHREN (2 X HÄKELN)

Die Anleitung weicht ab von der Grundanleitung, da die Ohren des Trolls größer sind. Mit Hautfarben und Häkelnadel 2,5 mm 2 Lfm anschlagen.
1. Rd: 6 fM in die 2. Lfm (= 6 fM).
2. Rd: Jede M verd (= 12 fM).
3. Rd: Jede 2. M verd (= 18 fM).
4. Rd: Jede 4. M verd (= 24 fM).
5.- 8. Rd: 24 fM (= 24 fM).
Die Arbeit beenden und einen längeren Faden zum Annähen stehen lassen.
Die Ohren bleiben ungefüllt.

NASE

Mit Hautfarben und Häkelnadel 2,5 mm 2 Lfm anschlagen.
1. Rd: 6 fM in die 2. Lfm (= 6 fM).
2. Rd: Jede M verd (= 12 fM).
3.-7. Rd: 12 fM (= 12 fM).
Die Nase mit Füllwatte füllen.
8. Rd: Je 2 M zus (= 6 fM).

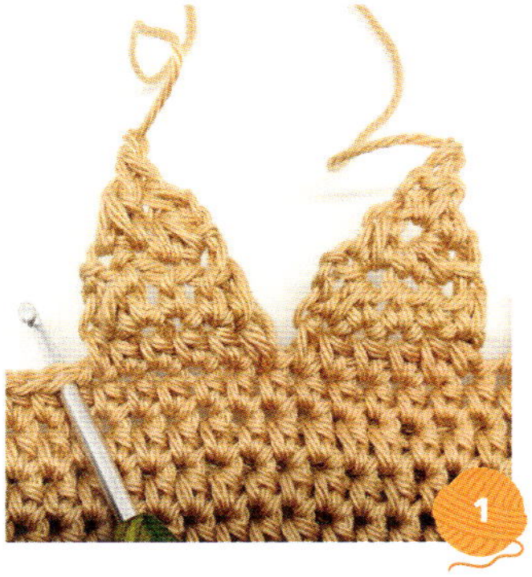
1

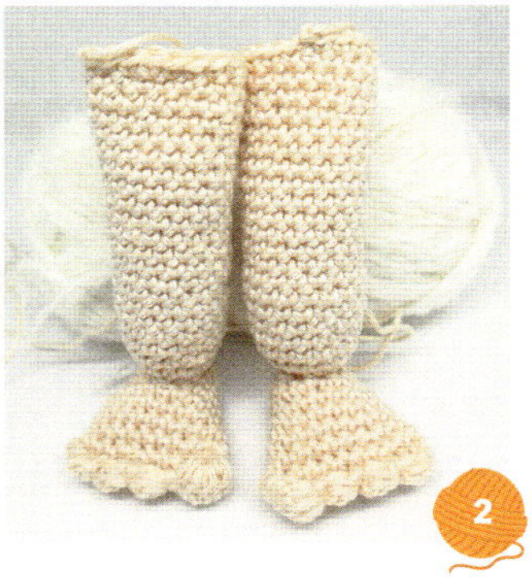
2

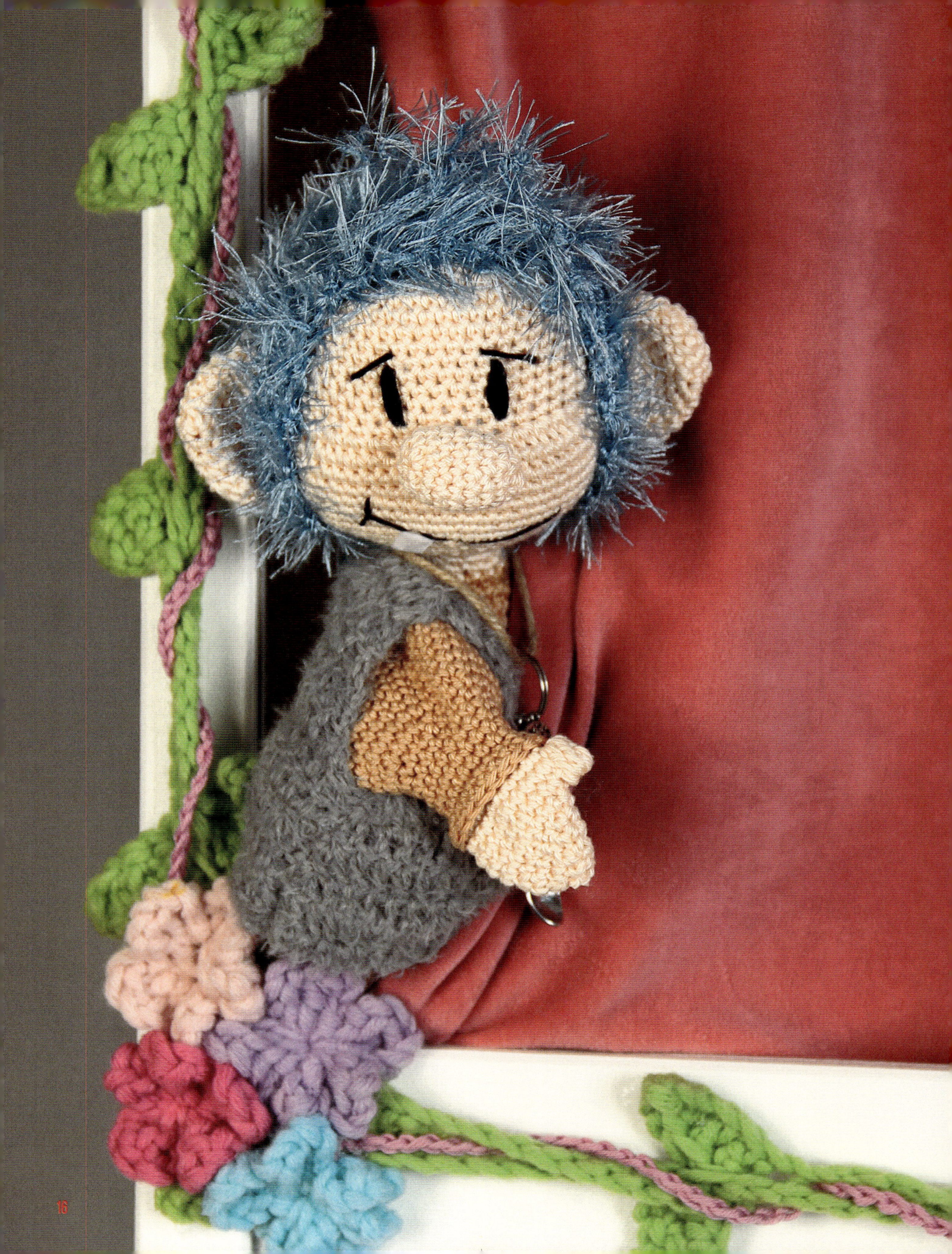

Die Arbeit beenden, den Faden durch die 6 Maschen fädeln und zusammenziehen.
Einen etwas längeren Faden zum Annähen stehen lassen.

FÜSSE (2 X HÄKELN)

Nach **Grundanleitung (siehe Seite 13 f.)** häkeln.

BEINE (2 X HÄKELN)

Nach **Grundanleitung (siehe Seite 14)** häkeln (Foto 2).

HAARE

Mit Häkelnadel 4,5 mm und Brazilia in Blau 2 Lfm anschlagen.
1. Rd: 6 fM in die 2. Lfm (= 6 fM).
2. Rd: Jede M verd (= 12 fM).
3. Rd: Jede 2. M verd (= 18 fM).
4. Rd: Jede 3. M verd (= 24 fM).
5. Rd: Jede 4. M verd (= 30 fM).
6. Rd: Jede 5. M verd (= 36 fM).
7. Rd: Jede 6. M verd (= 42 fM).
8.–11. Rd: 42 fM (= 42 fM).

Ab hier arbeiten wir in Reihen weiter.
1. R: 18 fM (= 18 fM).
2. + 3. R: 18 fM (= 18 fM).
4. R: Jede 9. M verd (= 20 fM).
5.–8. R: 20 fM (= 20 fM).
Die Arbeit beenden und einen längeren Faden zum Annähen der Haare stehen lassen (Foto 3).

KOTELETTEN (2 X HÄKELN)

1. R: 4 M überspr, 3 fM (= 3 fM).
2.–9. R: 3 fM (= 3 fM).
Die Arbeit beenden und einen längeren Faden zum Annähen stehen lassen.

WESTE

Vorderteil (2 x häkeln)

Hinweis: Jede Reihe beginnt mit 2 Steige-Lfm. Mit Grau und Häkelnadel 3,0 mm 10 Lfm anschlagen.
1.–6. R: 8 Stb (= 8 Stb).
7. R: 1 M verd, 7 Stb (= 9 Stb).
8. R: 8 Stb, 1 M verd (= 10 Stb).

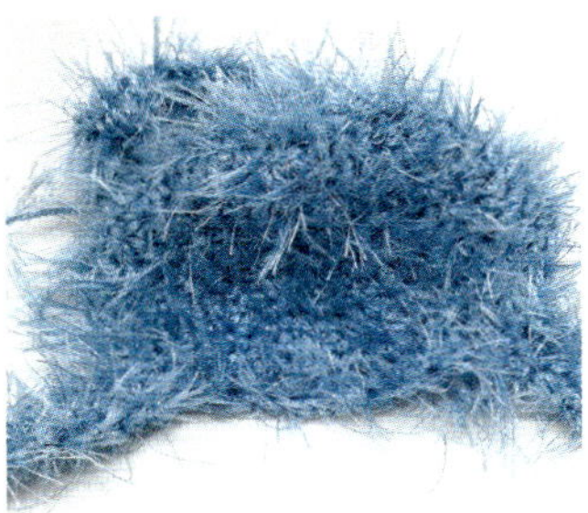
3

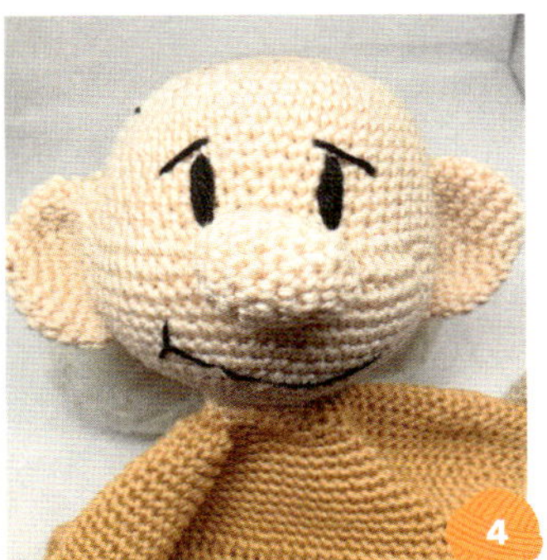
4

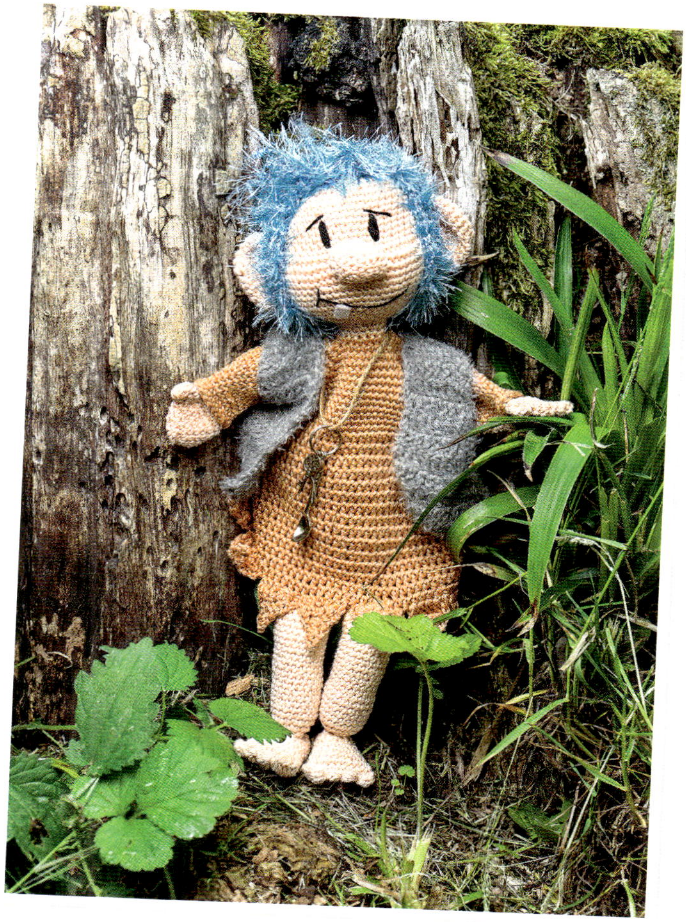

9. R: 1 M verd, 9 Stb (= 11 Stb).
10. R: 10 Stb, 1 M verd (= 12 Stb).
11. R: 1 M verd, 11 Stb (= 13 Stb).
12. R: 12 Stb, 1 M verd (= 14 Stb).
13. R: 1 M verd, 13 Stb (= 15 Stb).
Die Arbeit beenden und einen längeren Faden zum Annähen stehen lassen.

Rückenteil

Mit Grau und Häkelnadel 3,0 mm 34 Lfm anschlagen.
1.–5. R: 32 Stb (= 32 Stb).
2. R: 2 Stb zus, 28 Stb, 2 Stb zus (= 30 Stb).
3. R: 2 Stb zus, 26 Stb, 2 Stb zus (= 28 Stb).
4. R: 2 Stb zus, 24 Stb, 2 Stb zus (= 26 Stb).
5. R: 2 Stb zus, 22 Stb, 2 Stb zus (= 24 Stb).
6. R: 2 Stb zus, 20 Stb, 2 Stb zus (= 22 Stb).
7.–9. R: 22 Stb (= 22 Stb).
Die Arbeit beenden und einen längeren Faden zum Zusammennähen stehen lassen.

FERTIGSTELLUNG

Zuerst nähen wir die Nase an der zuvor markierten Stelle an, dann werden die Augen mit ein paar vertikalen Stichen über 3 bis 4 Maschen aufgestickt. Anschließend die Augenbrauen und den Mund sticken (Foto 4).

Um die richtige Position für die Ohren zu finden, setzen wir erst die Perücke auf **(Foto 5)** und stecken die Ohren in den Lücken fest, die durch die Koteletten entstehen. Dort nähen wir sie an **(Foto 6)**. Danach nähen wir die Perücke fest.

Die Beine werden in der letzten Runde des Kleides angenäht. Dazu verwenden wir einen Faden in der Farbe des Kleides.

Nun nähen wir die Weste zusammen. Wir legen dafür Vorderteil auf Rückenteil und nähen die Weste an den markierten Stellen zusammen **(Foto 7)**.

Das Stück Filz zurechtschneiden und den Zahn am Mund annähen oder ankleben.

Weste anziehen und für die Kette die Anhänger auf ein Stück Paketschnur fädeln und Tommel anziehen.

Und schon ist Tommel bereit für allerlei Schabernack.

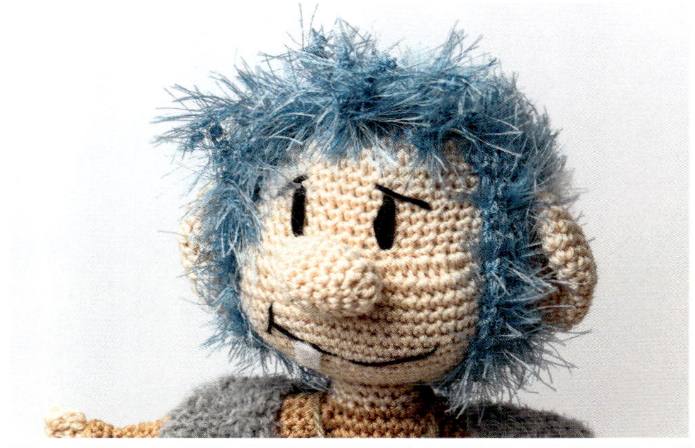

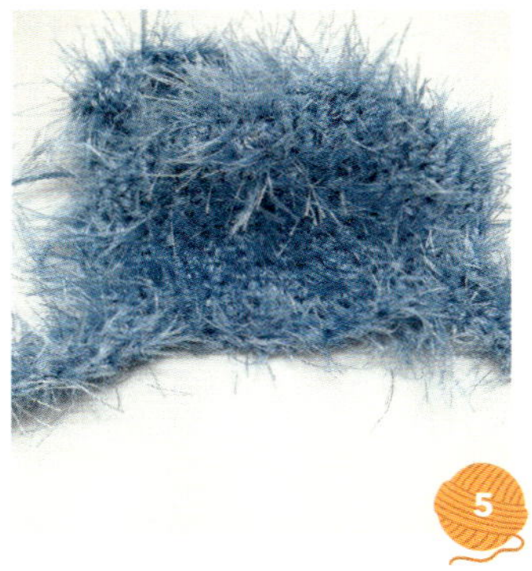

5

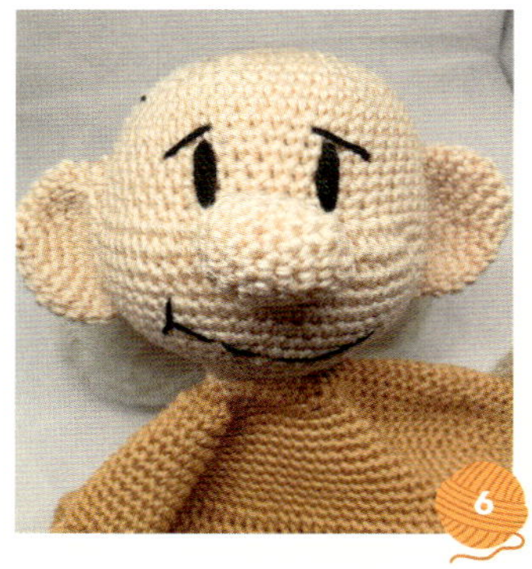

6

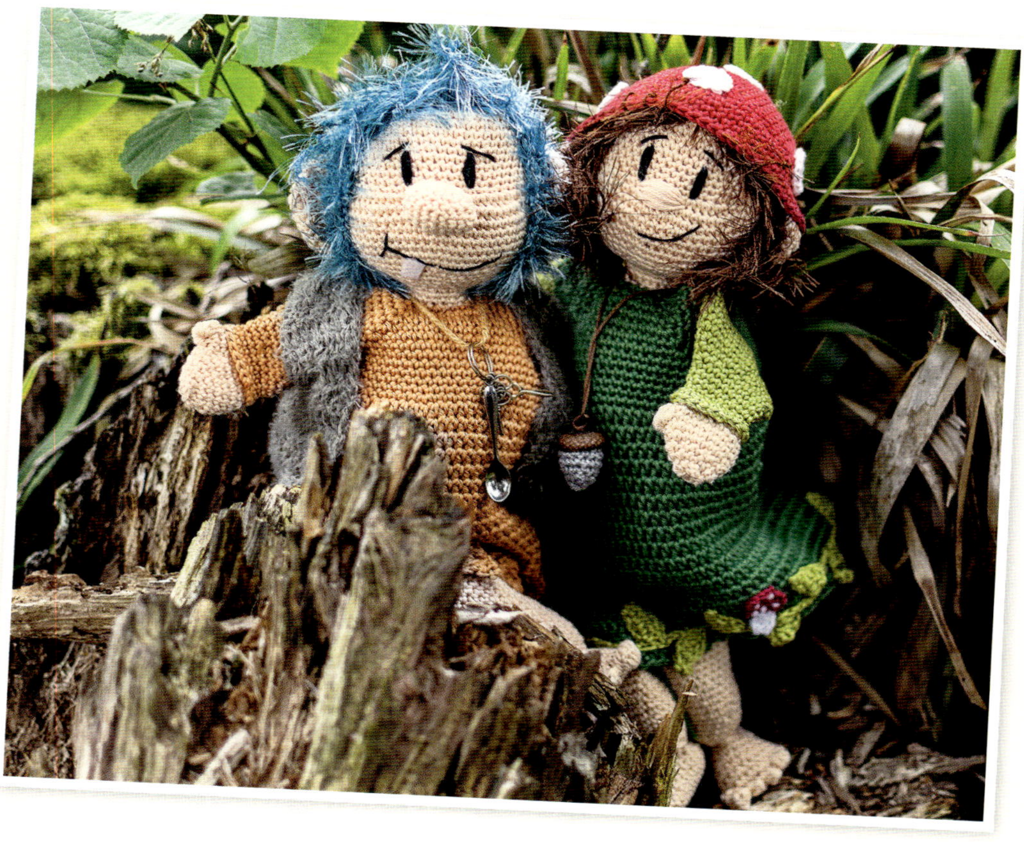

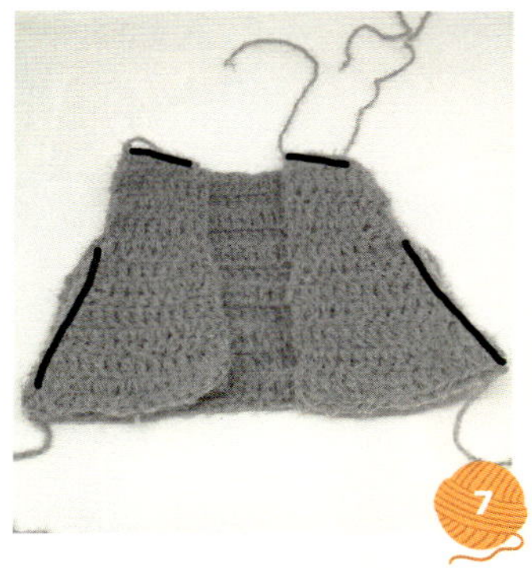

7

TOMMEL LIEBT ENTDECKUNGSTOUREN MIT LASSE, DEM WICHTEL.

LASSE, DER WISSBEGIERIGE WICHTEL

Schon von Weitem ist seine Fliegenpilzmütze zu sehen. Er ist ein echter Naturbursche, fröhlich, optimistisch und bei allen Waldbewohnern beliebt, weiß er doch so viel zu erzählen. Lasse liebt die Tiere des Waldes und kennt sie persönlich. Auf seinen langen Spaziergängen beobachtet er sie, spricht mit ihnen und lernt sogar, sie zu imitieren. Er ist der Wächter des Waldes und passt auf, dass Menschen den Waldtieren nichts antun! Meist ist Lasse allein unterwegs, doch manchmal begleitet ihn auch Tommel, der Troll. Dann ist Lasse auf der Hut. Denn Tommel, das wissen wir, treibt gern Schabernack und da kann es schon passieren, dass er Blumen und Pilze zertritt oder mit dem Stock einen Ameisenhaufen aufwühlt. Das ist eine der wenigen Fälle, in denen Lasse richtig böse werden kann. Dann ruft er schon mal die Mücken um Hilfe und die Waldbewohner hören dann das laute Gejammer von Tommel, wenn er zerstochen wird.

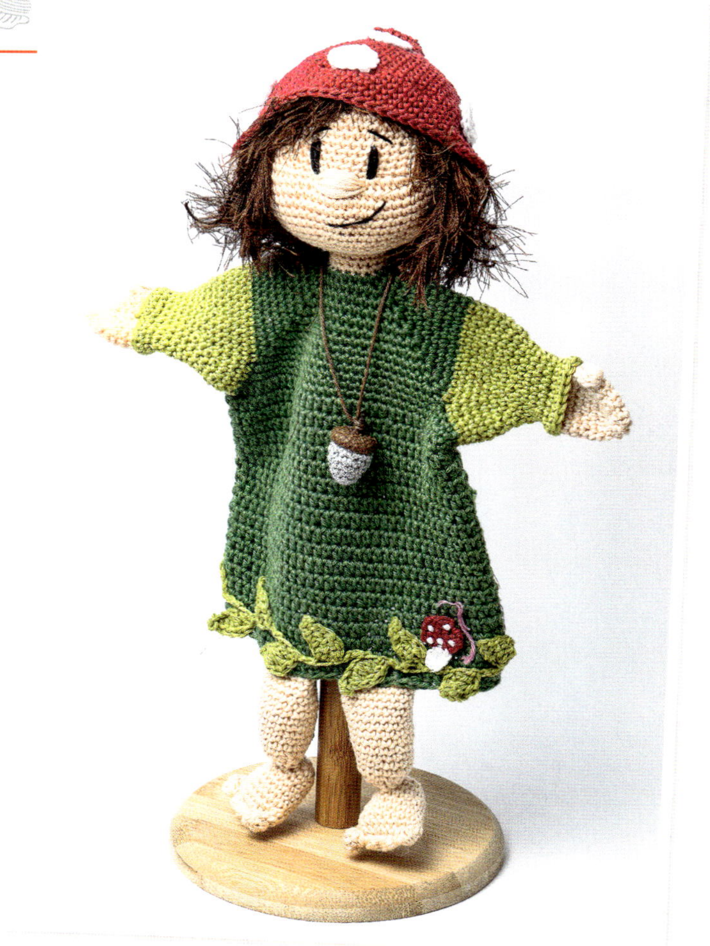

DAS BRAUCHT MAN

Wolle

Catona von Scheepjes, 100 % Baumwolle, 50 g/125 m: 30 g Hautfarben (Nr. 255), 50 g Waldgrün (Nr. 412), 30 g Weinrot (Nr. 258), 25 g Limettengrün (Nr. 512), Reste in Schwarz (Nr. 110), Weiß (Nr. 106) und Rot (Nr. 115)
Brazilia von Scheepjes, 100 % Polyester, 50 g/90 m: 50 g Schoko (Nr. 00010)
Rest Silbergarn, z. B. byClaire Nr. 3 Sparkle (Nr. 2231), 75 % Baumwolle, 25 % Polyester, 50 g/130 m

Zubehör

Häkelnadeln 2,5 und 3,0 mm
Stick-/Vernähnadeln
Füllwatte
1 Eichelhütchen

Größe

Mit dem angegebenen Garn gehäkelt, hat der fertige Waldwichtel eine Größe von 32 cm.

UND SO GEHT ES

KOPF UND OBERKÖRPER

Wir häkeln den Wichtel nach der Grundanleitung (siehe Seite 11 f.) bis zur 55. Rd.
Hinweis: In der 44. Rd wechseln wir zu Waldgrün.

56. Rd: Jede 17. M verd (= 72 fM).

Jetzt schließen wir die Runde mit 1 Km in die 1. M. Ab hier häkeln wir in geschlossenen Runden, das heißt, jede Runde wird mit 1 Km in die 2. Lfm am Anfang geschlossen und beginnt mit 2 Lfm.
57.–74. Rd: 2 Lfm, 72 hStb (= 72 hStb).
Die Arbeit beenden und den Faden vernähen.

ARME (2 X HÄKELN)

Für die Arme schlagen wir jeweils im Armausschnitt mit Limettengrün den Faden neu an und häkeln nach der Grundanleitung (siehe Seite 12 f.) Arm/Hand.

OHREN (2 X HÄKELN)

Die Ohren arbeiten wir nach der Grundanleitung Ohren (siehe Seite 12).

FÜSSE (2 X HÄKELN)

Die Füße werden wie beim Troll (siehe Seite 13 f.) gearbeitet.

BEINE (2 X HÄKELN)

Wie beim Troll (siehe Seite 14) häkeln, allerdings kürzer – nur bis zur 15. Runde!

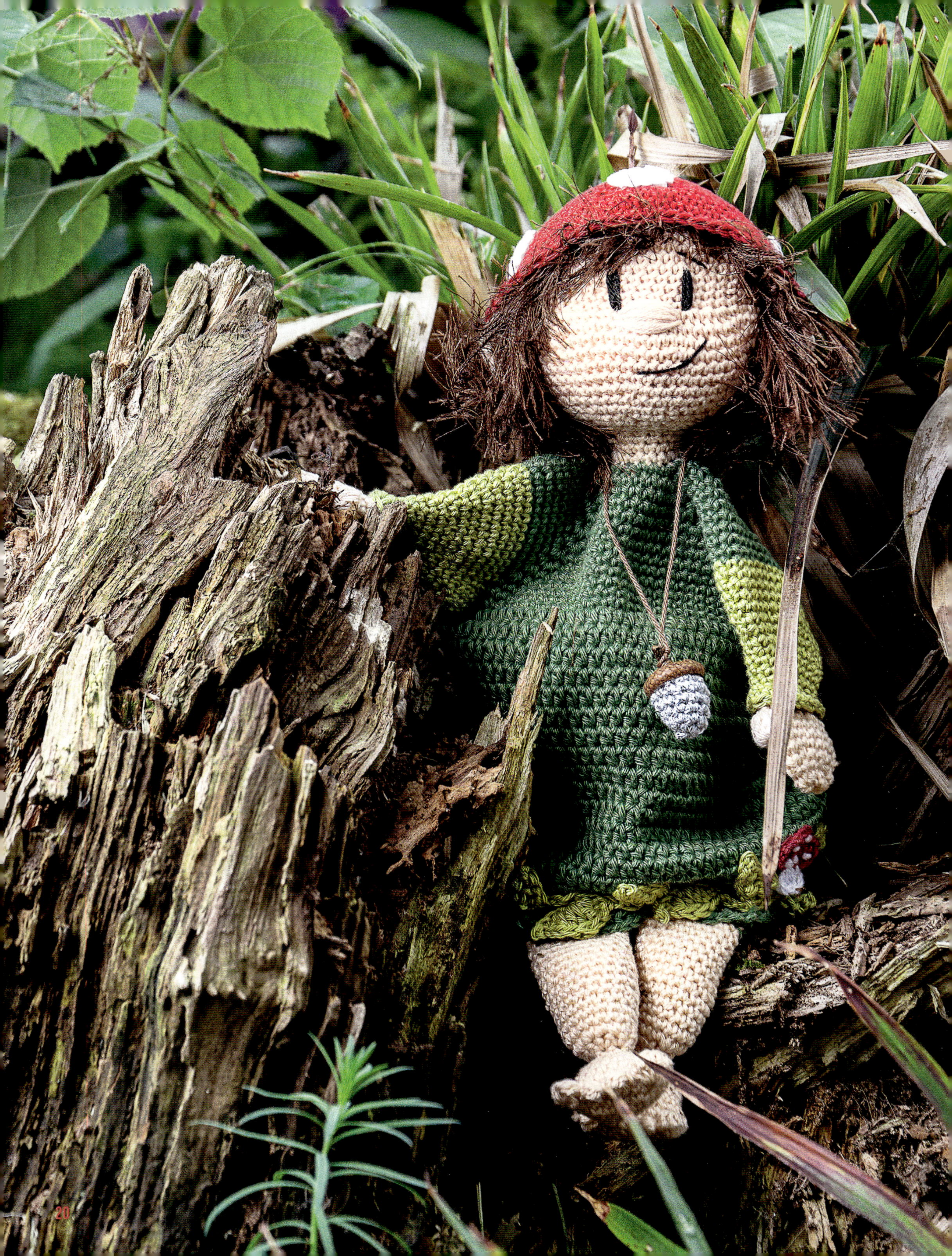

MÜTZE

Mit Häkelnadel 3,0 mm und Weinrot 2 Lfm anschlagen.
1. Rd: 6 fM in die 2. Lfm (= 6 fM).
2. Rd: Jede 2. M verd (= 9 fM).
3. Rd: Jede 3. M verd (= 12 fM).
4. Rd: Jede 4. M verd (= 15 fM).
5. Rd: Jede 5. M verd (= 18 fM).
6. Rd: Jede 6. M verd (= 21 fM).
7. Rd: Jede 7. M verd (= 24 fM).
8. Rd: Jede 8. M verd (= 27 fM).
9. Rd: Jede 9. M verd (= 30 fM).
10. Rd: Jede 10. M verd (= 33 fM).
11. Rd: Jede 11. M verd (= 36 fM).
12. Rd: Jede 6. M verd (= 42 fM).
13. Rd: Jede 7. M verd (= 48 fM).
14. Rd: Jede 8. M verd (= 54 fM).
15.-19. Rd: 54 fM (= 54 fM).
20. Rd: 54 fM, jedoch nur ins vordere Maschenglied (siehe Seite 9) (= 54 fM).
21. Rd: Jede 9. M verd (= 60 fM).
22.-26. Rd: 60 fM (= 60 fM).
Die Arbeit beenden und einen längeren Faden zum Annähen stehen lassen (Foto 1).

FLIEGENPILZPUNKTE (8 X HÄKELN)

Mit Häkelnadel 2,5 mm und Weiß 2 Lfm anschlagen.
1. Rd: 6 fM in die 2. Lfm (= 6 fM).
2. Rd: Jede M verd (= 12 fM).
Die Arbeit beenden und einen längeren Faden zum Annähen stehen lassen.

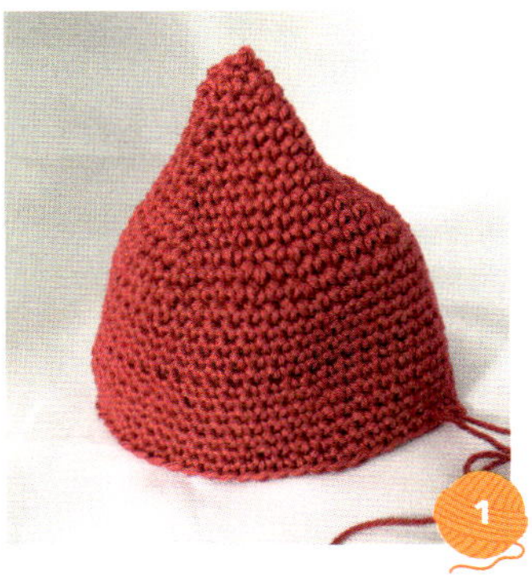

1

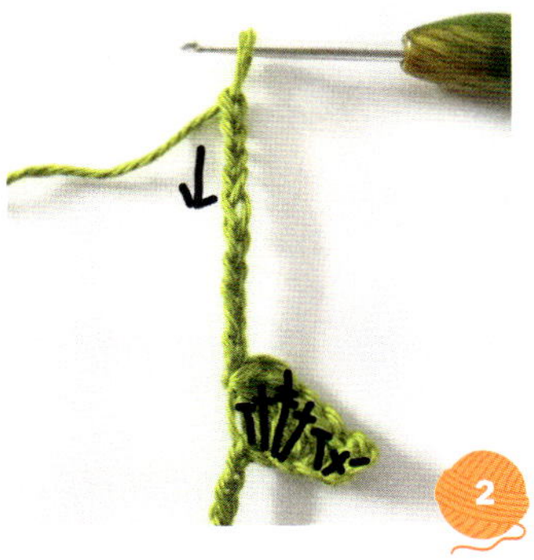

2

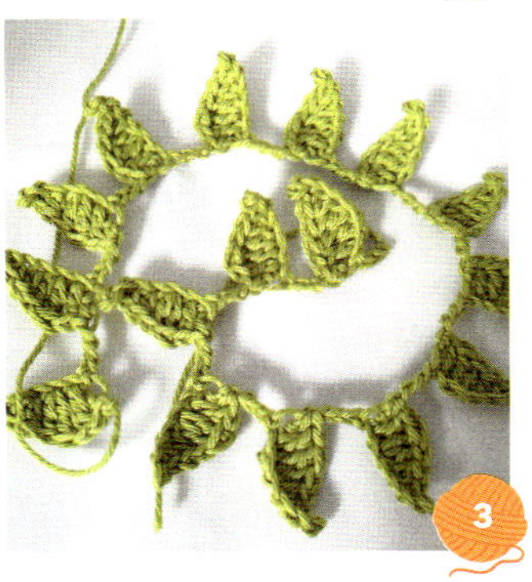

3

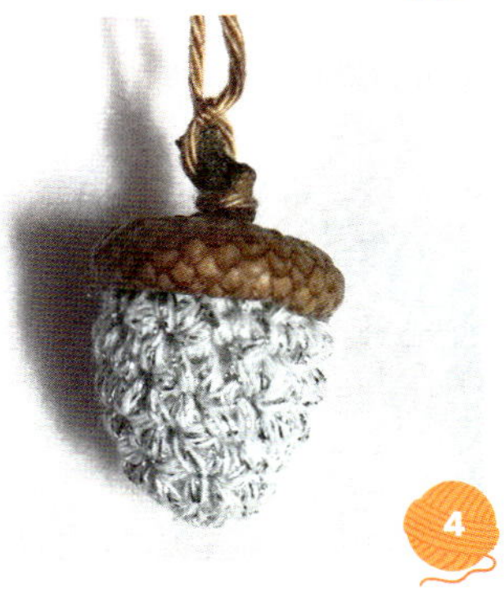

4

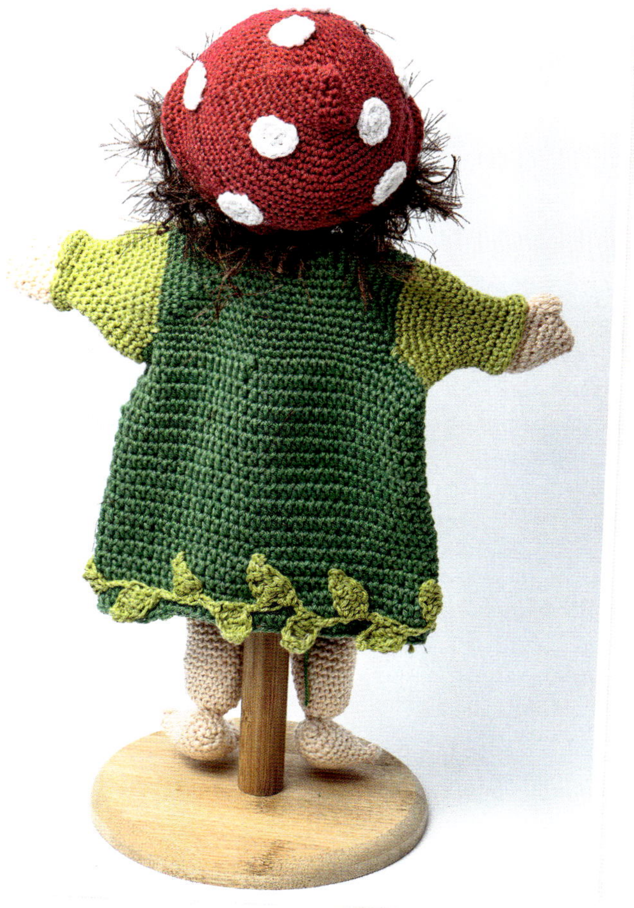

BLÄTTERRANKE

Mit Häkelnadel 3,0 mm und Limettengrün 10 Lfm anschlagen.

Ab der 2. Lfm von der Nadel aus wie folgt in die Lfm-Kette arbeiten:
1. R: 1 Km, 1 fM, 1 hStb, 1 Stb und 1 DStb in 1 M, 1 Stb, 1 hStb.
2. R: 10 Lfm anschlagen (Foto 2).
Die Reihen 1 und 2 so oft wdh, bis die Ranke insgesamt 16 Blätter hat (Foto 3).
Die Arbeit beenden und einen längeren Faden zum Annähen stehen lassen.

EICHEL

Mit Häkelnadel 3,0 mm und Silber 2 Lfm anschlagen.
1. Rd: 6 fM in die 2. Lfm (= 6 fM).
2. Rd: Jede 2. M verd (= 9 fM).
3. Rd: 9 fM (= 9 fM).
4. Rd: Jede 3. M verd (= 12 fM).
5. + 6. Rd: 12 fM (= 12 fM).
Die Eichel mit Füllwatte füllen.
7. Rd: Je 2 M zus (= 6 fM).
Gegebenenfalls noch etwas Füllwatte nachstopfen. Den Faden durch die 6 Maschen fädeln, zusammenziehen und den Faden vernähen. Den Eichelhut mit der Heißklebepistole auf die gehäkelte Eichel kleben (Foto 4).

FLIEGENPILZ

Mit Häkelnadel 2,5 mm und Weinrot 2 Lfm anschlagen.
1. R: 3 fM in die 2. Lfm, 1 Wende-Lfm (= 3 fM).
2. R: Jede M verd, 1 Wende-Lfm (= 6 fM).
3. R: 6 fM (= 6 fM).
Die Arbeit beenden und einen längeren Faden zum Annähen stehen lassen.

Für den Stiel schlagen wir im Pilzhut den Faden in Weiß erneut an und arbeiten 2 Lfm, 1 Stb, 2 Lfm und 1 Km in 1 M (Foto 5). Die Arbeit beenden und einen längeren Faden zum Annähen und zum Sticken der Fliegenpilzpunkte stehen lassen. Diese sticken wir mit dem Knötchenstich (siehe Seite 9) auf den Pilzhut (Foto 6).

FERTIGSTELLUNG

Für die Haare schneiden wir aus der Brazilia Schoko 54 ca. 24 cm lange Strähnen zu. Diese knüpfen wir anschließend in die hinteren stehengelassenen Maschenglieder der 20. Rd der Mütze (Foto 7). Wenn wir damit fertig sind, sieht die Mütze aus wie auf Foto 8.

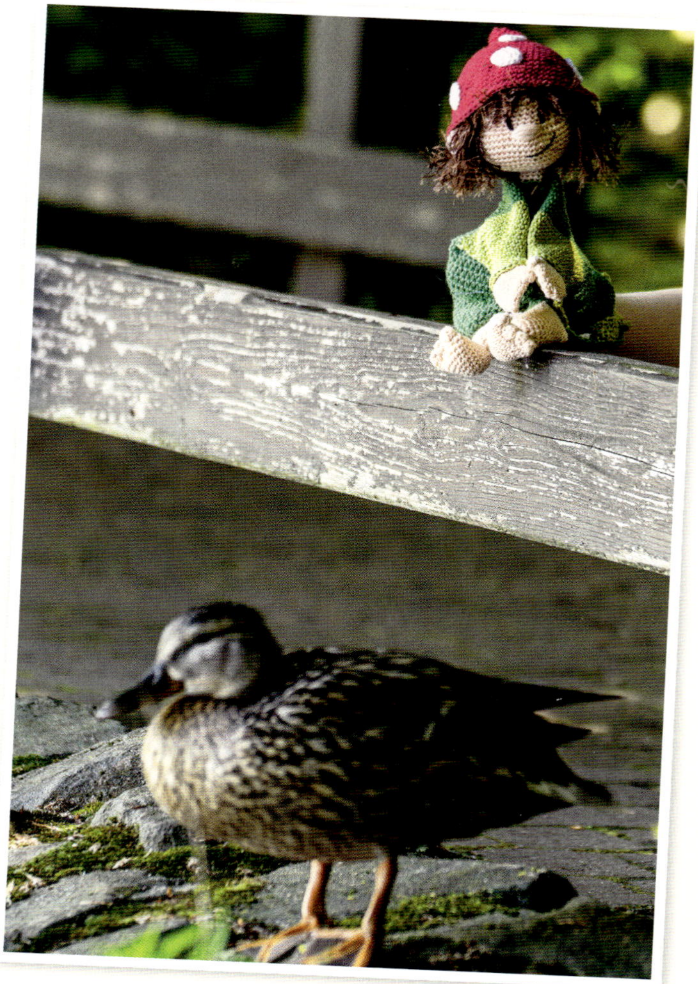

LASSE LIEBT ES, TIERE ZU BEOBACHTEN.

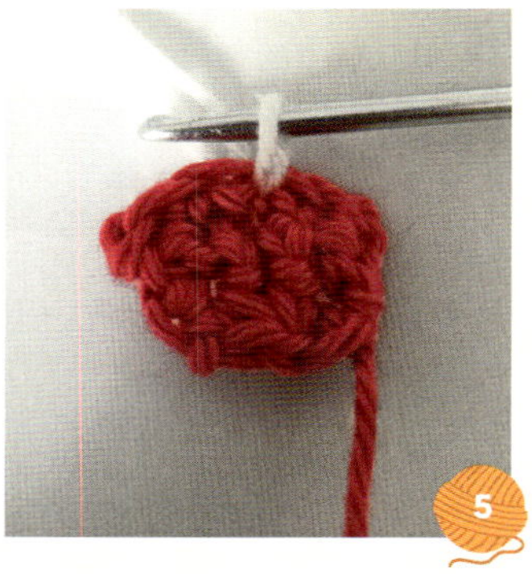

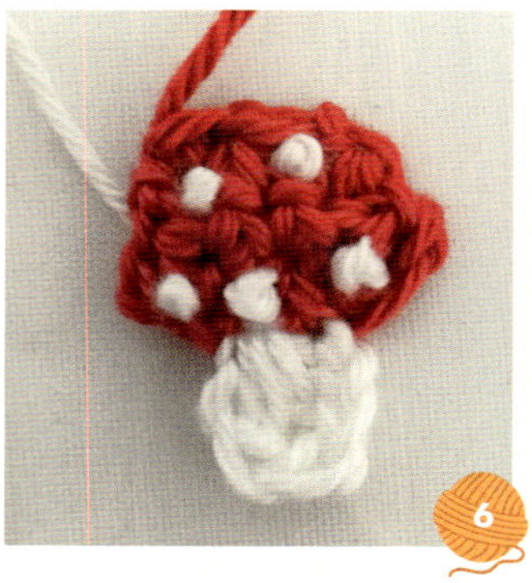

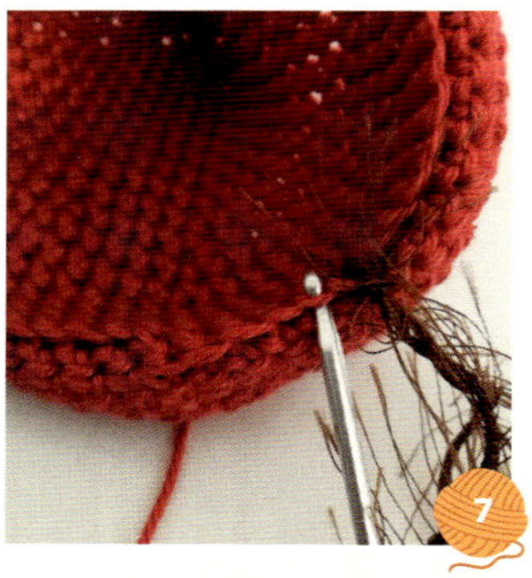

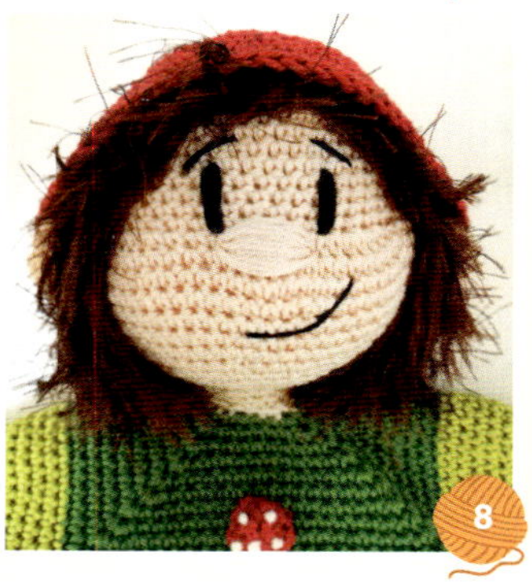

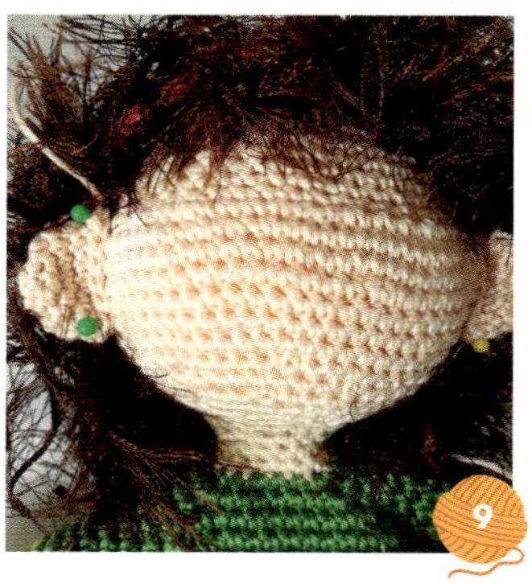

Um die richtige Position für die Ohren zu finden, setzen wir zuerst die Mütze auf den Kopf, danach stecken wir die Ohren fest (Foto 9). Jetzt sticken wir die Nase mit ein paar Querstichen über die 4 Maschen, die wir zuvor markiert hatten. Die Augen sticken wir mit ein paar Stichen vertikal über 3 bis 4 Maschen. Dann noch die Augenbrauen und den Mund aufsticken. Nun noch die Mütze annähen. Danach können wir die Haare in Form schneiden. Im Anschluss die Fliegenpilzpunkte verteilt auf der Mütze annähen.
Die Blätterranke in der 72. Rd des Kleides annähen, dabei die Blätter abwechselnd nach oben und unten legen. Den Pilz links unten an die Blätterranke annähen. Wer möchte, kann einen zweiten Pilz auf das Oberteil des Kleides annähen. Die Beine in der letzten Runde des Kleides annähen, dazu die Farbe des Kleides nehmen.

Jetzt noch die Eichel an einer Schnur befestigen, sie Lasse umbinden und fertig ist unser kleiner wissbegieriger Waldwichtel.

ANNUTSCHKA, DIE NEUGIERIGE HEXE

Sie steckt überall ihre krumme Nase in Dinge, die sie nichts angehen. Annutschka ist neugierig und muss wissen, was die Waldbewohner treiben. Das interessiert auch Tita, das vornehme Burgfräulein, die die Hexe gern besucht, um sich den neuesten Klatsch anzuhören. Wenn Annutschka, auf ihrem Besen sitzend, durch den magischen Wald fliegt, bringen sich alle anderen lieber in Sicherheit, denn man weiß ja nie, welche Zauberkräfte sie gerade ausprobiert. Denn Dirkus, der Magier, verrät ihr gern seine neuesten Zaubersprüche bei einer Tasse Tee. Wenn Brunik, der Drache, gerade mal wieder über seine Füße stolpert, könnte es auch sein, dass die Hexe dabei ihre Finger im Spiel hat. Also hütet euch vor ihr!

DAS BRAUCHT MAN

Wolle

Catona von Scheepjes, 100 % Baumwolle, 50 g/125 m: 30 g Hautfarben (Nr. 255), 50 g Olivgrün (Nr. 359), 30 g Rotbraun (Nr. 383), 25 g Rosa (Nr. 408), 20 g Hellbeige (Nr. 505), 15 g Schlamm (Nr. 257), 10 g Hellbraun (Nr. 179), Reste in Apfelgrün (Nr. 205), Rot (Nr. 192) und Schwarz (Nr. 110)

Zubehör

Häkelnadeln 2,0, 2,5 und 3,0 mm
Stick-/Vernähnadeln
Füllwatte

Größe

Mit dem angegebenen Garn gehäkelt, hat die fertige Hexe eine Größe von 32 cm.

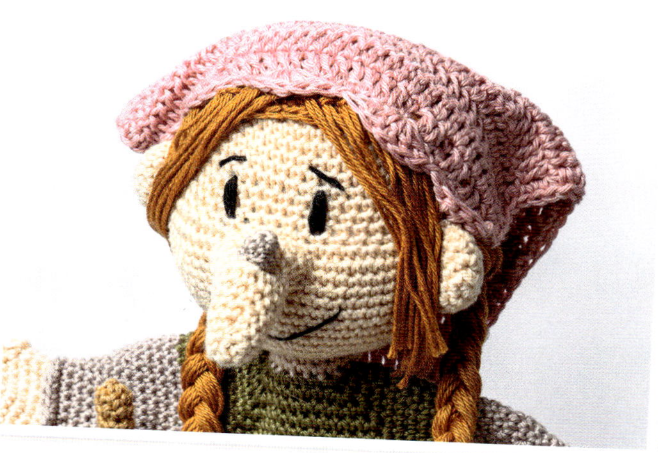

UND SO GEHT ES

Wir häkeln die Hexe nach der **Grundanleitung (siehe Seite 11 f.)** bis zur 55. Rd.
Hinweis: Ab der 44. Rd. wechseln wir zu Olivgrün.

56. Rd: Jede 17. M verd (= 72 fM).
Jetzt schließen wir die Runde mit 1 Km in die 1. M. Ab hier häkeln wir in geschlossenen Runden, das heißt, jede Runde wird mit 1 Km in die 2. Lfm am Anfang geschlossen und beginnt mit 2 Lfm.

57.-74. Rd: 2 Lfm, 72 hStb (= 72 hStb).
75. Rd: * 2 M überspr, 5 Stb in 1 M, 2 M überspr, 1 fM * 12 x wdh.
Die Arbeit beenden und den Faden vernähen.

ARME (2 X HÄKELN)

Für die Arme schlagen wir jeweils im Armausschnitt mit Schlamm den Faden neu an und häkeln nach der **Grundanleitung Arm/Hand (siehe Seite 12 f.)**.

OHREN (2 X HÄKELN)

Die Ohren arbeiten wir nach der **Grundanleitung Ohren (siehe Seite 12)**.

NASE

Mit Hautfarben und Häkelnadel 2,5 mm 2 Lfm anschlagen.
1. Rd: 6 fM in die 2. Lfm (= 6 fM).
2. Rd: Jede 2. M verd (= 9 fM).
3.-6. Rd: 9 fM (= 9 fM).
7. Rd: Jede 3. M verd (= 12 fM).
8. Rd: 12 fM (= 12 fM).
9. Rd: Die nächsten 4 M verd, 8 fM (= 16 fM).
10. Rd: * 2 M zus * 3 x wdh, 8 fM (= 12 fM).
11. Rd: 12 fM (= 12 fM).
12. Rd: Jede 2. M verd (= 18 fM).
Die Arbeit beenden und einen längeren Faden zum Annähen stehen lassen.

WARZE

Mit Schlamm und Häkelnadel 2,0 mm 2 Lfm anschlagen.
1. Rd: 6 fM in die 2. Lfm (= 6 fM).
2. Rd: 6 fM (= 6 fM).
Die Arbeit beenden und einen längeren Faden zum Annähen stehen lassen.

SCHUHE UND BEINE (2 X HÄKELN)

Hinweis: Der Schuh wird bis zur 7. R wie bei der **Prinzessin (siehe Seite 44 und Fotos 5–10)** gearbeitet, allerdings in Schwarz.
Dann den Schuh auf links drehen, die letzten Reihen aufeinanderlegen und zusammennähen.

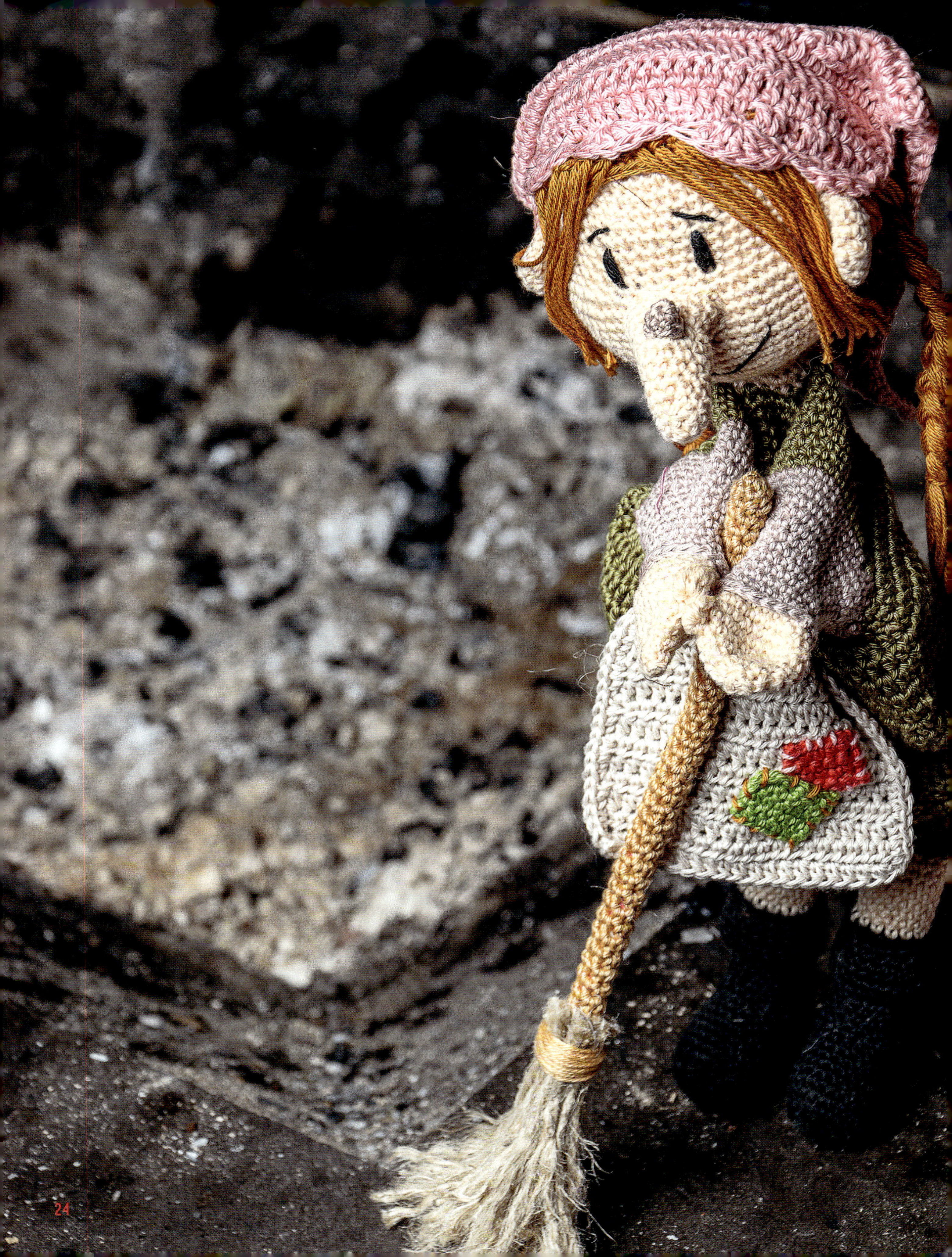

Den Schuh wieder auf rechts drehen und mit Füllwatte stopfen.
Den Faden erneut am hinteren Teil des Schuhs anschlagen und 20 fM am oberen Rand häkeln.
Hinweis: Jetzt geht es mit dem Bein weiter. Während des Häkelns immer wieder das Bein mit etwas Füllwatte füllen, jedoch die letzten 3 Runden ungefüllt lassen.

1. Rd: Jede 3. und 4. M zus (= 15 fM).
2.-10. Rd: 15 fM (= 15 fM).
11. Rd: 15 fM, jedoch nur ins hintere Maschenglied (siehe Seite 9) arbeiten.
12. Rd: Farbwechsel zu Hautfarben. 15 fM häkeln (= 15 fM).
13.-21. Rd: 15 fM (= 15 fM).
Die Arbeit beenden und den Faden vernähen.

STIEFELSCHAFT (2 X HÄKELN)

Mit Schwarz und Häkelnadel 2,5 mm 19 Lfm anschlagen.
1. R: 18 fM, 1 Wende-Lfm (= 18 fM).
2. R: Die ersten beiden M verd, 14 fM, die letzten beiden M verd, 1 Wende-Lfm (= 20 fM).
3. R: Die ersten beiden M verd, 16 fM, die letzten beiden M verd (= 22 fM).
Die Arbeit beenden und einen längeren Faden zum Annähen stehen lassen. Nun den Schaft in der 11. Rd der Stiefel an den stehengelassenen Maschengliedern festnähen (Foto 1 und 2).

PERÜCKE

Mit Häkelnadel 3,0 mm und Rotbraun 2 Lfm anschlagen.
1. Rd: 6 fM in die 2. Lfm (= 6 fM).
2. Rd: Jede M verd (= 12 fM).
3. Rd: Jede 2. M verd (= 18 fM).
4. Rd: Jede 3. M verd (= 24 fM).
5. Rd: Jede 4. M verd (= 30 fM).
6. Rd: Jede 5. M verd (= 36 fM).
7. Rd: Jede 6. M verd (= 42 fM).
8. Rd: Jede 7. M verd (= 48 fM).
9.-16. Rd: 48 fM (= 48 fM).
17. Rd: 22 M nur ins hintere Maschenglied (siehe Seite 9) arbeiten, 26 fM (= 48 fM).
18. Rd: 48 fM (= 48 fM).
Die Arbeit beenden und einen längeren Faden zum Annähen stehen lassen.

KOPFTUCH

Mit Häkelnadel 3,0 mm und Rosa 36 Lfm anschlagen.
Hinweis: Jede Reihe beginnt mit 2 Steige-Lfm.

1.-6. R: 34 Stb (= 34 Stb).
7. R: 2 Stb zus, 30 Stb, 2 Stb zus (= 32 Stb).
8. R: 2 Stb zus, 28 Stb, 2 Stb zus (= 30 Stb).
9. R: 2 Stb zus, 26 Stb, 2 Stb zus (= 28 Stb).
10. R: 2 Stb zus, 24 Stb, 2 Stb zus (= 26 Stb).
11. R: 2 Stb zus, 22 Stb, 2 Stb zus (= 24 Stb).
12. R: 2 Stb zus, 20 Stb, 2 Stb zus (= 22 Stb).

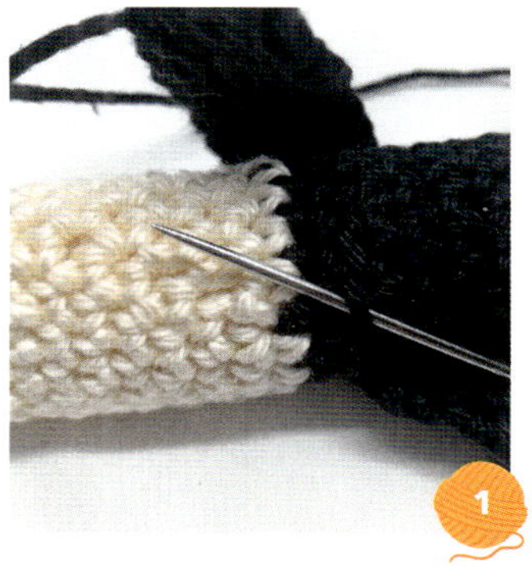

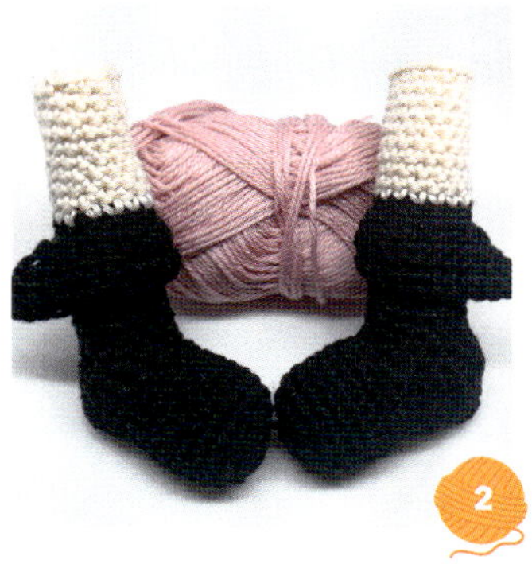

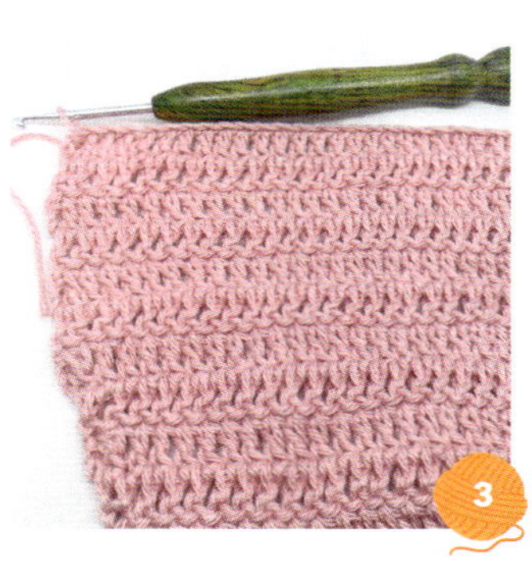

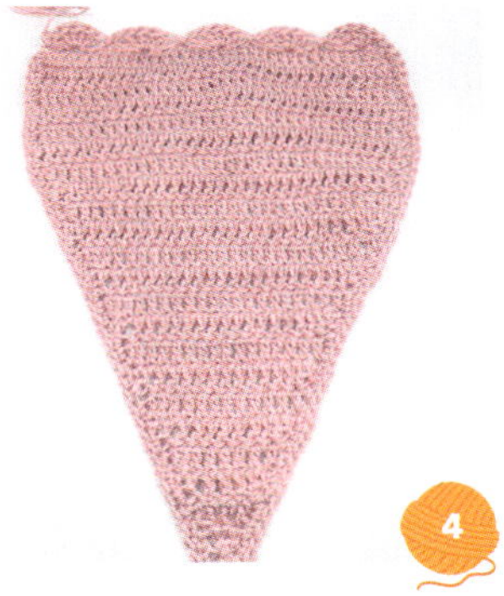

13. R: 2 Stb zus, 18 Stb, 2 Stb zus (= 20 Stb).
14. R: 2 Stb zus, 16 Stb, 2 Stb zus (= 18 Stb).
15. R: 2 Stb zus, 14 Stb, 2 Stb zus (= 16 Stb).
16. R: 2 Stb zus, 12 Stb, 2 Stb zus (= 14 Stb).
17. R: 2 Stb zus, 10 Stb, 2 Stb zus (= 12 Stb).
18. R: 2 Stb zus, 8 Stb, 2 Stb zus (= 10 Stb).
19. R: 2 Stb zus, 6 Stb, 2 Stb zus (= 8 Stb).
20. R: 2 Stb zus, 4 Stb, 2 Stb zus (= 6 Stb).
21. R: 2 Stb zus, 2 Stb, 2 Stb zus (= 4 Stb).
22. R: Je 2 Stb zus (= 2 Stb).
23. R: Je 2 Stb zus (= 1 Stb).
Die Arbeit beenden und den Faden vernähen.

Nun schlagen wir mit Rosa links in der ersten Reihe des Kopftuchs den Faden erneut an (Foto 3) und umhäkeln das Kopftuch mit 92 fM (in die Spitze des Kopftuchs, das heißt in das letzte Stb der 23. R arbeiten wir 3 fM). Nun sind wir an der rechten Seite der 1. Reihe angelangt und arbeiten auf die 1. Reihe des Kopftuchs wie folgt:
1 M überspr * 2 M überspr, 5 Stb in 1 M, 2 M überspr, 1 fM * 4 x wdh, 1 Km.
Die Arbeit beenden und einen längeren Faden zum Annähen stehen lassen. Das Kopftuch ist fertig (Foto 4).

SCHÜRZE

Mit Häkelnadel 3,0 mm und Hellbeige 20 Lfm anschlagen.
Hinweis: Jede Reihe beginnt mit 2 Steige-Lfm.

1.-11. R: 18 hStb (= 18 hStb).
12. R: 2 hStb zus, 14 hStb, 2 hStb zus (16 hStb).

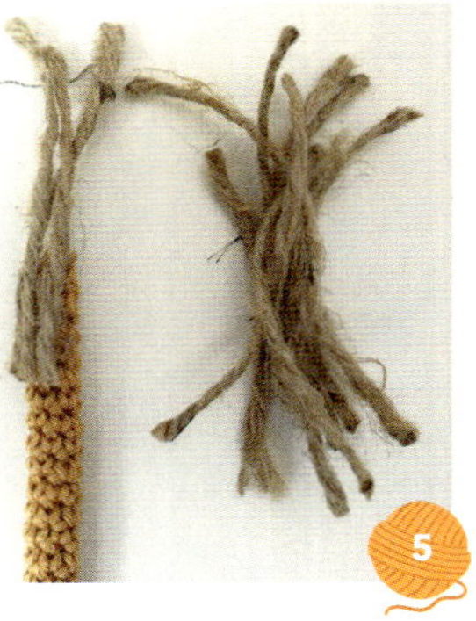
5

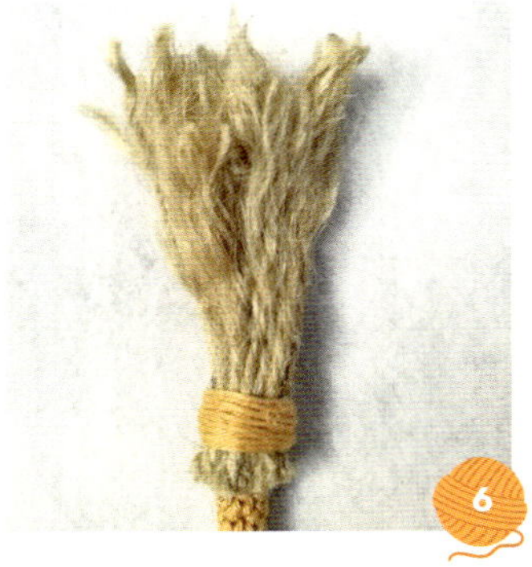
6

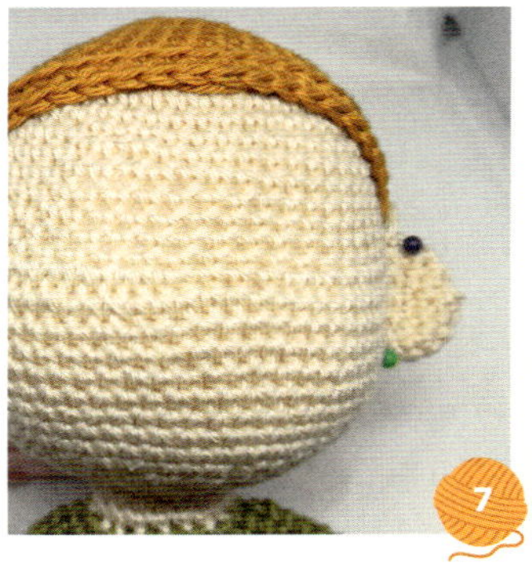
7

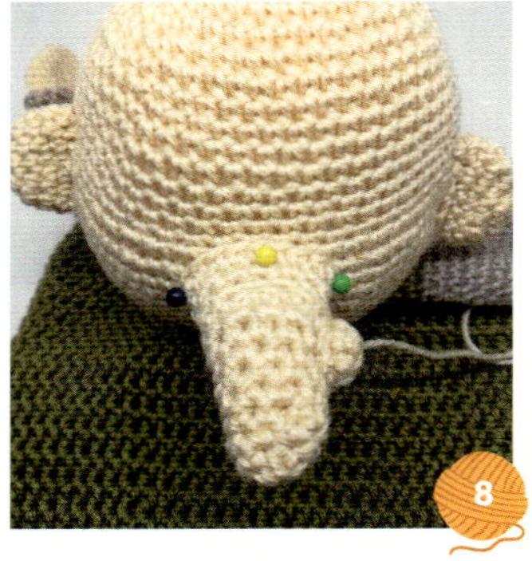
8

13. R: 2 hStb zus, 12 hStb, 2 hStb zus (14 hStb).
14. R: 2 hStb zus, 10 hStb, 2 hStb zus (12 hStb).
15. R: 2 hStb zus, 8 hStb, 2 hStb zus (10 hStb).
Die Schürze komplett mit 74 fM umhäkeln, dabei in die Ecken jeweils 3 fM arbeiten. Einen längeren Faden zum Annähen stehen lassen.

FLICKEN (2 X HÄKELN)

Mit Häkelnadel 2,5 mm und Rot 6 Lfm anschlagen.
Hinweis: Jede Reihe beginnt mit 1 Steige-Lfm.
1.-3. R: 5 fM (= 5 fM).
Die Arbeit beenden und den Faden vernähen.

Mit Häkelnadel 2,5 mm und Apfelgrün 8 Lfm anschlagen.
Hinweis: Jede Reihe beginnt mit 1 Steige-Lfm.
1.- 3. R: 7 fM (= 7 fM).
Die Arbeit beenden und den Faden vernähen.

BESEN

Wir beginnen mit dem Stiel. Dafür mit Häkelnadel 2,5 mm und Hellbraun 2 Lfm anschlagen.
1. Rd: 6 fM in die 2. Lfm (= 6 fM).
2.-54. Rd: 6 fM (= 6 fM).
Jetzt den Strohhalm einführen. Er sollte ganz im Schlauch verschwinden, nur eine Reihe sollte überstehen. Nun den Faden durch die 6 Maschen fädeln, zusammenziehen und vernähen. Aus Paketband für die Borsten 11 cm lange Stücke zuschneiden und mit der Heißklebepistole rund um den oberen Teil des Strohhalms ankleben (Foto 5). Nach der ersten Runde noch eine zweite Runde mit Borsten ankleben. Diese anschließend mit farblich passendem Garn umwickeln und die einzelnen Strähnen der Borsten mit einer Nadel zerteilen. Anschließend die Borsten in Form schneiden (Foto 6).

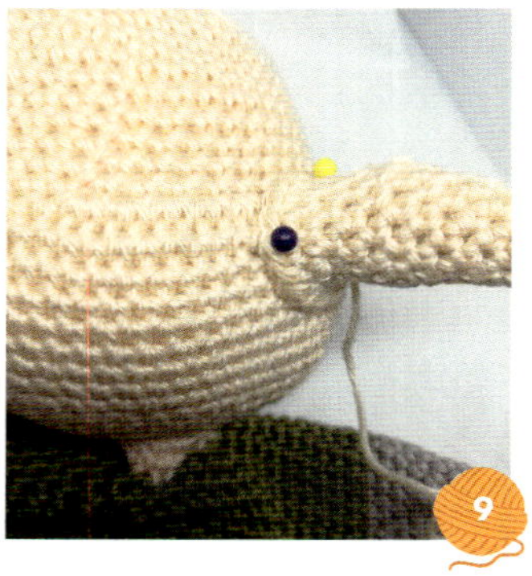
9

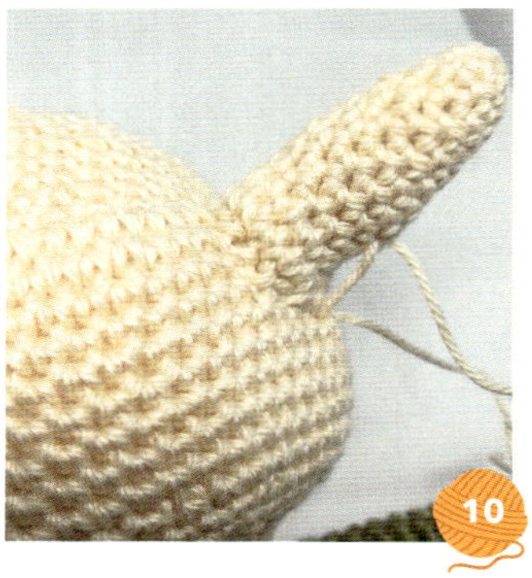
10

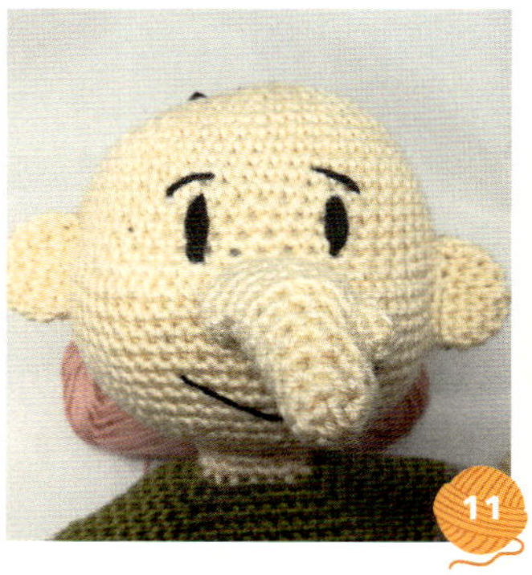
11

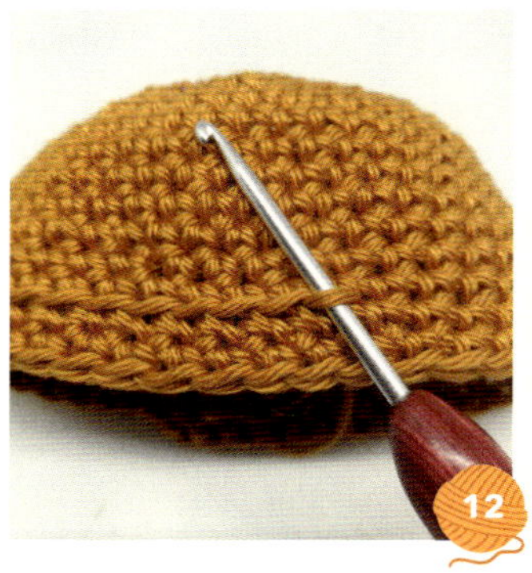
12

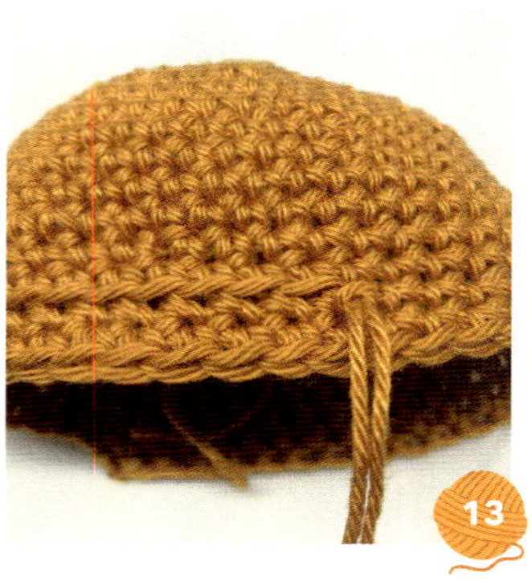
13

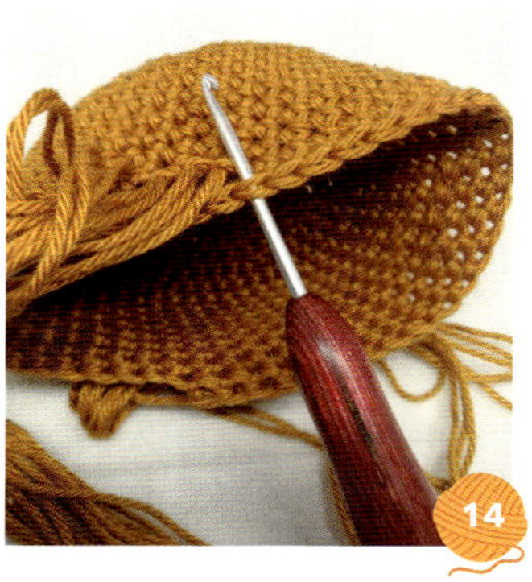
14

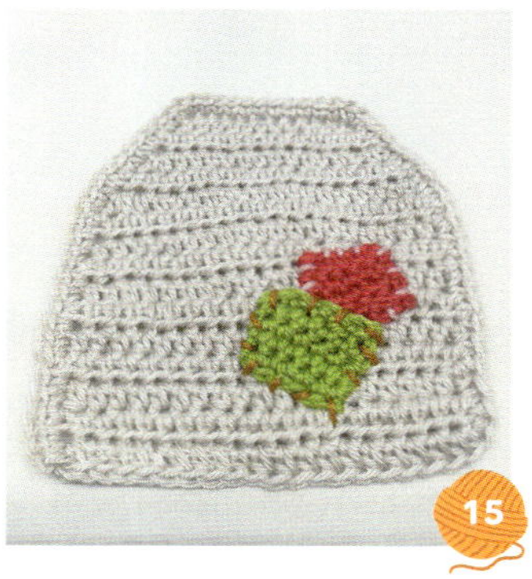
15

FERTIGSTELLUNG

Um die richtige Position für die Ohren zu ermitteln, ziehen wir zuerst die Perücke über den Kopf und stecken dann die Ohren fest (Foto 7). Die Warze an die Nase annähen und mit Füllwatte füllen, die Nase dann an die markierte Stelle nähen. Die Zunahmen an der Nase zeigen nach unten. Darauf achten, die Nase oval und nicht rund anzunähen (Foto 8). Nun ziehen wir einen Faden durch die Nase (Foto 9), ziehen diesen stramm und knoten ihn zusammen (Foto 10). Dadurch erreichen wir die Krümmung der Hexennase. Den Faden vernähen.
Die Augen mit ein paar Stichen vertikal über ca. 3 bis 4 Maschen aufsticken. Dann noch die Augenbrauen und den Mund aufsticken (Foto 11).
Für die Stirnfransen 22 ca. 12 cm lange Strähnen in Rotbraun zuschneiden und diese in die stehengelassenen Maschenglieder der 17. Rd der Perücke einknüpfen (Foto 12 und 13). Für die Zöpfe 26 ca. 30 cm lange Strähnen in Rotbraun zuschneiden und diese in die übrigen 26 Maschen (allerdings in der letzten Runde der Perücke) einknüpfen (Foto 14). Die Perücke aufsetzen, die Stirnfransen etwas zurechtschneiden und die Zöpfe flechten. Das Kopftuch in der 15. R der Perücke annähen.
Die Flicken für die Schürze mit andersfarbigem Garn leicht überlappend auf die Schürze nähen (Foto 15) und diese dann in der 56. Rd des Kleides annähen. Die Beine in der letzten Runde des Kleides annähen. Dazu die Farbe des Kleides nehmen.

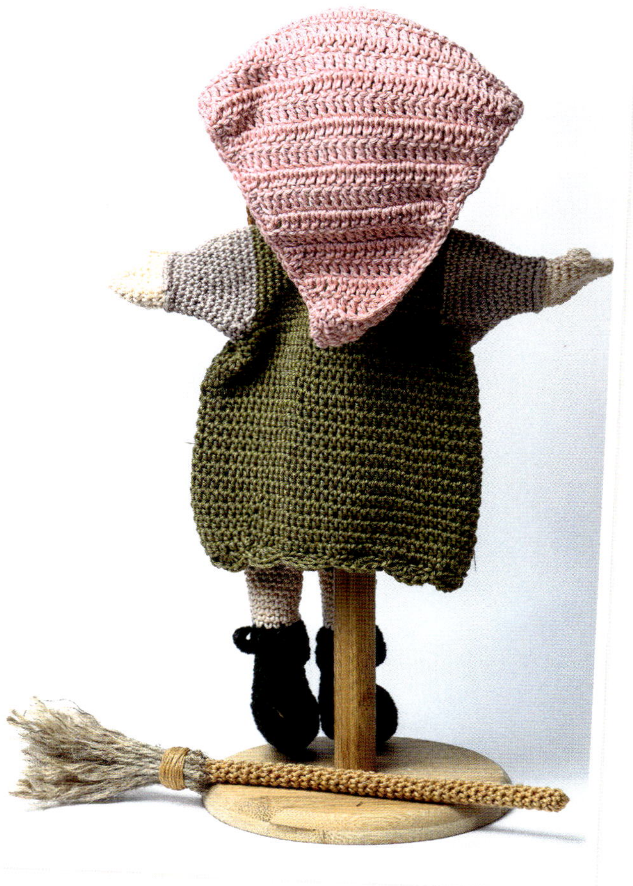

Die neugierige Hexe Annutschka lernt gerne neue Zaubersprüche bei einem Tässchen Tee.

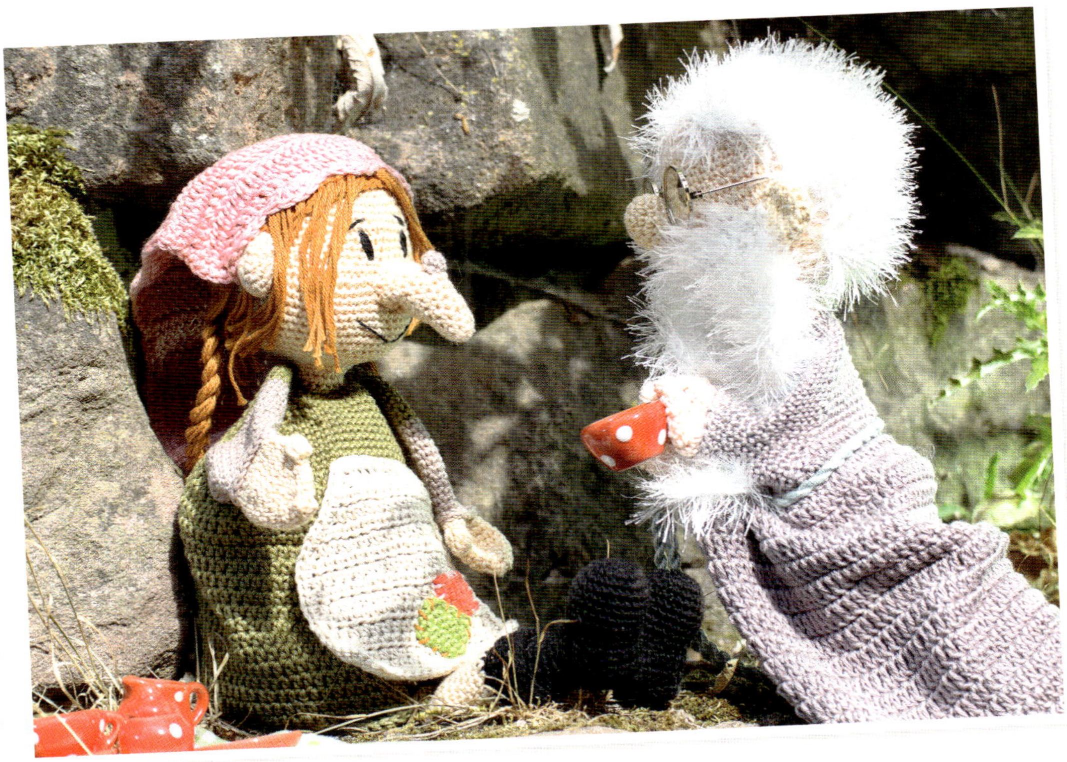

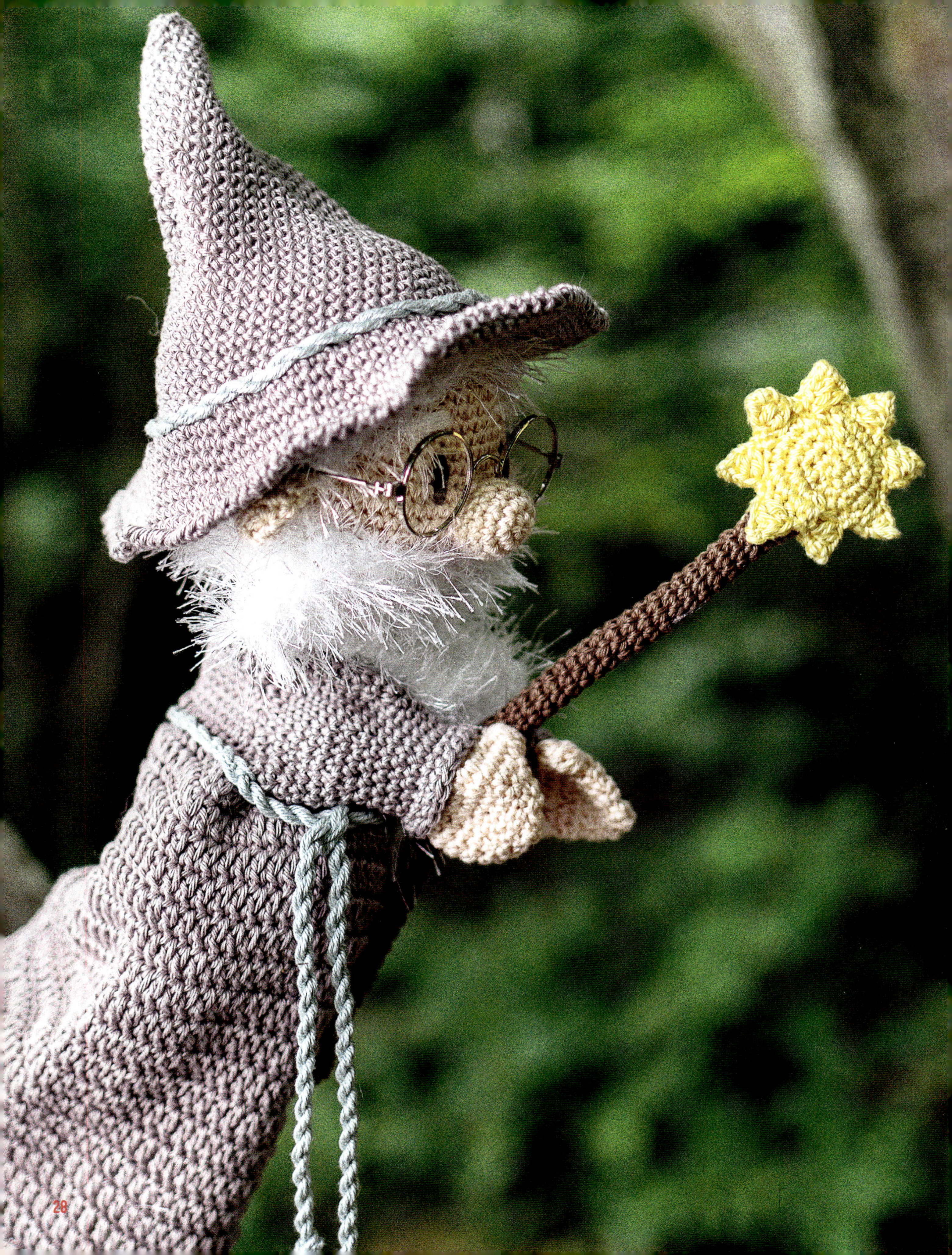

DIRKUS, DER WEISE MAGIER

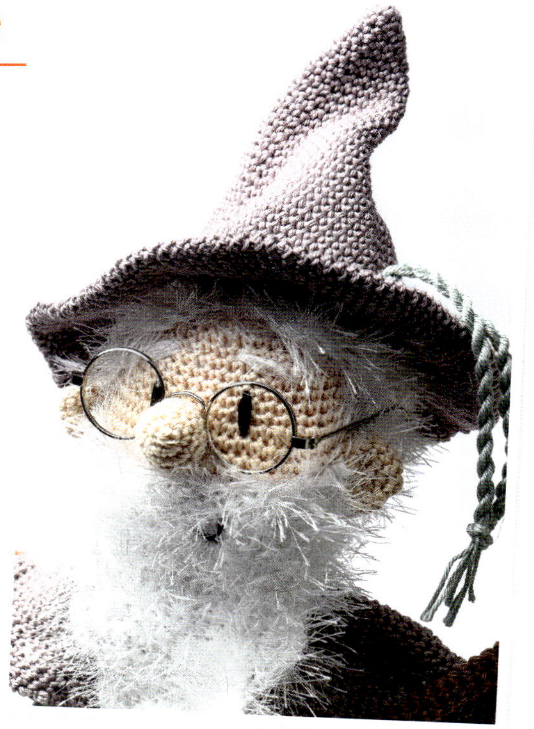

Wenn der volle Mond am Himmel steht, kann man Dirkus, den weisen Magier, auf der Lichtung des Zauberwaldes beobachten, wie er, vor sich hin murmelnd, mit seinem Zauberstab positive Energien bündelt. Dirkus möchte, dass es allen Bewohnern gut geht, und damit das so bleibt, wehrt er alles Böse ab. Er kann das, denn er ist weise. Könnt ihr den Zauberspruch verstehen? Die Hexe Annutschka, die ihm natürlich gefolgt ist, weil sie einfach wissen muss, was da passiert, kann es nicht. Das ärgert sie und fluchend fliegt sie auf ihrem Besen wieder nach Hause. Aber diesen einen Zauberspruch, den wird Dirkus ihr nie verraten, auch wenn sie noch so bettelt.

DAS BRAUCHT MAN

Wolle

Catona von Scheepjes, 100 % Baumwolle, 50 g/125 m: 30 g Hautfarben (Nr. 255), 100 g Hellbeige (Nr. 406), 10 g Hellgrau (Nr. 172), Reste in Schwarz (Nr. 110), Gelb (Nr. 522) und Braun (Nr. 157)
Brazilia von Scheepjes, 100 % Polyester, 50 g/90 m: 50 g Weiß (Nr. 00001)

Zubehör

Häkelnadeln 2,5, 3,0, 4,5 und 5,0 mm
Stick-/Vernähnadeln
Füllwatte
1 Strohhalm
1 Puppenbrille (Breite von einem Bügel zum anderen: ca. 8,5 cm, Bügellänge bis zum Ohrenbogen: ca. 7 cm, das Stück hinter dem Ohrenbogen: ca. 2 cm, Durchmesser Glas: ca. 3 cm; z. B. von der Firma Schildkröt*)

* Hinweis: Sind die Bügel zu lang, kann ein Optiker sie kürzen.

Größe

Mit dem angegebenen Garn gehäkelt, hat der fertige Magier eine Größe von 32 cm.

UND SO GEHT ES

Wir häkeln den Zauberer nach der **Grundanleitung (siehe Seite 11 f.)** bis zur 55. Rd.
Hinweis: Ab der 44. Rd wechseln wir zu Hellbeige.

56. Rd: Jede 17. M verd (= 72 fM).
Jetzt schließen wir die Runde mit 1 Km in die 1. M.
Ab hier häkeln wir in geschlossenen Runden, das heißt, jede Runde wird mit 1 Km in die 2. Lfm am Anfang geschlossen und beginnt mit 2 Lfm.
57.-73. Rd: 2 Lfm, 72 hStb, die Runde mit 1 Km schließen (= 72 hStb).

74. Rd: 72 Krebsmaschen (siehe Seite 9) (72 M).
Die Arbeit beenden und den Faden vernähen.

ARME (2 X HÄKELN)

Für die Arme schlagen wir jeweils im Armausschnitt mit Hellbeige den Faden neu an und häkeln nach der **Grundanleitung Arm/Hand (siehe Seite 12 f.)**.

OHREN (2 X HÄKELN)

Die Ohren arbeiten wir nach der **Grundanleitung Ohren (siehe Seite 12)**.

NASE

Mit Häkelnadel 2,5 mm und Hautfarben 2 Lfm anschlagen.
1. Rd: 6 fM in die 2. Lfm (= 6 fM).
2. Rd: Jede M verd (= 12 fM).
3.-6. Rd: 12 fM (= 12 fM).
Die Arbeit beenden und einen längeren Faden zum Annähen stehen lassen.

SCHUHE (2 X HÄKELN)

Hinweis: Der Schuh wird bis zur 7. R wie bei der **Prinzessin** gearbeitet **(siehe Seite 44, Foto 5-10)**. Dann den Schuh auf links drehen, die letzten Reihen zusammenlegen und zusammennähen. Den Schuh wieder auf rechts drehen und mit Füllwatte stopfen.
Den Faden erneut am hinteren Teil des Schuhs anschlagen und 20 fM am oberen Rand häkeln.

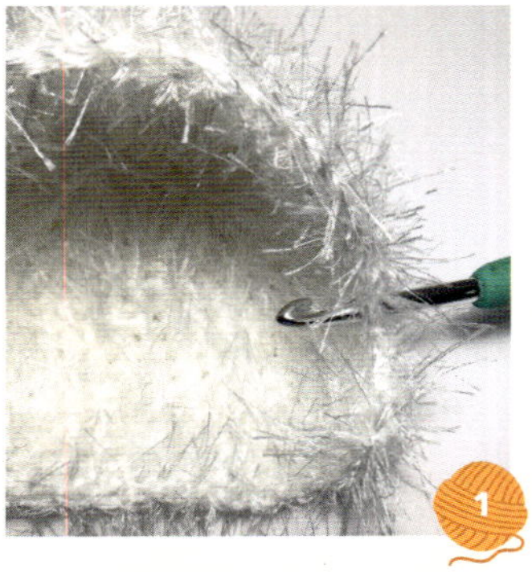

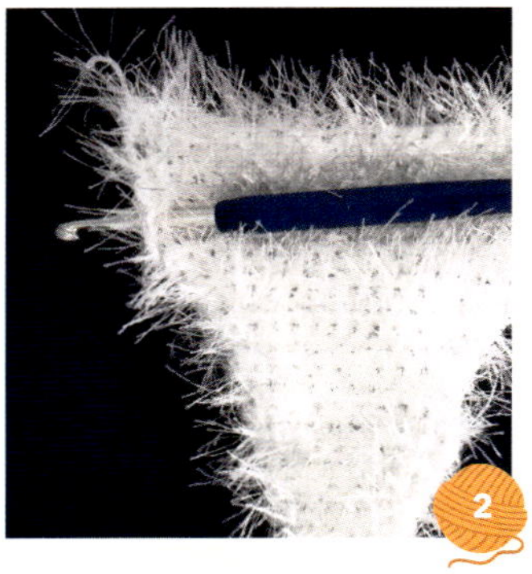

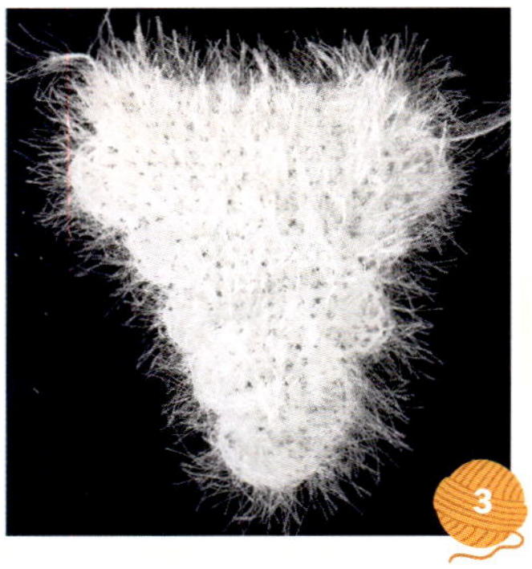

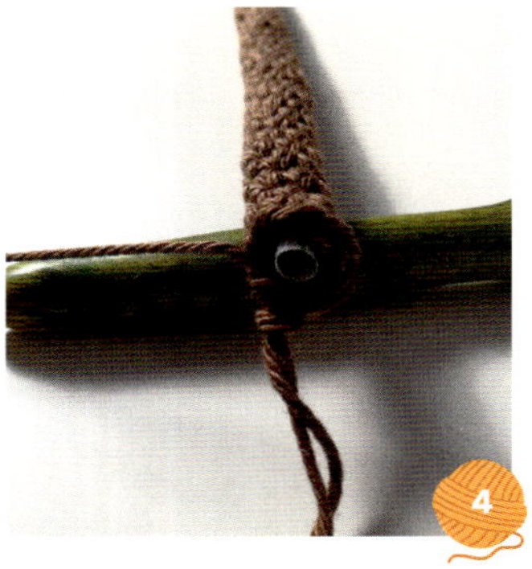

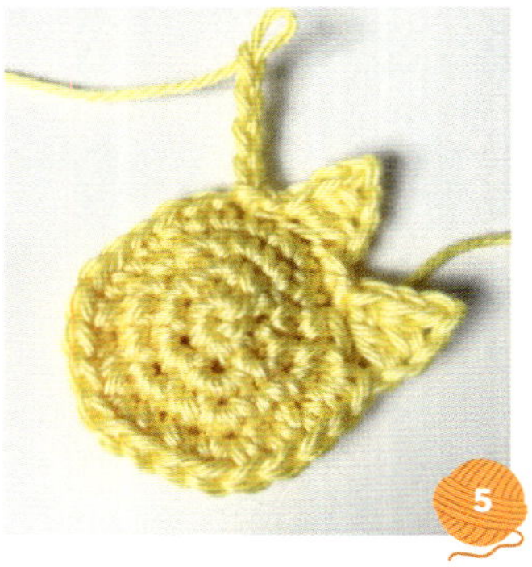

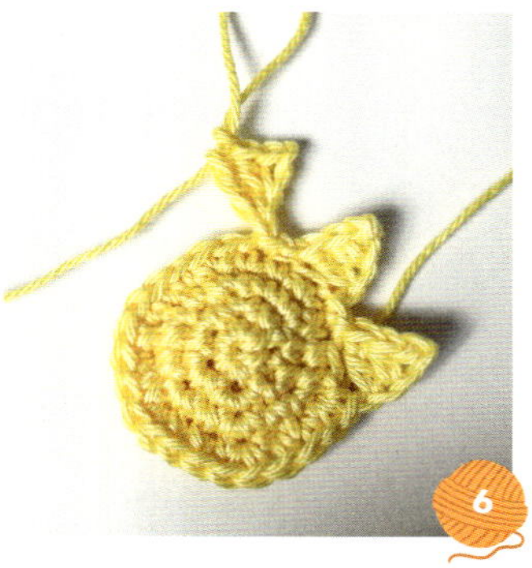

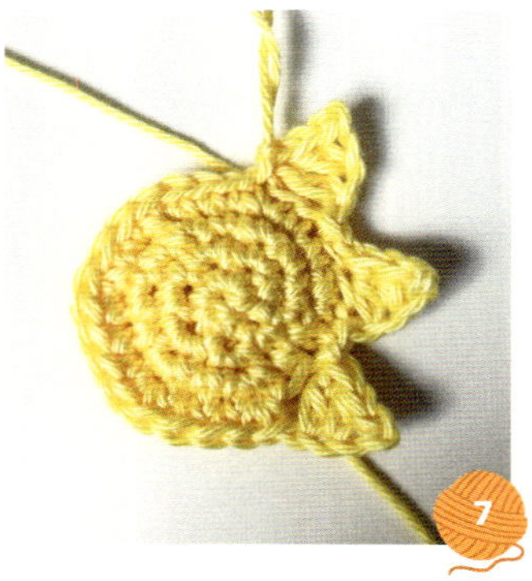

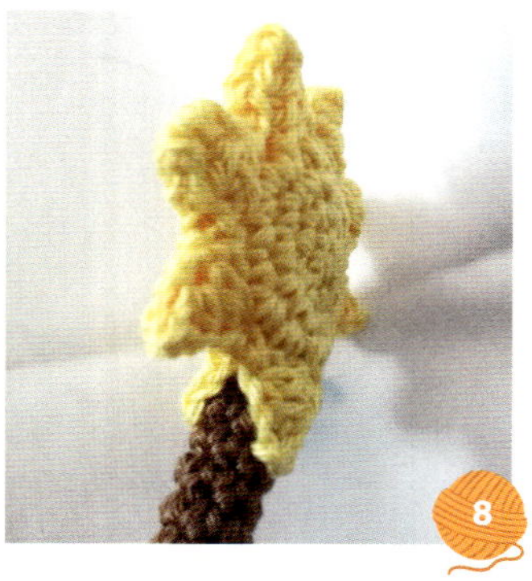

1. Rd: Jede 3. und 4. M zus (= 15 fM).
2.-9. Rd: 15 fM (= 15 fM).
Die Arbeit beenden und den Faden vernähen.

PERÜCKE

Mit Häkelnadel 4,5 mm und der Brazilia in Weiß 2 Lfm anschlagen.
1. Rd: 6 fM in die 2. Lfm (= 6 fM).
2. Rd: Jede M verd (= 12 fM).
3. Rd: Jede 2. M verd (= 18 fM).
4. Rd: Jede 3. M verd (= 24 fM).
5. Rd: Jede 4. M verd (= 30 fM).
6. Rd: Jede 5. M verd (= 36 fM).
7. Rd: Jede 6. M verd (= 42 fM).
8.-15. Rd: 42 fM (= 42 fM).

Ab hier arbeiten wir in Reihen weiter.
1. R: 18 fM, 1 Wende-Lfm (= 18 fM).
2.-5. R: 18 fM, 1 Wende-Lfm (= 18 fM).

Die Arbeit beenden und einen längeren Faden zum Annähen der Haare stehen lassen.

Nun den Faden erneut an der Perücke anschlagen (Foto 1) und wie folgt häkeln:
* 2 M überspr, 5 Stb in 1 M, 2 M überspr, 1 fM * 5 x wdh, 1 Km.
Die Arbeit beenden und einen längeren Faden zum Annähen stehen lassen.

BART

Mit Häkelnadel 4,5 mm und der Brazilia in Weiß 19 Lfm anschlagen.
1.-5. R: 18 fM (= 18 fM).
6. R: 2 M zus, 14 fM, 2 M zus (= 16 fM).
7. R: 16 fM (= 16 fM).
8. R: 2 M zus, 12 fM, 2 M zus (= 14 fM).
9. R: 14 fM (= 14 fM).
10. R: 2 M zus, 10 fM, 2 M zus (= 12 fM).
11. R: 2 M zus, 8 fM, 2 M zus (= 10 fM).
12.-15. R: 10 fM (= 10 fM).
16. R: 2 M zus, 6 fM, 2 M zus (= 8 fM).
17. R: 8 fM (= 8 fM).
18. R: 2 M zus, 4 fM, 2 M zus (= 6 fM).
19. R: 6 fM (= 6 fM).
20. R: 2 M zus, 2 fM, 2 M zus (= 4 fM).
21. R: 4 fM (= 4 fM).
22. R: Je 2 M zus (= 2 fM).
23. R: 2 fM (= 2 fM).
24. R: Je 2 M zus (= 1 fM).

Jetzt überspringen wir 4 Maschen und schlagen mit Häkelnadel 5,0 mm den Faden erneut an (Foto 2). Den Bart umhäkeln wir im Muschelmuster:
* 2 M überspr, 5 Stb in 1 M, 2 M überspr, 1 fM * 8 x wdh, 1 Km.

Da man die Maschen bei der Brazilia nicht so gut erkennt, muss man etwas nach Gefühl arbeiten. Ich habe insgesamt 9 Muscheln gehäkelt. Darauf achten, die letzten 4 Maschen stehen zu lassen (Foto 3).

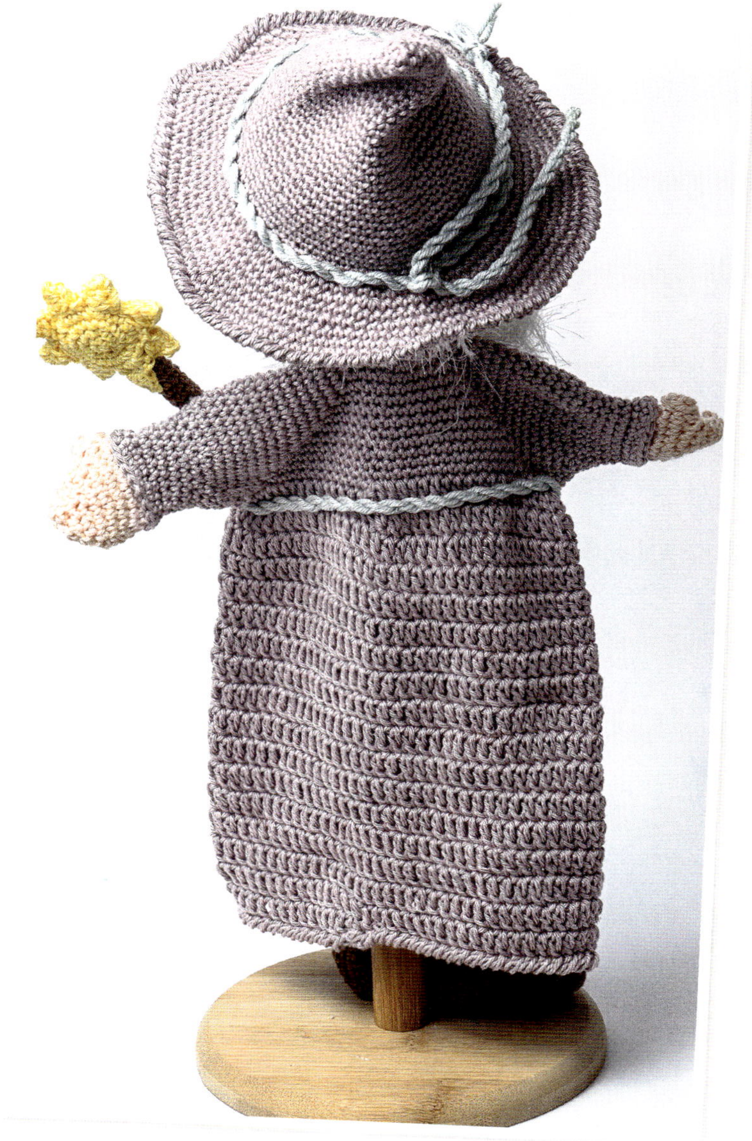

HUT

Mit Häkelnadel 3,0 mm und Hellbeige 2 Lfm anschlagen.
1. Rd: 6 fM in die 2. Lfm (= 6 fM).
2. Rd: Jede 2. M verd (= 9 fM).
3. Rd: Jede 3. M verd (= 12 fM).
4. Rd: Jede 4. M verd (= 15 fM).
5. Rd: Jede 5. M verd (= 18 fM).
6. Rd: Jede 6. M verd (= 21 fM).
7. Rd: Jede 7. M verd (= 24 fM).
8. Rd: Jede 8. M verd (= 27 fM).
9. Rd: Jede 9. M verd (= 30 fM).
10. Rd: Jede 10. M verd (= 33 fM).
11. Rd: Jede 11. M verd (= 36 fM).
12. Rd: Jede 12. M verd (= 39 fM).
13. Rd: Jede 13. M verd (= 42 fM).
14. Rd: Jede 14. M verd (= 45 fM).
15. Rd: Jede 15. M verd (= 48 fM).
16. Rd: Jede 16. M verd (= 51 fM).
17. Rd: Jede 17. M verd (= 54 fM).
18. Rd: Jede 18. M verd (= 57 fM).
19. Rd: Jede 19. M verd (= 60 fM).

Jetzt wird die Hutkrempe gehäkelt:
20. Rd: Jede 3. M verd, jedoch nur in vorderes Maschenglied (siehe Seite 9) arbeiten (= 80 fM).
21. Rd: 80 fM (= 80 fM).
22. Rd: Jede 10. M verd (= 88 fM).
23. Rd: 88 fM (= 88 fM).
24. Rd: Jede 8. M verd (= 99 fM).
25. Rd: 99 fM (= 99 fM).
26. Rd: Jede 9. M verd (= 110 fM).
27. Rd: 110 Krebsmaschen (siehe Seite 9) (= 110 M).
Die Arbeit beenden und einen längeren Faden zum Annähen stehen lassen.

ZAUBERSTAB

Für den Stab mit Häkelnadel 2,5 mm und Hellbraun 2 Lfm anschlagen.
1. Rd: 6 fM in die 2. Lfm (= 6 fM).
2.-54. Rd: 6 fM (= 6 fM).
Den Strohhalm einführen. Er sollte ganz im Schlauch verschwinden, nur eine Reihe sollte überstehen. (Foto 4).
Den Faden durch die 6 Maschen fädeln, zusammenziehen und vernähen.

SONNENAUFSATZ (2 X HÄKELN)

Mit Häkelnadel 2,5 mm in Gelb 2 Lfm anschlagen.
1. Rd: 6 fM in die 2. Lfm (= 6 fM).
2. Rd: Jede M verd (= 12 fM).
3. Rd: Jede 2. M verd (= 18 fM).
4. Rd: Jede 3. M verd (= 24 fM).

Jetzt häkeln wir die Zacken:
4 Lfm anschlagen (Foto 5). 1 Km, 1 hStb, 1 Stb auf den Lfm zurückhäkeln (Foto 6). 1 M überspr, 2 Km (Foto 7). Insgesamt 8 x häkeln.
Die Sonne ein zweites Mal häkeln. Dann die Sonnen links aufeinanderlegen und mit Überwendlingsstichen (siehe Seite 9) zusammennähen. Den letzten Zacken jedoch nicht zusammennähen. Durch diesen die Sonne füllen, danach den Stab einführen und festnähen (Foto 8).

KORDELN (2 X ARBEITEN)

Für den Hut und das Kleid benötigen wir noch Kordeln. Für den Hut vier 32 cm lange Wollfäden in Hellgrau und für das Kleid vier 40 cm lange Fäden zuschneiden. Nun jeweils die 4 Fäden zu einer Kordel drehen (bei Youtube findet man viele Videos dazu).

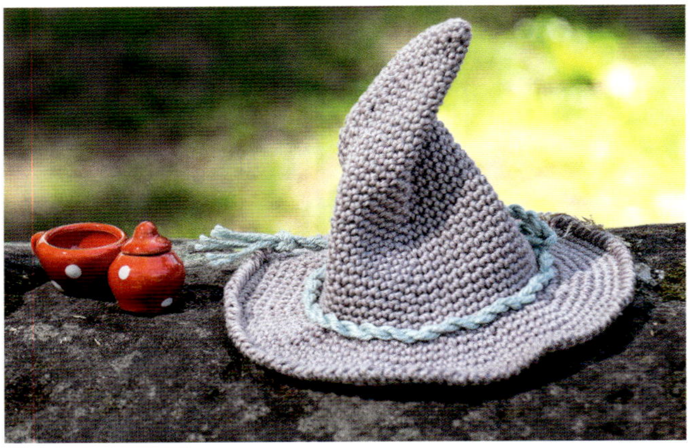

FERTIGSTELLUNG

Die Perücke aufsetzen, die Ohren in die gewünschte Position bringen und annähen.

Die Nase mit Füllwatte füllen und an der zuvor markierten Stelle festnähen. Bevor wir die Augen aufsticken, setzen wir dem Magier die Brille auf und markieren mit Stecknadeln die Höhe, in der sich die Augen befinden müssen, damit sie hinter den Brillengläsern sind (Foto 9). Augen aufsticken. Nun die Perücke aufsetzen und festnähen. Den Annähfaden dazu benutzen, um die Augenbrauen zu sticken. Bart unterhalb der Ohren und Nase festnähen und den Mund auf den Bart aufsticken.

Die Kordel vom Hut um die 20. Rd legen, verknoten und festnähen (Foto 10). Die Kordel vom Kleid zwischen der 57. und 58. Rd annähen (Foto 11). Die Schuhe nähen wir mit einem Faden in Hellbeige in der letzten Runde des Kleides an. Hut aufsetzen und in der gewünschten Position annähen.

Nun fehlt nur noch die Brille und Dirkus kann mit seinem Zauberstab das Böse von seinen Freunden abwehren.

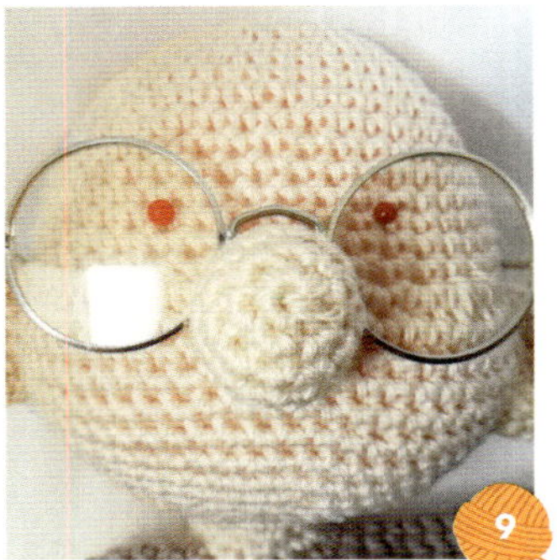

9

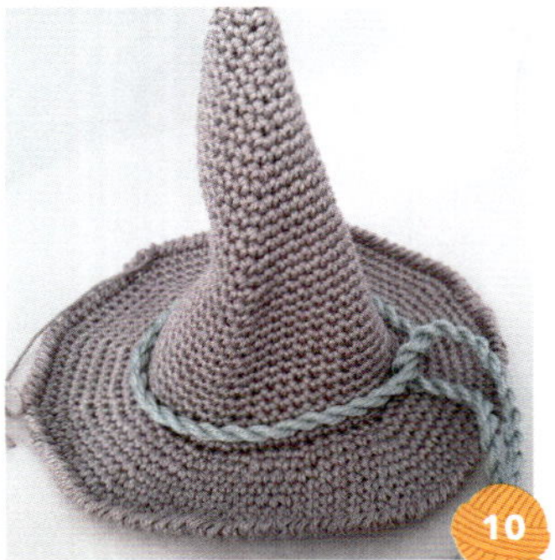

10

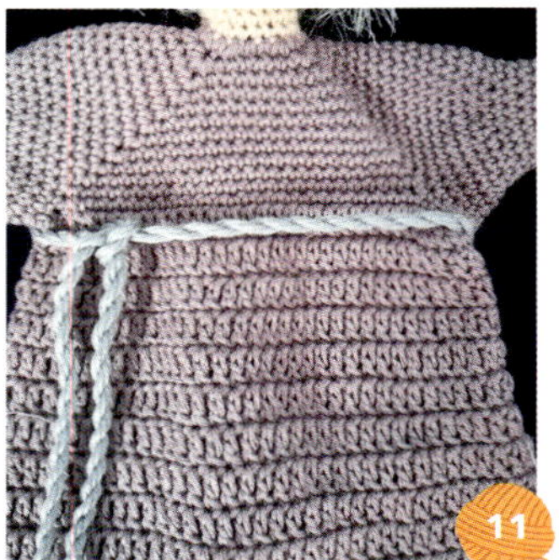

11

DIRKUS HAT DEN ZAUBERWALD GENAU IM BLICK, UM SCHNELL ZU HELFEN, WENN IHN EIN BEWOHNER BRAUCHT.

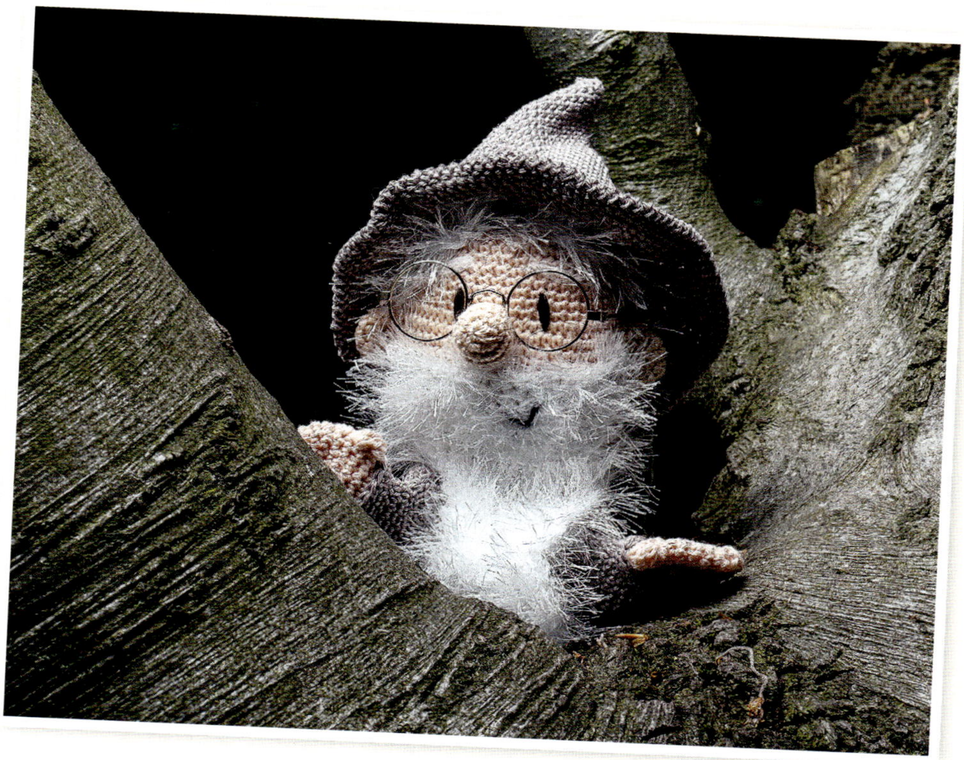

ELISCHEN. DIE QUIRLIGE SCHMETTERLINGSFEE

Seht ihr es auch, das Flattern im hohen Gras? Das muss Elischen sein, die wunderschöne Schmetterlingsfee mit ihren bunten Flügeln, die oft im Gras von Blume zu Blume fliegt. Manchmal, wenn man ganz still ist, kann man sie hören, wie sie mit den Blumen spricht. Zu ihren Freunden gehört auch Larina, das wilde Einhorn. Es ist gesellig und manchmal liefert es sich mit Elischen ein turbulentes Rennen. Wer von beiden ist schneller? Was meint ihr? Wann immer man die Schmetterlingsfee sieht, kann man sicher sein, dass sich Larina in ihrer Nähe aufhält.

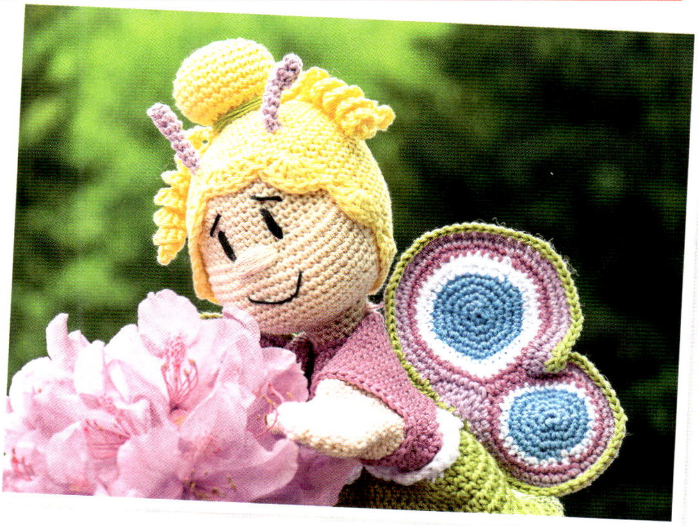

DAS BRAUCHT MAN

Wolle

Catona von Scheepjes, 100 % Baumwolle, 50 g/125 m: 30 g Hautfarben (Nr. 255), 30 g Gelb (Nr. 522), 25 g Lila (Nr. 398), 25 g Limettengrün (Nr. 512), Reste in Schwarz (Nr. 110), Türkis (Nr. 146), Weiß (Nr. 106) und Flieder (Nr. 226)

Zubehör

Häkelnadeln 2,5 und 3,0 mm
Stick-/Vernähnadeln
Füllwatte

Größe

Mit dem angegebenen Garn gehäkelt, hat die fertige Schmetterlingsfee eine Größe von 32 cm.

UND SO GEHT ES

Wir häkeln die Schmetterlingsfee nach der **Grundanleitung (siehe Seite 11 f.)** bis zur 55. Rd.
Hinweis: Ab der 44. Rd wechseln wir zu Lila.

56. Rd: Farbwechsel zu Weiß, jede 17. M verd (= 72 fM).
57. Rd: 72 fM, aber nur ins hintere Maschenglied (siehe Seite 9) arbeiten.
Wir schließen die Runde mit 1 Km in die 1. M. Ab hier häkeln wir hStb in geschlossenen Runden, das heißt, jede Runde wird mit 1 Km in die 2. Lfm am Anfang geschlossen und beginnt mit 2 Lfm.

58. Rd: Farbwechsel zu Limettengrün. 72 hStb (= 72 hStb).
59.-68. Rd: 72 hStb (= 72 hStb).
69. Rd: Jede 11. und 12. M zus (= 66 hStb).
70. Rd: Jede 10. und 11. M. zus (= 60 hStb).
71. Rd: Jede 9. und 10. M. zus (= 54 hStb).
72. Rd: Jede 8. und 9. M zus (= 48 hStb).
73. + 74. Rd: 48 hStb (= 48 hStb).
75. Rd: * 1 fM, 2 Lfm, 1 fM in 1 M, 1 Km in die übernächste M * 15 x wdh. Rd mit 1 Km schließen. Die Arbeit beenden und Faden vernähen.

In der 57. Rd des Kleides in der hinteren Mitte den Faden in Weiß erneut anschlagen.
Hinweis: Der Kopf der Puppe muss dabei zu euch zeigen (Foto 1 und 2).
Nun arbeiten wir wie folgt:
1 M überspr, * 2 M überspr, 5 Stb in 1 M, 2 M überspr, 1 fM * 11 x wdh, 1 Km. Die Arbeit beenden und den Faden vernähen.

ARME (2 X HÄKELN)

Für die Arme schlagen wir jeweils im Armausschnitt in der unteren Mitte 32 fM in Lila mit Nadelstärke 3,0 mm an.
1.-3. Rd: 32 fM (= 32 fM).
4. Rd: 2 M zus, 28 fM, 2 M zus, jedoch nur in das vordere Maschenglied (siehe Seite 9) arbeiten (= 30 fM).
Die Arbeit beenden und den Faden vernähen.

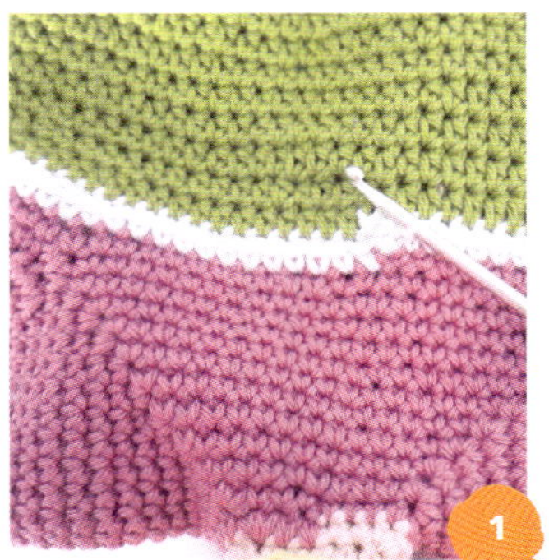
1

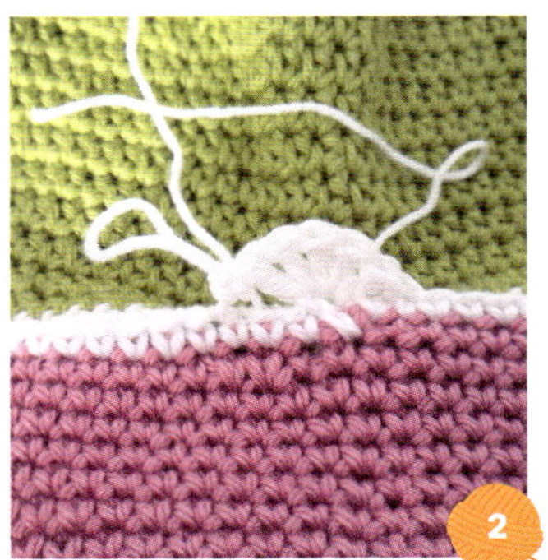
2

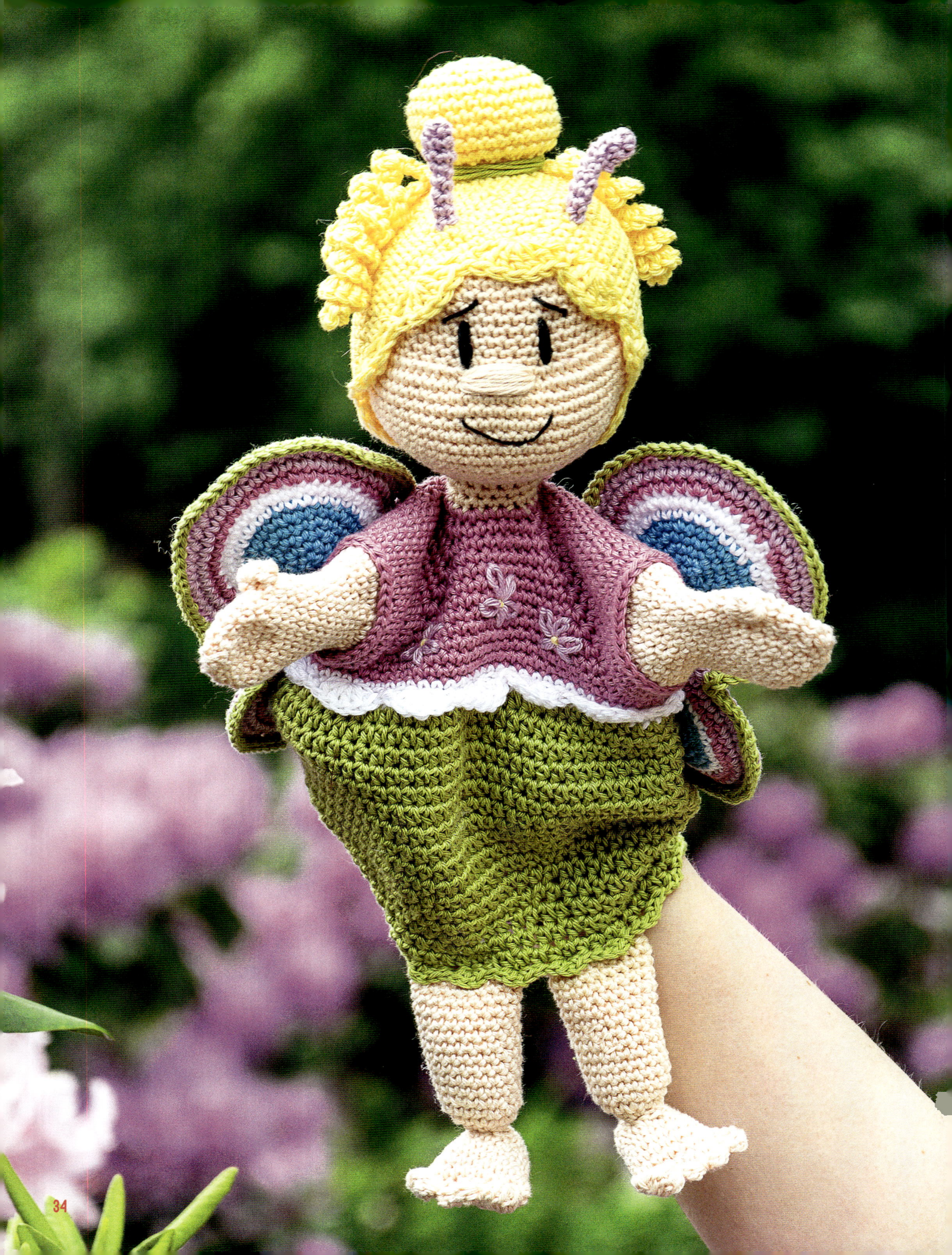

Den Faden in der 4. Rd in Hautffarben erneut anschlagen (Foto 3 und 4).
1. Rd: Jede 4. und 5. M zus (= 24 fM).
2. Rd: 24 fM (= 24 fM).
3. Rd: Jede 3. und 4. M zus (= 18 fM).
4.-10. Rd: 18 fM (= 18 fM).
11. Rd: Jede 3. M verd (= 24 fM).
12. Rd: 12 fM, 5 DStb in 1 M und zus abmaschen, 11 fM (= 24 fM).
13. Rd: Jede 3. und 4. M zus (= 18 fM).
14. Rd: 18 fM (= 18 fM).
15. Rd: Jede 2. und 3. M zus (= 12 fM).
16. Rd: 12 fM (= 12 fM).
17. Rd: Je 2 M zus (= 6 fM).
Die Arbeit beenden. Den Faden durch die 6 Maschen fädeln und zusammenziehen.
Den Faden vernähen. Den zweiten Arm genauso arbeiten.

FÜSSE UND BEINE (2 X HÄKELN)

Füße und Beine nach der **Grundanleitung** **(siehe Seite 13 f.)** arbeiten.
Hinweis: Die Beine aber nur bis zur 15. Rd arbeiten.

HAARE

Mit Häkelnadel 3,0 mm und Gelb 2 Lfm anschlagen.
1. Rd: 6 fM in die 2. Lfm (= 6 fM).
2. Rd: Jede M verd (= 12 fM).
3. Rd: Jede 2. M verd (= 18 fM).
4. Rd: Jede 3. M verd (= 24 fM).
5. Rd: Jede 4. M verd (= 30 fM).
6. Rd: Jede 5. M. verd. (= 36 fM).
7. Rd: Jede 6. M. verd. (= 42 fM).

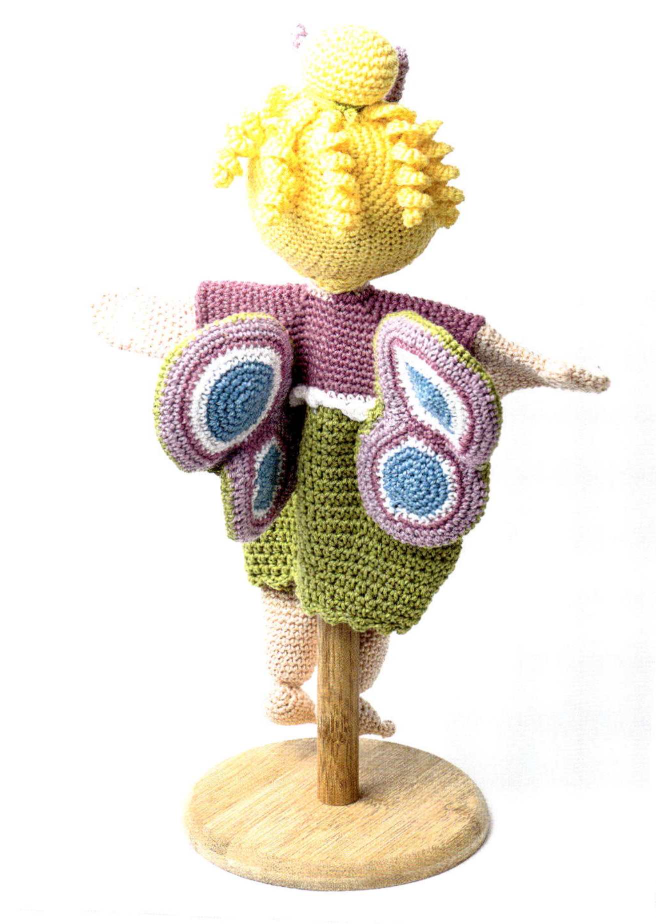

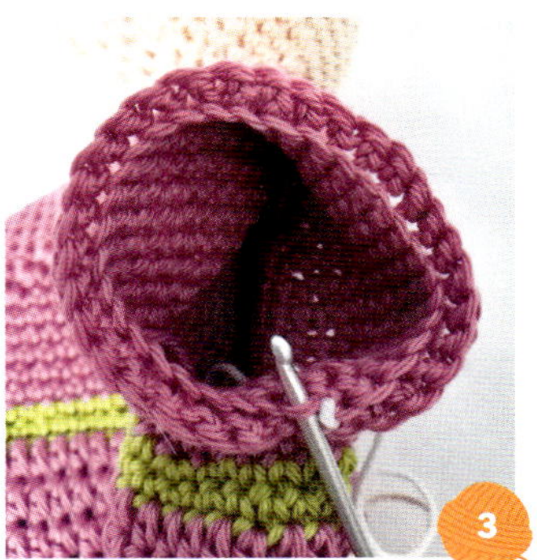

3

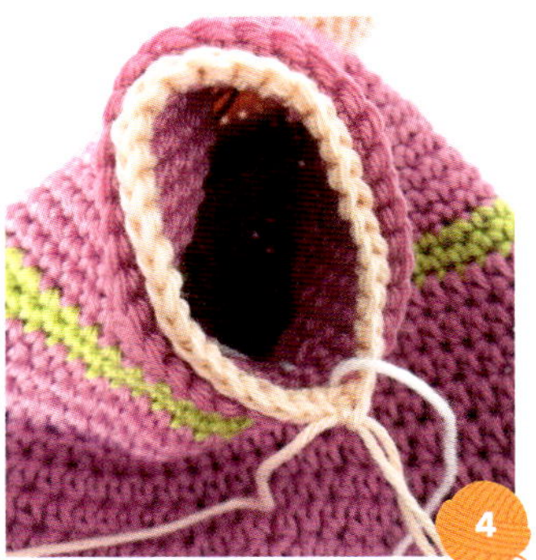

4

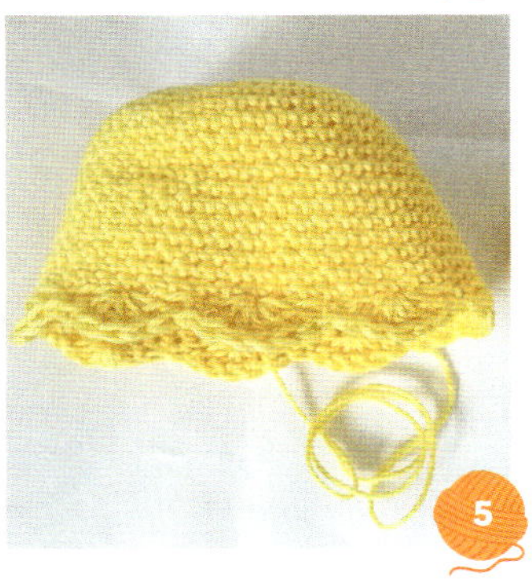

5

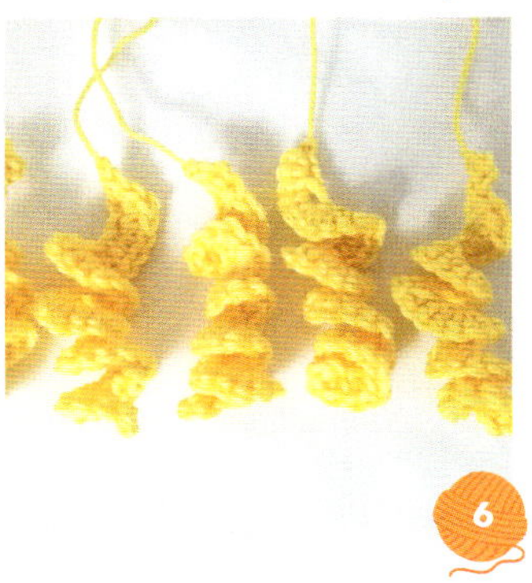

6

8. Rd: Jede 7. M. verd (= 48 fM).
9. Rd: Jede 8. M. verd. (= 54 fM).
10.-22. Rd: 54 fM (= 54 fM).
23. Rd: 1 M überspr, * 2 M überspr, 5 Stb in 1 M, 2 M überspr, 1 fM * 8 x wdh, 1 Km.
Die Arbeit beenden und einen längeren Faden zum Annähen stehen lassen (Foto 5).

DUTT

Mit Häkelnadel 3,0 mm und Gelb 2 Lfm anschlagen.
1. Rd: 6 fM in die 2. Lfm (= 6 fM).
2. Rd: Jede M verd (= 12 fM).
3. Rd: Jede 2. M verd (= 18 fM).
4. Rd: Jede 3. M verd (= 24 fM).
5. Rd: Jede 4. M verd (= 30 fM).
6.-10. Rd: 30 fM (= 30 fM).
11. Rd: Je 2 M zus (= 15 fM).
Die Arbeit beenden und einen längeren Faden zum Annähen stehen lassen.

LOCKEN (5 X HÄKELN)

Mit Häkelnadel 2,5 mm und Gelb 21 Lfm anschlagen.
1. R: In jede Lfm 3 fM arbeiten (= 60 fM).
Die Arbeit beenden und einen längeren Faden zum Annähen stehen lassen (Foto 6).

FÜHLER (2 X HÄKELN)

Mit Häkelnadel 2,5 mm und Flieder 2 Lfm anschlagen.
1. Rd: 6 fM in die 2. Lfm (= 6 fM).
2. + 3. Rd: 6 fM (= 6 fM).
4. Rd: Jede 2. und 3. M zus (= 4 fM).
5.-8. Rd: 4 fM (= 4 fM).
Die Fühler bleiben ungefüllt.

FLÜGEL (4 X HÄKELN)

Insgesamt 4 x Teil A und 4 x Teil B häkeln.

Teil A (groß):

Mit Häkelnadel 3,0 mm und Türkis 2 Lfm anschlagen.
1. Rd: 6 fM in die 2. Lfm (= 6 fM).
2. Rd: Jede M verd (= 12 fM).
3. Rd: Jede 2. M verd (= 18 fM).
4. Rd: Jede 3. M verd (= 24 fM).
5. Rd: Jede 4. M verd (= 30 fM).
6. Rd: Farbwechsel zu Weiß, jede 5. M verd (= 36 fM).
7. Rd: Jede 6. M verd (= 42 fM).
8. Rd: Farbwechsel zu Lila, jede 7. M verd (= 48 fM).
Die Arbeit mit 1 Km beenden und den Faden vernähen.

Teil B (klein):

Mit Häkelnadel 3,0 mm und Türkis 2 Lfm anschlagen.
1. Rd: 6 fM in die 2. Lfm (= 6 fM).
2. Rd: Jede M verd (= 12 fM).
3. Rd: Jede 2. M verd (= 18 fM).
4. Rd: Jede 3. M verd (= 24 fM).
5. Rd: Farbwechsel zu Weiß, jede 4. M verd (= 30 fM).
6. Rd: Farbwechsel zu Lila, jede 5. M verd (= 36 fM).
Die Arbeit mit 1 Km beenden und den Faden vernähen.

Teil A (das große Teil) neben Teil B (das kleine Teil) legen und den Faden in Flieder erneut in Teil A, also dem großen Teil, anschlagen. 3 fM häkeln, dann auf Teil B, also dem kleineren Teil (Foto 7) weiterhäkeln und 32 fM arbeiten. 4 M überspr (Foto 8) und weiter auf Teil A, dem größeren Teil, 39 fM arbeiten (= 76 fM). Arbeit beenden und den Faden vernähen. Nun die Lücke zwischen den Flügeln zusammennähen (Foto 9).

Noch dreimal Teil A und Teil B so zusammenhäkeln. Dann jeweils zwei zusammengehäkelte Teile mit den linken Seiten aufeinanderlegen, die rechten Seiten zeigen nach außen. 5 Maschen vor der Einkerbung durch beide Teile stechen und den Faden in Flieder erneut holen (Foto 10).
2 fM, 2 hStb, 2 Stb, 2 hStb häkeln (Foto 11). Ab hier jede 6. M verd, 11 x wdh, 2 fM (= 87 fM).

Farbwechsel zu Limettengrün. 3 fM, ab hier jede 7. M verd (= 99 fM). Die Arbeit beenden und einen längeren Faden zum Annähen stehen lassen (Foto 12). Den anderen Flügel müssen wir gegengleich arbeiten, d. h.

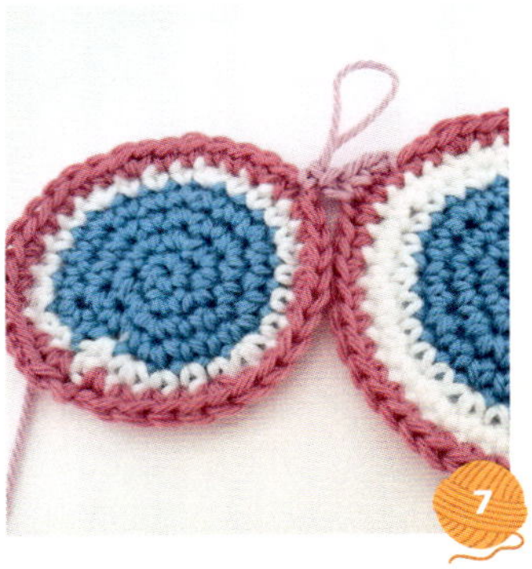

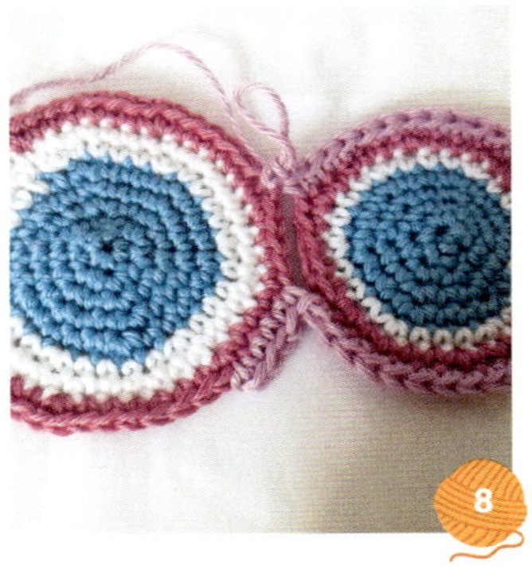

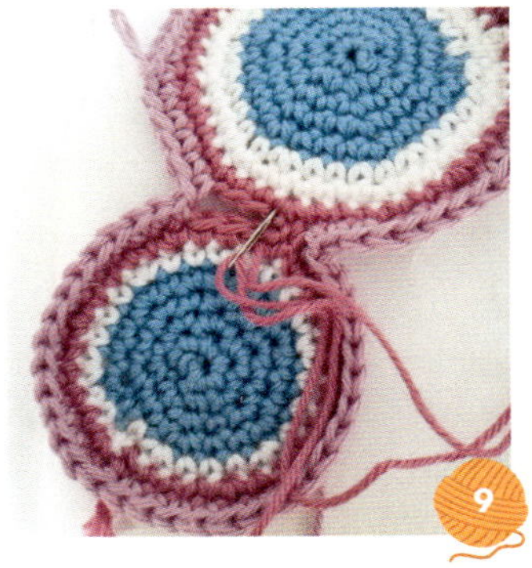

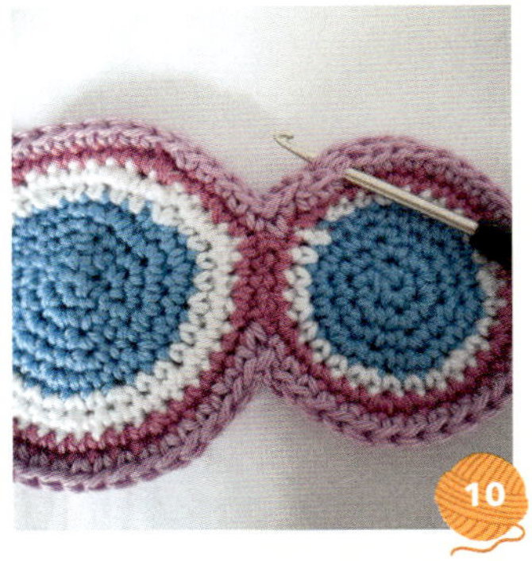

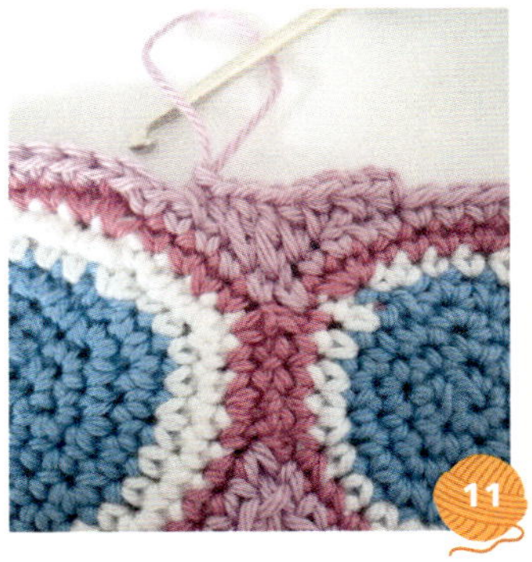

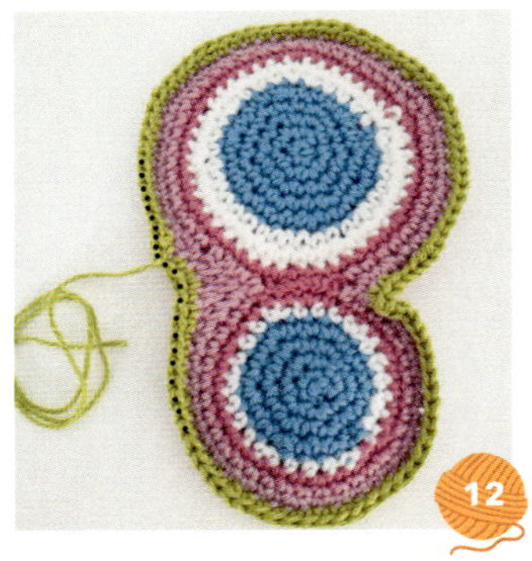

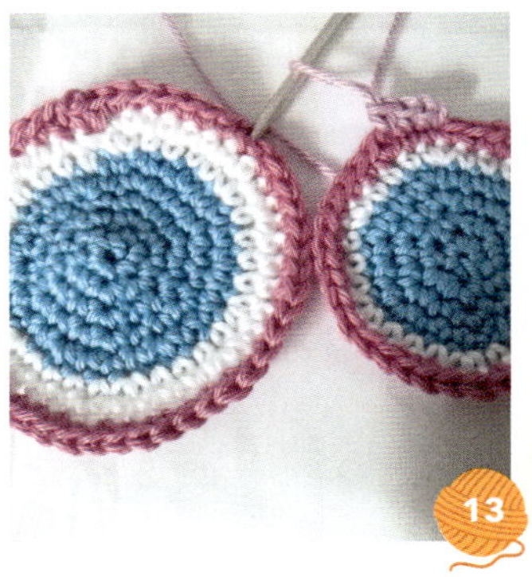

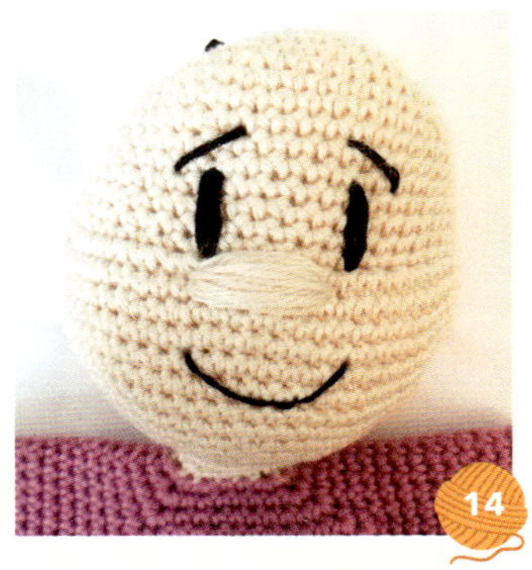

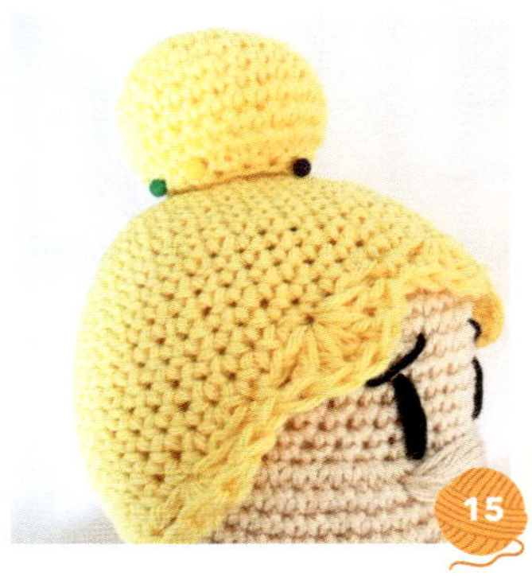

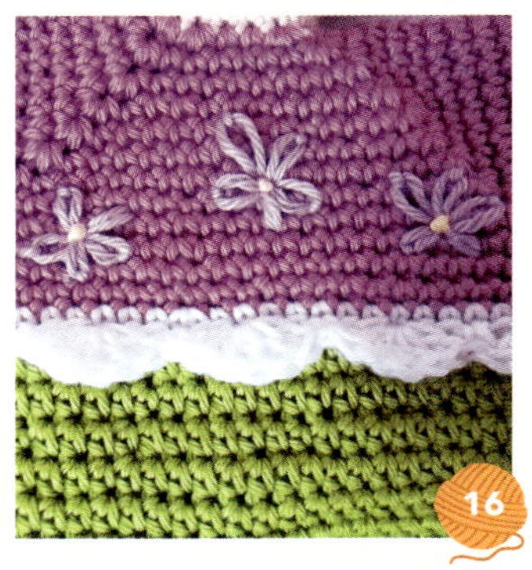

wir legen Teil B neben Teil A und schlagen den Faden erneut an (Foto 13). 3 fM, dann in Teil A weiterarbeiten, 44 fM, 4 M überspr, in Teil B 29 fM (= 76 fM). Nun wie beim ersten Flügel fortfahren, dabei die 2 fM, 2 hStb, 2 Stb, 2 hStb auf der anderen Seite arbeiten. Damit hat man diese Stb/hStb einmal links und einmal rechts und muss den Flügel nicht auf die linke Seite drehen

FERTIGSTELLUNG

Zuerst sticken wir die Nase mit ein paar Querstichen über die zuvor markierten 4 Maschen. Die Augen im Anschluss mit ein paar Stichen vertikal über 3 bis 4 Maschen aufsticken. Dann noch die Augenbrauen und den Mund aufsticken (Foto 14).

Den Dutt mit Füllwatte füllen, in der gewünschten Position anstecken und festnähen. Wenn nötig, nochmals Füllwatte nachstopfen, bevor der Dutt komplett festgenäht wird (Foto 15). Den Dutt unten einige Male mit grüner Wolle umwickeln und rund um den Dutt die Locken annähen.
Die Fühler zwischen der 17. und 18. Rd der Perücke mit 6 Maschen Abstand annähen.
Die Beine nähen wir mit einem Faden in Limettengrün in der letzten Runde des Kleides an.
Die Flügel werden zwischen der 50. und 65. Rd (siehe Markierung Foto 12) des Körpers befestigt.
Auf den Brustbereich noch 3 Blümchen im Margeritenstich (siehe Seite 9) aufsticken (Foto 16).

HUI! ES GIBT NICHTS SCHÖNERES FÜR ELISCHEN, ALS MIT LARINA UM DIE WETTE ZU LAUFEN!

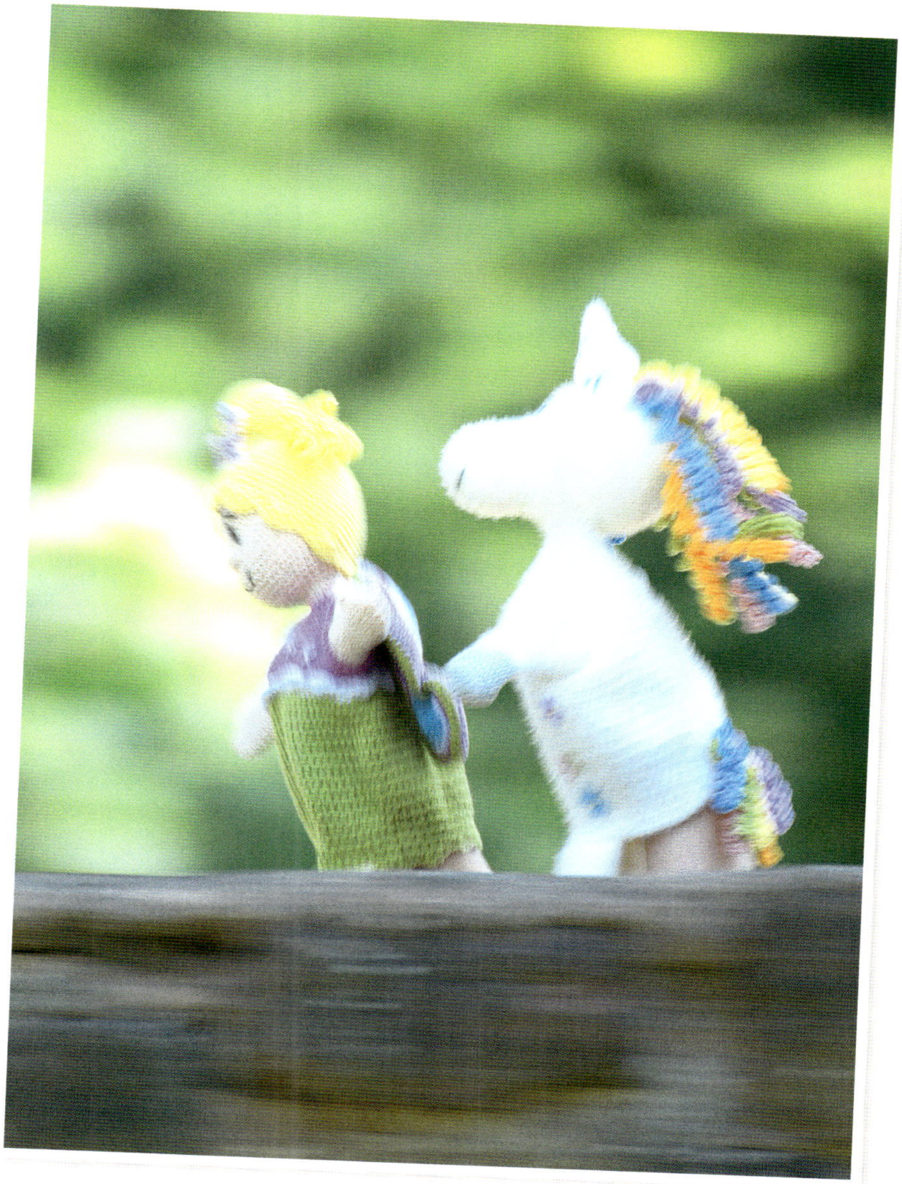

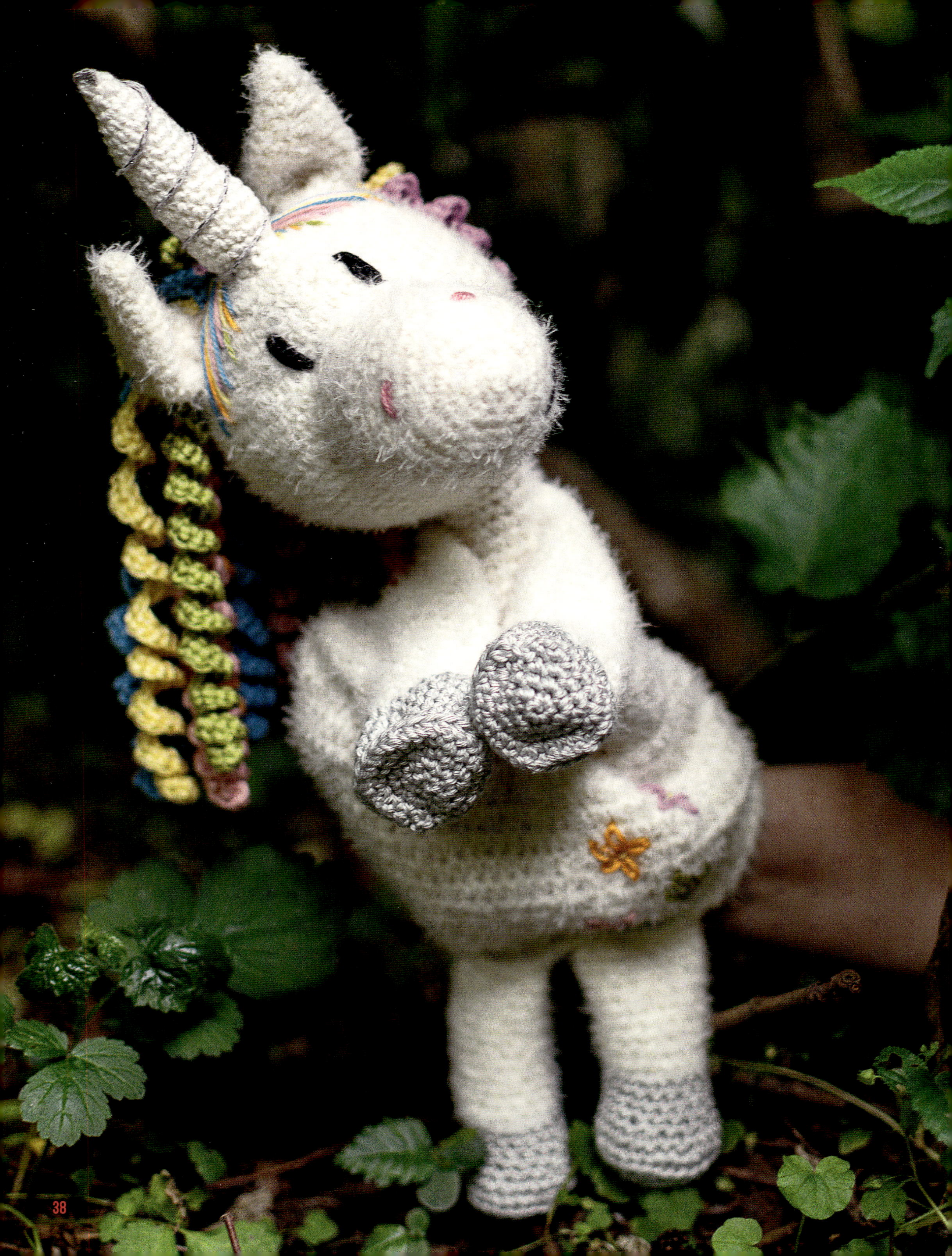

LARINA. DAS WILDE EINHORN

Eitel ist es schon, das Einhorn, das den dichten, magischen Wald liebt und seine Bewohner und Pflanzen behütet. Wenn es an den klaren Bach kommt, betrachtet es sein Spiegelbild im Wasser: sein magisches Horn, das weiße, seidige Fell und die Lockenmähne sind so wunderschön, dass es sich selbst nicht sattsehen kann. Doch schnell wird Larina wieder von Unruhe gepackt, denn sie ist wild, und wenn sie losgaloppiert, dann fliegen schon mal die Sternenfunken. Oft liefert sie sich mit Elischen, der Schmetterlingsfee, wilde Rennen. Doch sobald es die Prinzessin Livra entdeckt, wird das Einhorn sanft und handzahm. Gern legt es seinen Kopf in ihren Schoß und schläft dort ein.

DAS BRAUCHT MAN

Wolle

Catona von Scheepjes, 100 % Baumwolle, 50 g/125 m: je 10 g in Natur (Nr. 105), Hellgrau (Nr. 172), Rosa (Nr. 518), Gelb (Nr. 522), Lila (Nr. 398), Türkis (Nr. 146), Orange (Nr. 281), Hellgrün (Nr. 513), Reste in Schwarz (Nr. 110)
Woll Butt Maya Kuschelgarn, 63 % Polyamid, 37 % Schurwolle, 50 g/130 m: 70 g in Weiß
Rest Silbergarn (z. B. byClaire Nr. 3 Sparkle, 75 % Baumwolle, 25 % Polyester, 50 g/130 m, Nr. 223.

Zubehör

Häkelnadeln 2,5 und 3,0 mm
Stick-/Vernähnadeln
Füllwatte

Größe

Mit dem angegebenen Garn gehäkelt, hat das fertige Einhorn eine Größe von 32 cm.

UND SO GEHT ES

Wir häkeln das Einhorn nach der **Grundanleitung (siehe Seite 11 f.)** und mit dem Maya Kuschelgarn bis zur 55. Rd.

56. Rd: Jede 17. M verd (= 72 fM).
Die Runde mit 1 Km in die 1. M schließen.
Ab hier häkeln wir hStb und in geschlossenen Runden, das heißt, jede Runde wird mit 1 Km in die 2. Lfm am Anfang geschlossen und beginnt mit 2 Lfm.
57.-67. Rd: 2 Lfm, 72 hStb (= 72 hStb).
68. Rd: Jede 11. und 12. M zus (= 66 hStb).
69. Rd: Jede 10. und 11. M zus (= 60 hStb).

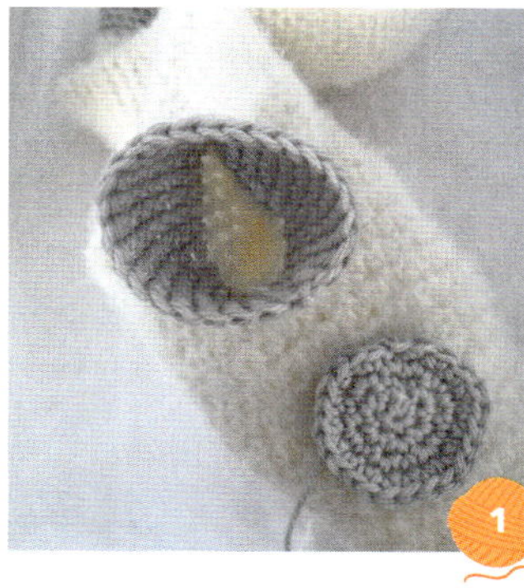

1

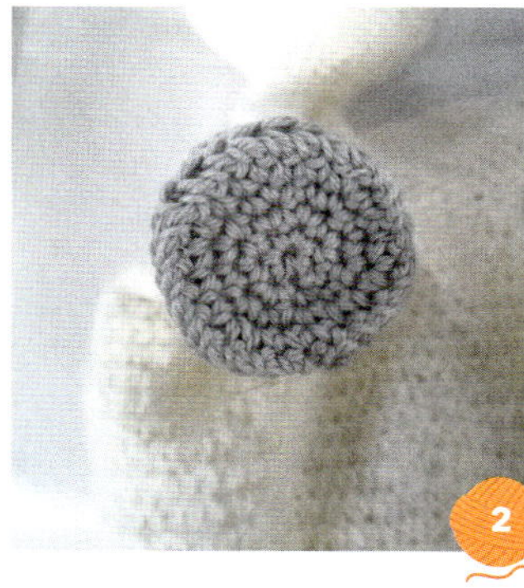

2

70. Rd: Jede 9. und 10. M zus (= 54 hStb).
71. Rd: Jede 8. und 9. M zus (= 48 hStb).
72. + 73. Rd: 48 hStb (= 48 hStb).
74. Rd: 48 Krebsmaschen (siehe Seite 9) (= 48 M).
Die Arbeit beenden und den Faden vernähen.

ARME (2 X HÄKELN)

Für die Arme schlagen wir jeweils im Armausschnitt mit dem Maya Kuschelgarn in der unteren Mitte 32 fM mit Häkelnadel 3,0 mm an.
1.-3. Rd: 32 fM (= 32 fM).
4. Rd: 2 M zus, 28 fM, 2 M zus (= 30 fM).
5. Rd: Jede 4. und 5. M zus (= 24 fM).
6. Rd: 24 fM (= 24 fM).
7. Rd: Jede 3. und 4. M zus (= 18 fM).
8.-11. Rd: 18 fM (= 18 fM).
12. Rd: Farbwechsel zu Hellgrau, jede 3. M verd (= 24 fM).
13.-18. Rd: 24 fM (= 24 fM).
Die Arbeit beenden und den Faden vernähen.

HUFUNTERSEITE (2 X HÄKELN)

Mit Häkelnadel 3,0 mm und Hellgrau 2 Lfm anschlagen.
1. Rd: 6 fM in die 2. Lfm (= 6 fM).
2. Rd: Jede M verd (= 12 fM).
3. Rd: Jede 2. M verd (= 18 fM).
4. Rd: Jede 3. M verd (= 24 fM).
Die Arbeit beenden und einen längeren Faden zum Annähen stehen lassen (Foto 1). Die Unterseite des Hufes mit Überwendlingsstich (siehe Seite 9) an die Arme annähen (Foto 2).

OHREN (2 X HÄKELN)

Mit Häkelnadel 3,0 mm und dem weißen Kuschelgarn 2 Lfm anschlagen.
1. Rd: 6 fM in die 2. Lfm (= 6 fM).
2. Rd: 6 fM (= 6 fM).
3. Rd: Jede 2. M verd (= 9 fM).
4. Rd: 9 fM (= 9 fM).
5. Rd: Jede 3. M verd (= 12 fM).
6. Rd: 12 fM (= 12 fM).
7. Rd: Jede 4. M verd (= 15 fM).

8. + 9. Rd: 15 fM (= 15 fM).
10. Rd: Jede 5. M verd (= 18 fM).
11.–14. Rd: 18 fM (= 18 fM).
15. Rd: Jede 5. und 6. M zus (= 15 fM).
Die Arbeit beenden und einen längeren Faden zum Annähen der Ohren stehen lassen.
Die Ohren bleiben ungefüllt.

SCHNAUZE

Mit Häkelnadel 3,0 mm und dem weißen Kuschelgarn 2 Lfm anschlagen.
1. Rd: 6 fM in die 2. Lfm (= 6 fM).
2. Rd: Jede M verd (= 12 fM).
3. Rd: Jede 2. M verd (= 18 fM).
4. Rd: Jede 3. M verd (= 24 fM).
5. Rd: Jede 4. M verd (= 30 fM).
6. Rd: Jede 5. M verd (= 36 fM).
7.–14. Rd: 36 fM (= 36 fM).
15. Rd: Jede 6. M verd (= 42 fM).
16. + 17. Rd: 42 fM (= 42 fM).
Die Arbeit beenden und einen längeren Faden zum Annähen der Schnauze stehen lassen.

HORN

Mit Häkelnadel 2,5 mm und Natur 2 Lfm anschlagen.
1. Rd: 6 fM in die 2. Lfm (= 6 fM).
2. + 3. Rd: 6 fM (= 6 fM).
4. Rd: 1 M verd, 5 fM (= 7 fM).
5. Rd: 1 M verd, 6 fM (= 8 fM).
6. Rd: 1 M verd, 7 fM (= 9 fM).
7. Rd: 1 M verd, 8 fM (= 10 fM).
8. Rd: 1 M verd, 9 fM (= 11 fM).
9. Rd: 1 M verd, 10 fM (= 12 fM).
10.–14. Rd: 12 fM (= 12 fM).
15. Rd: 1 M verd, 11 fM (= 13 fM).
16. Rd: 1 M verd, 12 fM (= 14 fM).
17. Rd: 1 M verd, 13 fM (= 15 fM).
18. + 19. Rd: 15 fM (= 15 fM).
Die Arbeit beenden und einen längeren Faden zum Annähen stehen lassen. Das Horn mit Füllwatte füllen und den Silberfaden darumwickeln und mit ein paar Stichen fixieren.

BEINE (2 X HÄKELN)

Mit Häkelnadel 3,0 mm und Hellgrau 2 Lfm anschlagen.
1. Rd: 6 fM in die 2. Lfm (= 6 fM).
2. Rd: Jede M verd (= 12 fM).
3. Rd: Jede 2. M verd (= 18 fM).
4. Rd: Jede 3. M verd (= 24 fM).
5. Rd: Jede 4. M verd (= 30 fM).
6. Rd: Nur ins hintere Maschenglied (siehe Seite 9) 30 fM arbeiten (= 30 fM).
7. Rd: Jede 4. und 5. M zus (= 24 fM).
8. Rd: Jede 3. und 4. M zus (= 18 fM).
9.–11. Rd: 18 fM (= 18 fM).
12. Rd: Farbwechsel zu weißem Kuschelgarn, 18 fM

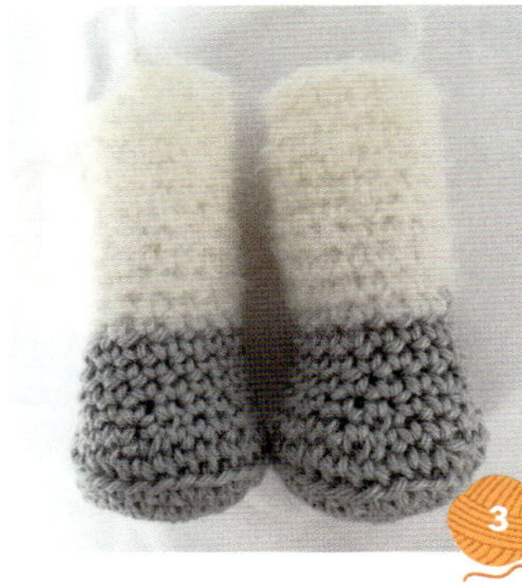
3

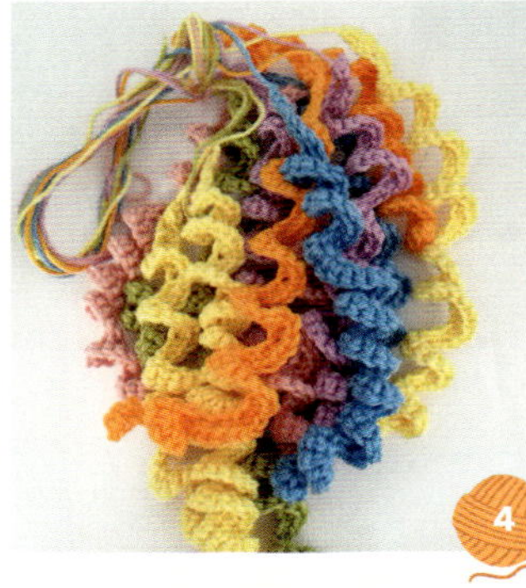
4

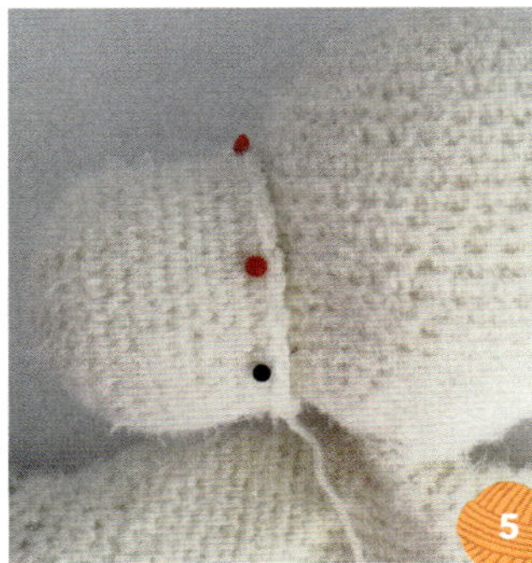
5

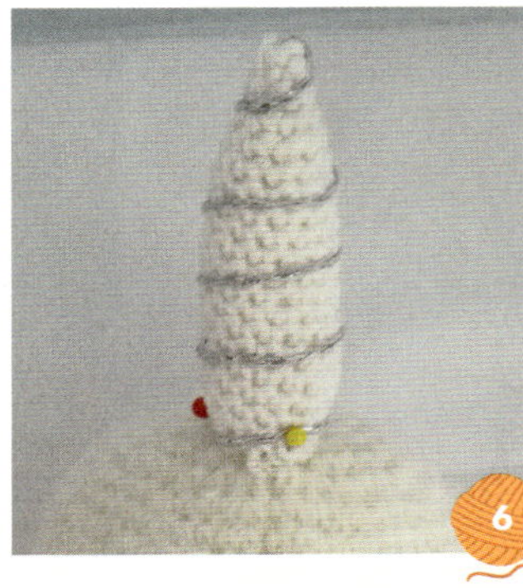
6

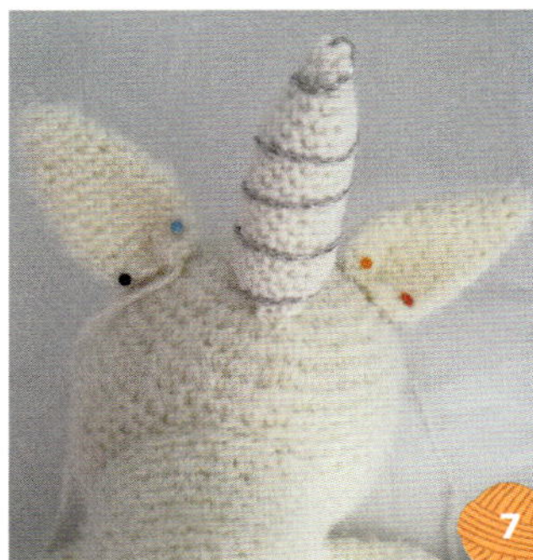
7

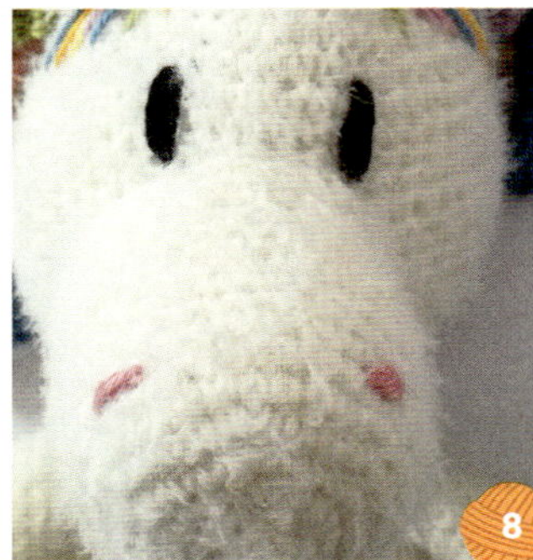
8

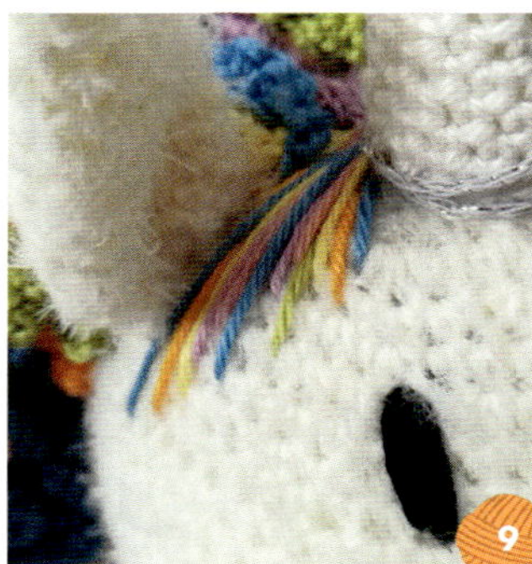
9

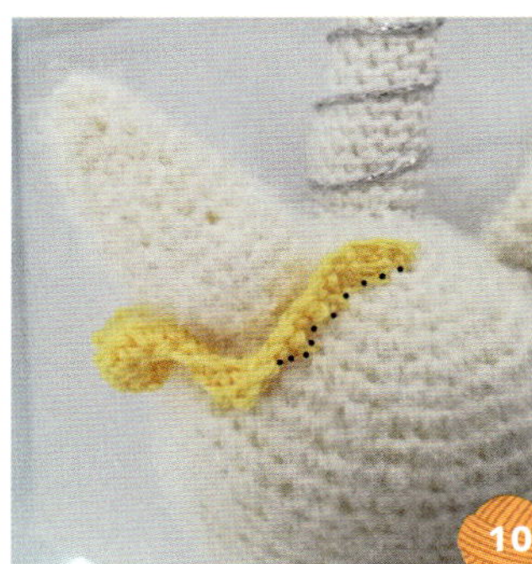
10

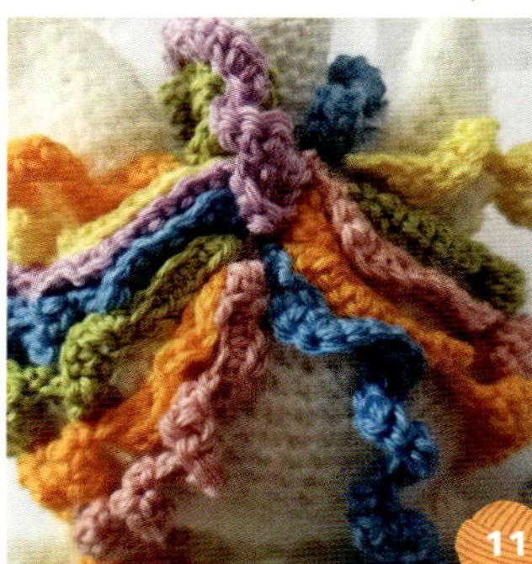
11

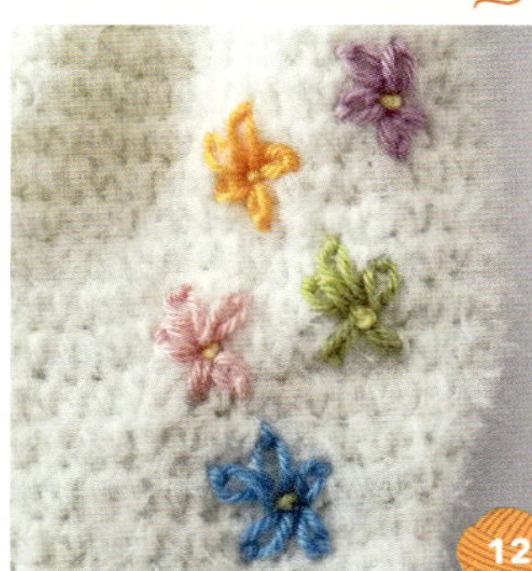
12

(= 18 fM).
13.-22. Rd: 18 fM (= 18 fM).
Die Arbeit beenden und einen längeren Faden zum Annähen der Beine stehen lassen (Foto 3).

MÄHNE (15 X HÄKELN)

Mit Häkelnadel 2,5 mm und Türkis 51 Lfm anschlagen
1. R: In jede M 2 fM, 50 x (= 100 fM).
Die Arbeit beenden und einen längeren Faden zum Annähen an den Kopf stehen lassen.
Insgesamt setzen sich die Strähnen wie folgt zusammen: je 3 x in Türkis, Hellgrün und Orange und je 2 x in Gelb, Rosa und Lila (Foto 4).

SCHWEIF (6 X HÄKELN)

Diesen häkeln wir genauso wie die Mähne, nur mit weniger Maschen.
Für den Schweif schlagen wir 27 Lfm an.
1. R: In jede M 2 fM, 26 x (= 52 fM).
Die Arbeit beenden und einen längeren Faden zum Annähen an das Einhorn stehen lassen.
Jeweils noch eine Strähne in Rosa, Lila, Gelb, Orange und Hellgrün häkeln.

FERTIGSTELLUNG

Die Schnauze mit Füllwatte füllen und mittig am Kopf annähen (Foto 5). Das Horn sechs Reihen über der Schnauze feststecken und festnähen. Die Ohren mittig nur am Rand zusammennähen. Die Ohren am Kopf positionieren und festnähen (Foto 6 und 7).
Die Augen werden mit ein paar Stichen vertikal über 3 bis 4 Maschen über der Schnauze aufgestickt. Mit Rosa die Nüstern auf die Schnauze und mit Schwarz einen Mund aufsticken (Foto 8). Die Stirnfransen sticken wir in den Farben der Mähne rechts und links vom Horn auf (Foto 9).
Die Mähne nähen wir am Hinterkopf an. Dazu die Strähnen, die direkt am Kopf anliegen, entlang der gepunkteten Linie festnähen (Foto 10 und 11), also nur das erste Drittel. Insgesamt 10 Strähnen auf diese Art befestigen. Die restlichen Strähnen nur mit einem Ende annähen, sodass sie locker fallen. Den Schweif hinten mittig annähen. Auf der Vorderseite fünf Blümchen im Margeritenstich (siehe Seite 9) aufsticken (Foto 12).
Zuletzt die Beine an der letzten Runde des Kleides annähen.

SIE SIND EIN HERZ UND EINE SEELE, LARINA, DAS WILDE EINHORN, UND LIVRA, DIE SCHÖNE UND HERZLICHE PRINZESSIN.

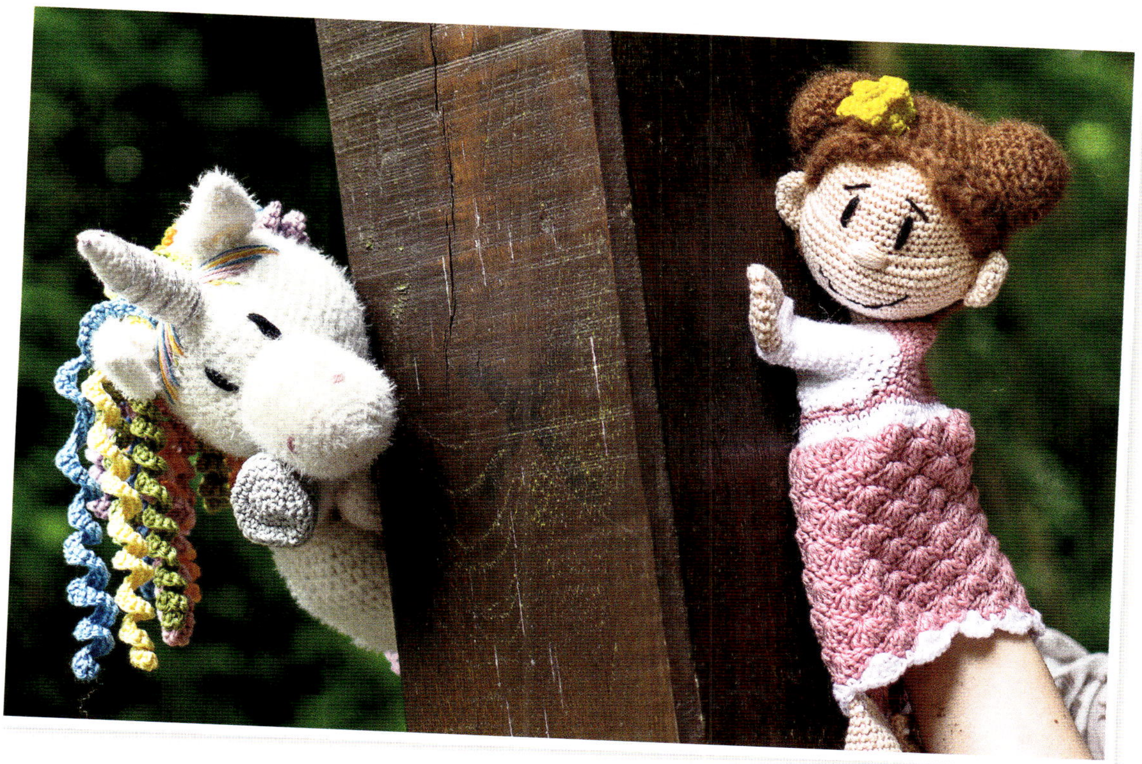

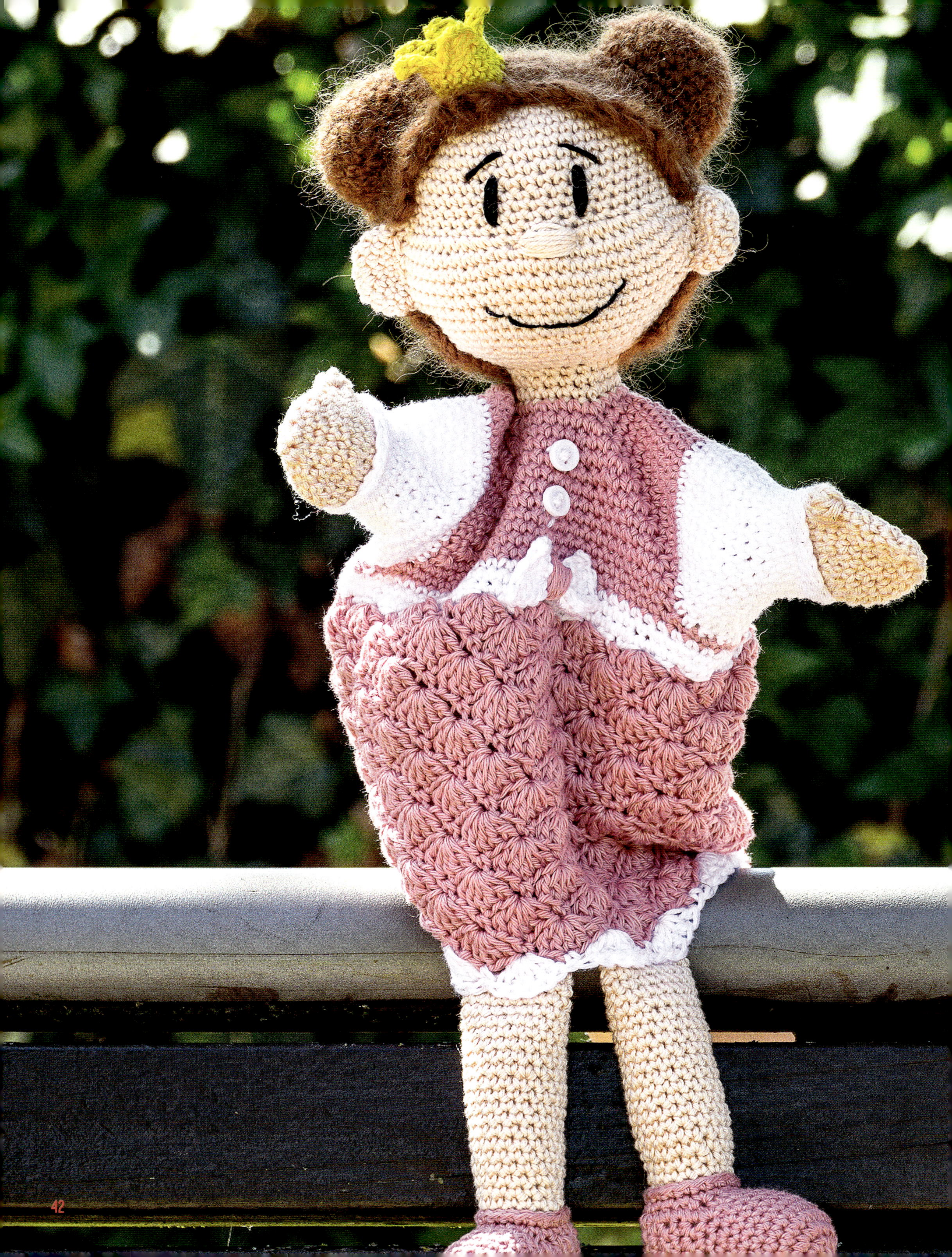

LIVRA, DIE HERZLICHE PRINZESSIN

Mit ihren Eltern lebt die kleine Prinzessin in einem wunderschönen Schloss. Dort wächst sie behütet auf und es fehlt ihr an nichts. Spielzeug hat sie mehr als genug und oft kommen auch andere Prinzessinnen und Prinzen vorbei. Doch manchmal ist ihr einfach langweilig und dann schleicht sie sich auf und davon in den Wald, um sich mit den Waldbewohnern zu treffen. Am liebsten mag sie Larina, das Einhorn, das so wild ist und gerne mit ihr herumtollt. Wenn Larina sie zum Lachen bringt, vergeht die Zeit wie im Fluge. Livra liebt den magischen Wald, dort gibt es so viel mehr zu entdecken als zu Hause im Schloss. Am liebsten würde sie auch dort schlafen, aber die Stimme ihres Vaters hallt schon durch den Wald: „Livra! Livra, wo bist du?" Dann kriegt Larina noch ein Küsschen und Livra läuft, so schnell sie kann, nach Hause.

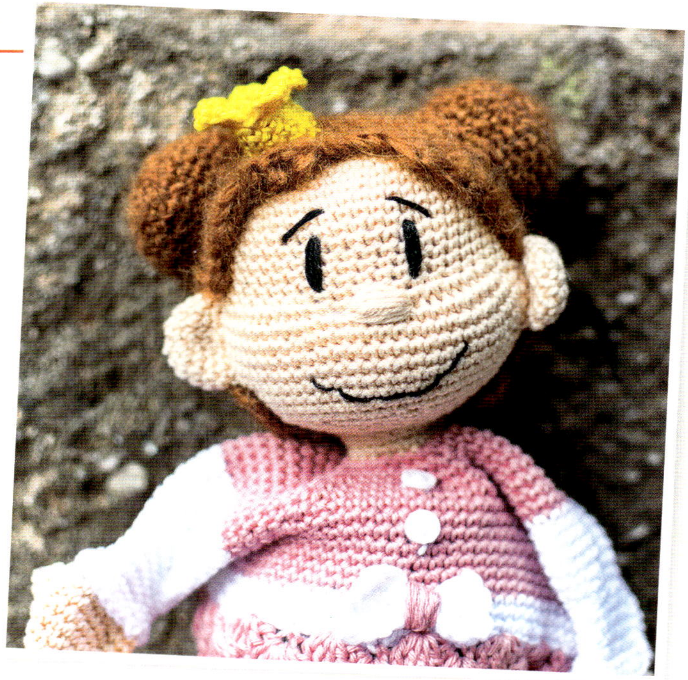

DAS BRAUCHT MAN

Wolle

Catona von Scheepjes, 100 % Baumwolle, 50 g/125 m: 30 g Hautfarben (Nr. 255), 50 g Rosa (Nr. 518), 10 g Weiß (Nr. 106), Reste in Schwarz (Nr. 110).
Woll Butt Sophia von Buttinette, 54 % Mohair, 46 % Polyamid, 50 g/115 m: 2 x 10 g Nougat (die Haare werden mit doppeltem Faden gehäkelt).
Catania von Schachenmayr, 100 % Baumwolle, 50 g/125 m: Rest in Gold

Zubehör

Häkelnadeln 2,5 und 3,0 mm
Stick-/Vernähnadeln
Füllwatte
2 kleine weiße Knöpfe

Größe

Mit dem angegebenen Garn gehäkelt, hat die fertige Prinzessin eine Größe von 32 cm.

UND SO GEHT ES

Wir häkeln die Prinzessin nach der **Grundanleitung** **(siehe Seite 11 f.)** bis zur 55. Rd.
Hinweis: Ab der 44. Rd wechseln wir zu Rosa.

56. Rd: Farbwechsel zu Weiß, jede 17. M verd (= 72 fM).
57. Rd: Jede 12. M verd (= 78 fM).
58. Rd: Jede 13. M verd (= 84 fM).

Farbwechsel zu Rosa. Das Kleid wird im Muschelmuster nach folgendem Mustersatz gehäkelt:

* 2 M überspr, 5 Stb in 1 M, 2 M überspr, 1 fM * (Foto 1).

In der zweiten Runde werden die 5 Stb in die fM der Vorrunde gearbeitet und die fM auf das mittlere Stb der 5er-Gruppe der Vorrunde. Die erste Runde hat 14 Mustersätze (Foto 2 und 3).
59.–70. Rd: Im Muschelmuster arbeiten.
71. Rd: Farbwechsel zu Weiß (Foto 4). 1 Runde im Muschelmuster häkeln, anschließend mit 1 fM in das mittlere Stb der Vorrunde enden.

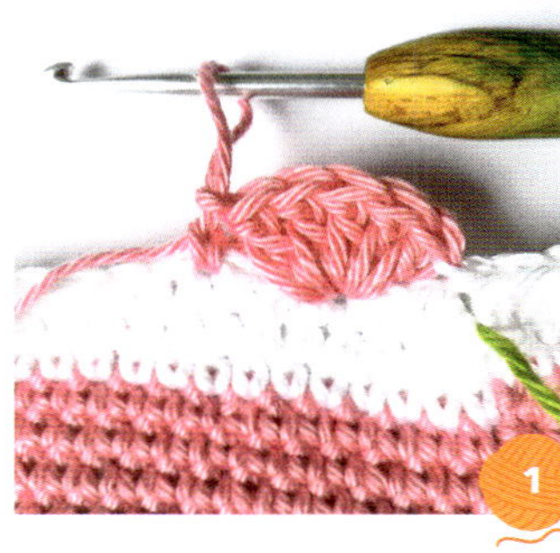
1

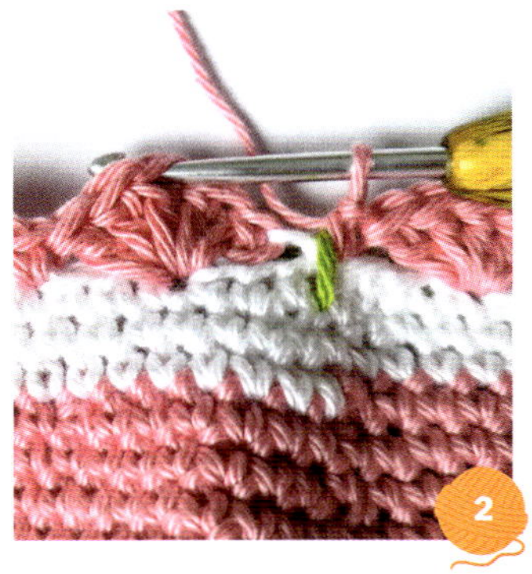
2

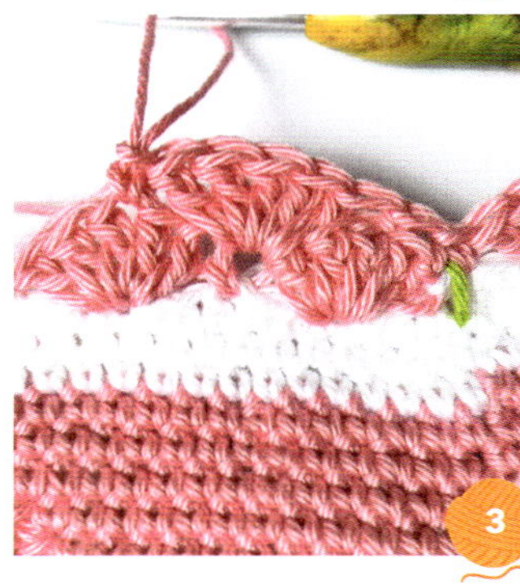
3

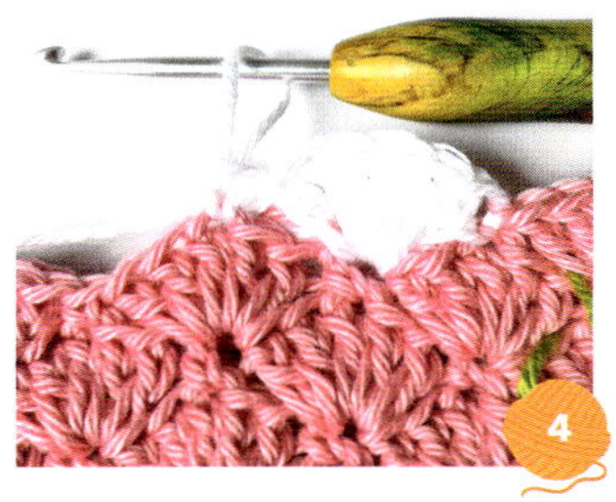
4

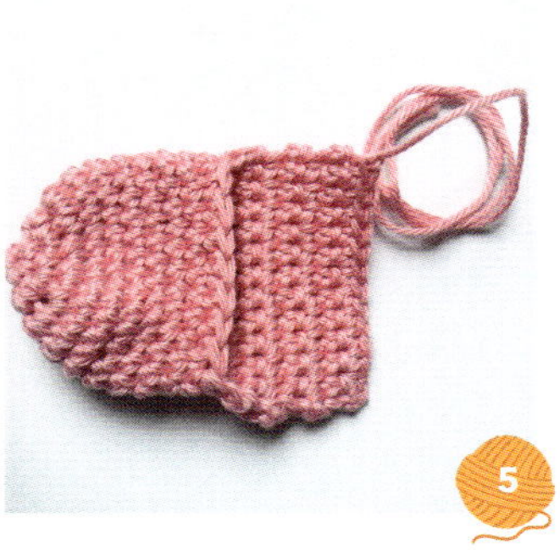

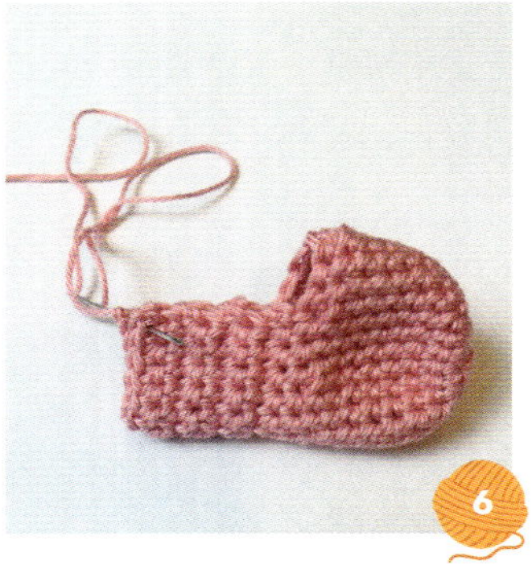

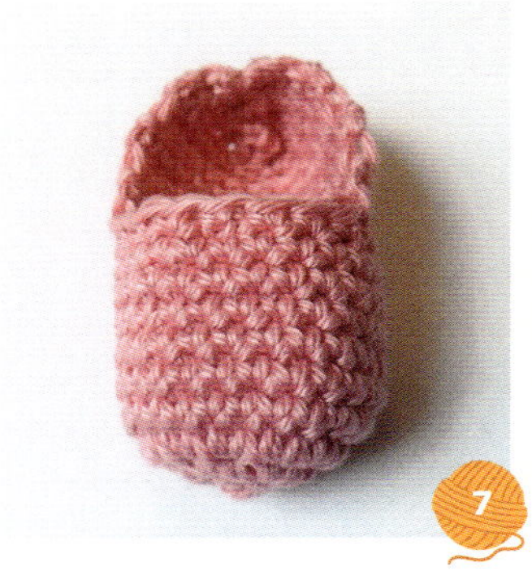

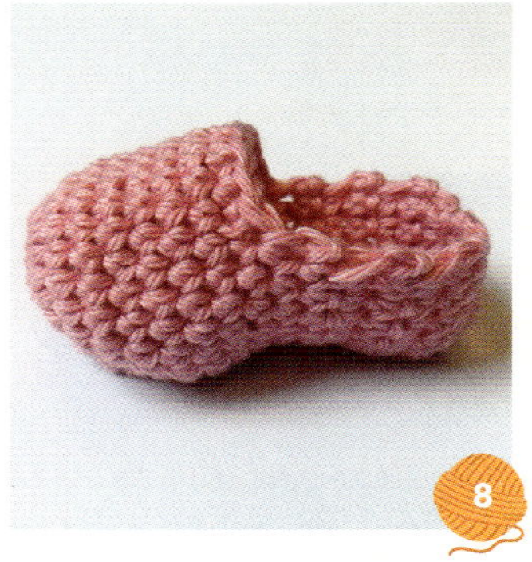

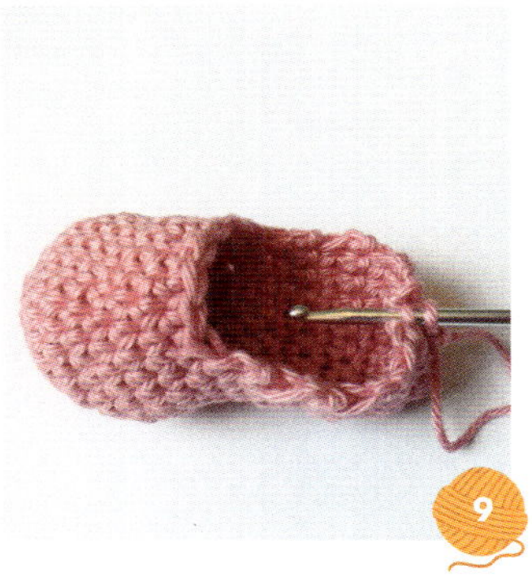

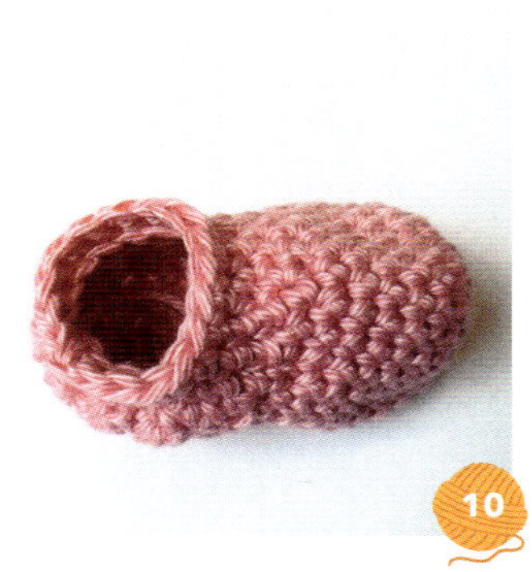

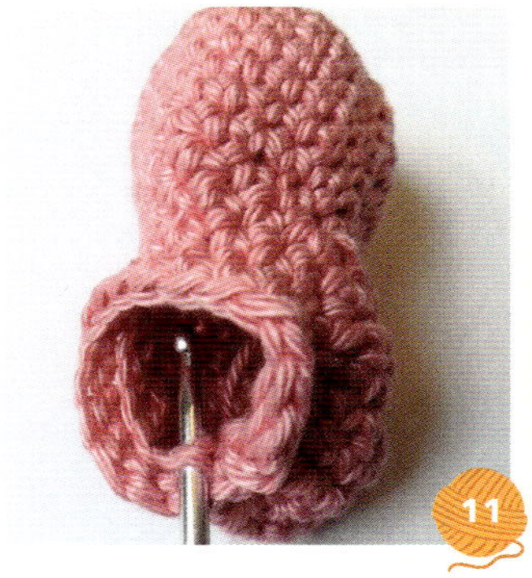

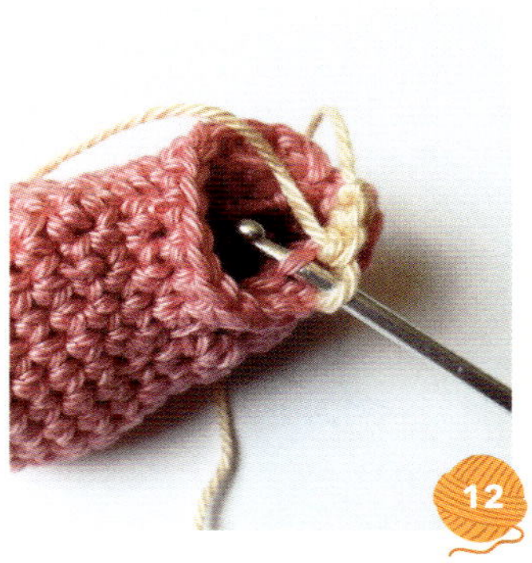

ARME (2 X HÄKELN)

Für die Arme schlagen wir jeweils im Armausschnitt mit Weiß den Faden neu an und häkeln nach der **Grundanleitung Arm/Hand (siehe Seite 12 f.)**.

OHREN (2 X HÄKELN)

Die Ohren arbeiten wir nach der **Grundanleitung Ohren (siehe Seite 12).**

SCHUHE UND BEINE (2 X HÄKELN)

In Rosa 2 Lfm anschlagen.
1. Rd: 6 fM in die 2. Lfm (= 6 fM).
2. Rd: Jede M verd (= 12 fM).
3. Rd: Jede M verd (= 24 fM).
4.-9. Rd: 24 fM (= 24 fM).
10. Rd: Jede 3. und 4. M zus (= 18 fM).

Ab hier arbeiten wir in Reihen weiter.
1.-7. R: 12 fM (= 12 fM).
Die Arbeit mit 1 Km beenden und einen längeren Faden zum Zusammennähen lassen **(Foto 5)**. Den Schuh auf links drehen, die letzten Reihen zusammenlegen und zusammennähen **(Foto 6)**. Den Schuh wieder auf rechts drehen **(Foto 7 und 8)** und mit Füllwatte stopfen. Den Faden erneut am hinteren Teil des Schuhs anschlagen und 20 fM am oberen Rand häkeln **(Foto 9)**.
1. Rd: Jede 3. und 4. M zus (= 15 fM).
2. Rd: 15 fM nur ins vordere Maschenglied (siehe Seite 9) häkeln (= 15 fM).
Die Arbeit beenden und Faden vernähen **(Foto 10)**.

Für das Bein den Faden in Hautfarben erneut in der 2. Rd in den stehengelassenen Maschengliedern anschlagen und 15 fM häkeln **(Foto 11, 12 und 13)**.
1. + 2. Rd: 15 fM (= 15 fM).
3. Rd: Jede 5. M verd (= 18 fM) **(Foto 14).** Das Bein zwischendurch immer wieder mit Füllwatte stopfen. Die letzten 6 Reihen bleiben ungefüllt.
4.-20. Rd: 18 fM (= 18 fM).
Die Arbeit mit 1 Km beenden und den Faden vernähen **(Foto 15).**

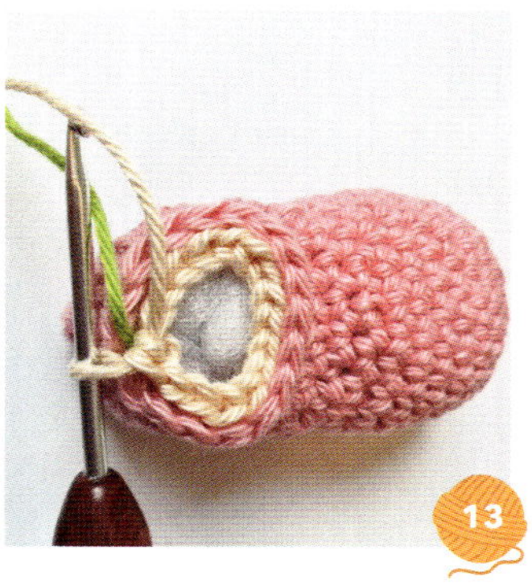

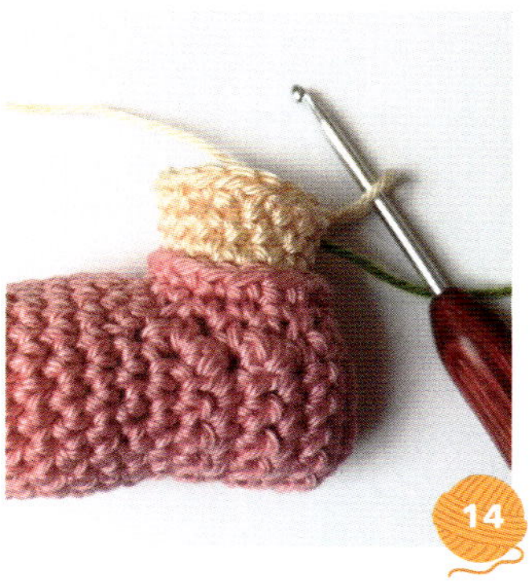

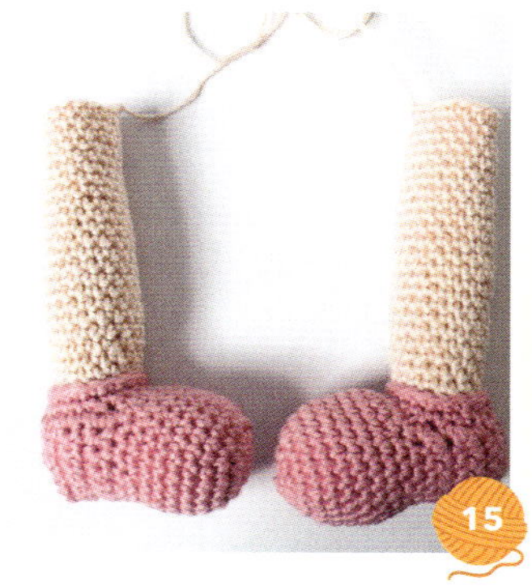

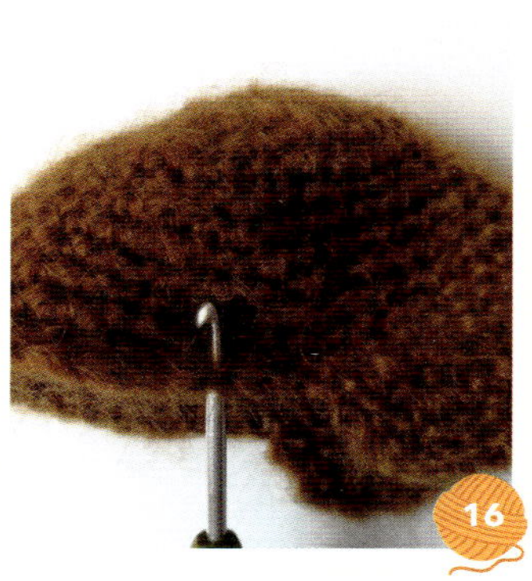

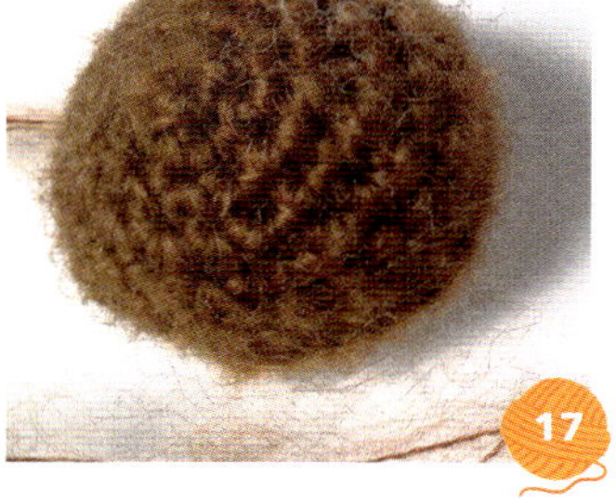

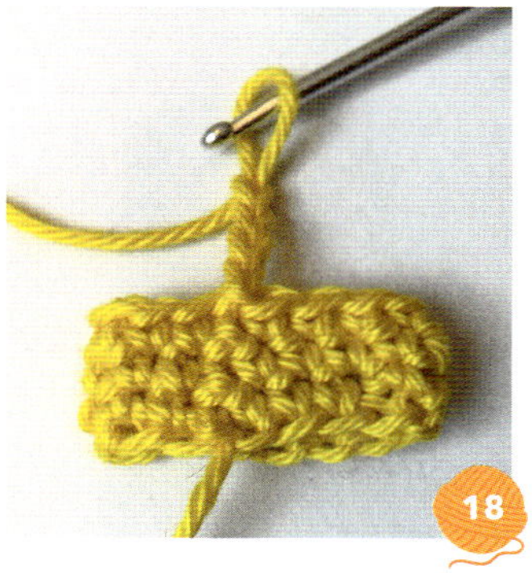

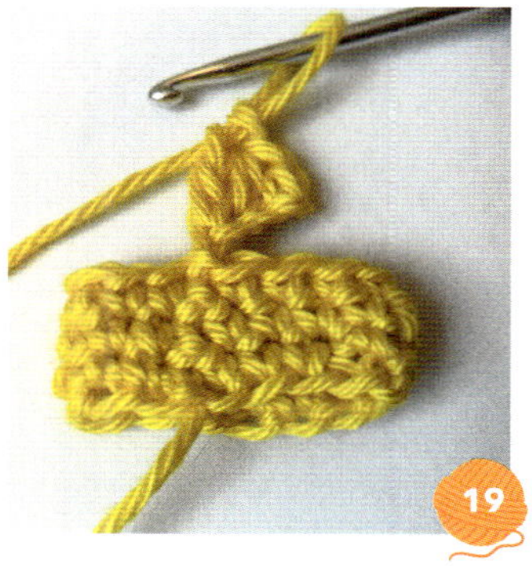

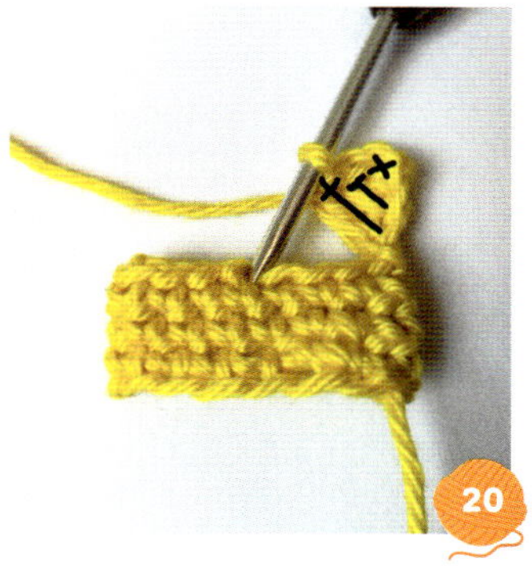

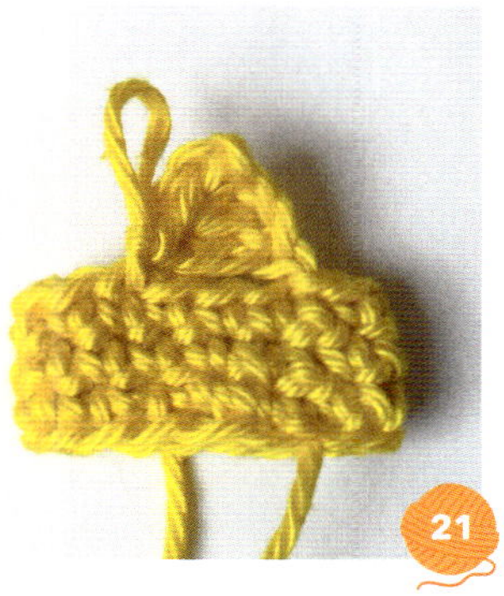

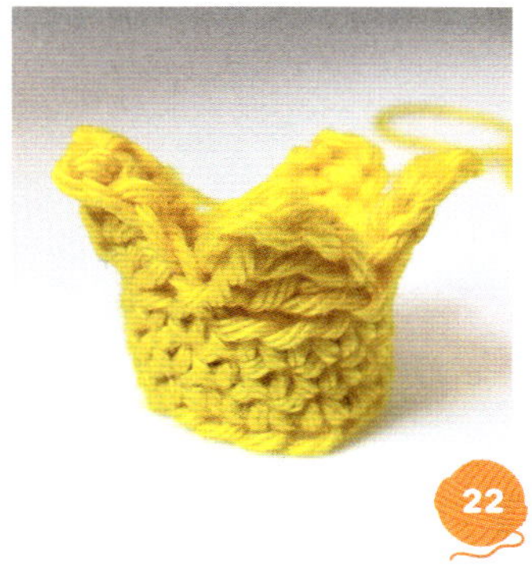

HAARE

Mit Häkelnadel 3,0 mm und doppeltem braunem Faden 2 Lfm anschlagen.

1. Rd: 6 fM in die 2. Lfm (= 6 fM).
2. Rd: Jede M verd (= 12 fM).
3. Rd: Jede 2. M verd (= 18 fM).
4. Rd: Jede 3. M verd (= 24 fM).
5. Rd: Jede 4. M verd (= 30 fM).
6. Rd: Jede 5. M. verd (= 36 fM).
7. Rd: Jede 6. M. verd (= 42 fM).
8. + 9. Rd: 42 fM (= 42 fM).
10. Rd: Jede 7. M verd (= 48 fM).
11.–15. Rd: 48 fM (= 48 fM).

Ab hier arbeiten wir in Reihen weiter.
1.–6. R: 24 fM (= 24 fM).
Die Arbeit beenden und einen längeren Faden zum Annähen stehen lassen. Jetzt 2 M überspr und den Faden erneut anschlingen (Foto 16), 20 fM häkeln.
2. R: 1 M verd, 18 fM, 1. M verd (= 22 fM).
3. R: 3 fM, 1 hStb, 2 Stb, 3 DStb, 1 hStb, 2 fM, 1 hStb, 3 DStb, 2 Stb, 1 hStb, 3 fM (= 22 M).
Die Arbeit mit 1 Km beenden und den Faden vernähen.

DUTT (2 X HÄKELN)

Mit Häkelnadel 3,0 mm und doppeltem Faden mit Braun 2 Lfm anschlagen.

1. Rd: 6 fM in die 2. Lfm (= 6 fM).
2. Rd: Jede M verd (= 12 fM).
3. Rd: Jede 2. M verd (= 18 fM).
4. Rd: Jede 3. M verd (= 24 fM).
5.–9. Rd: 24 fM (= 24 fM).
Die Arbeit mit 1 Km beenden und einen längeren Faden zum Annähen stehen lassen (Foto 17).

KRONE

In Gold 15 Lfm mit Häkelnadel 2,5 mm anschlagen und zur Runde schließen.

1.–3. Rd: 15 fM (= 15 fM).
4. Rd: * 4 Lfm (Foto 18), dann auf den Lfm wie folgt zurückhäkeln:
1 fM in die 2. Lfm, 1 hStb, 1 Stb, 2 M überspr, 1 Km *, 4 x wdh (Foto 19, 20, 21). Jetzt müsste die Krone 5 Zacken haben.
Die Arbeit beenden und einen längeren Faden zum Annähen stehen lassen (Foto 22).

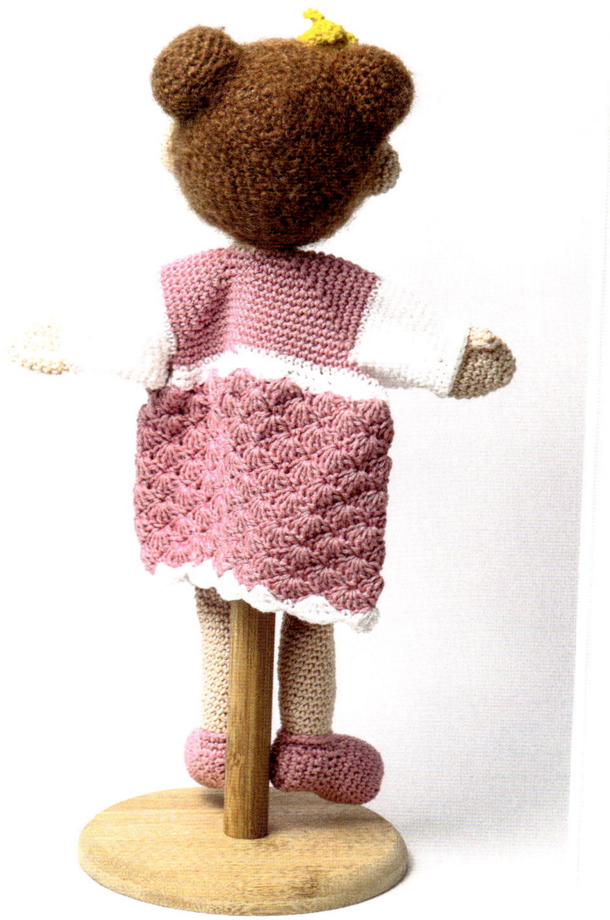

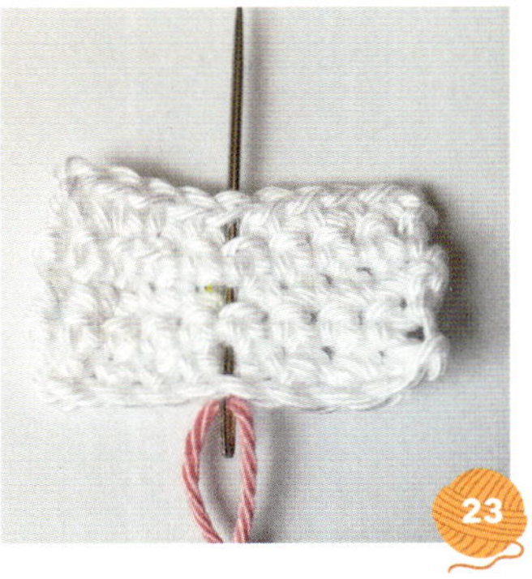

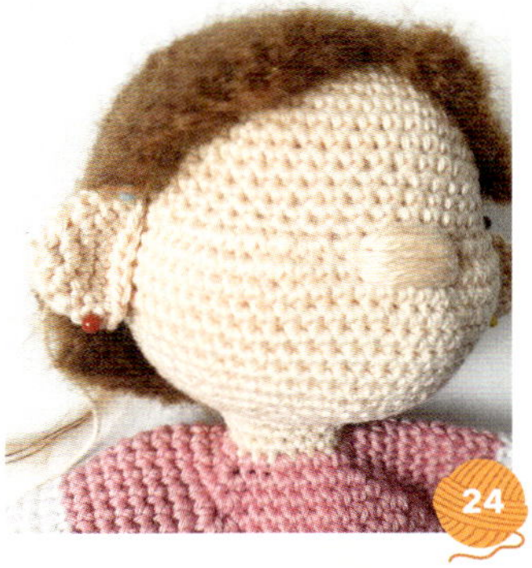

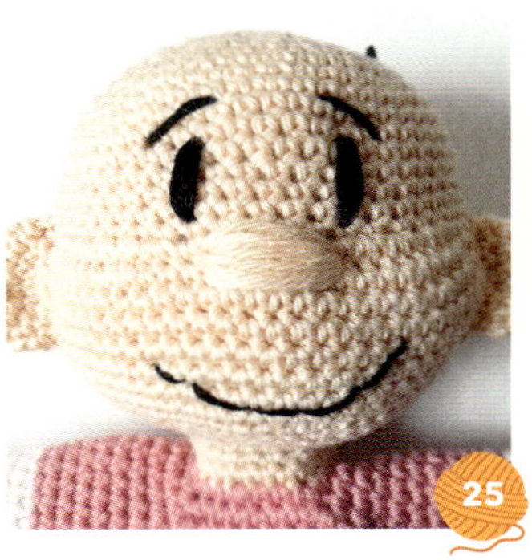

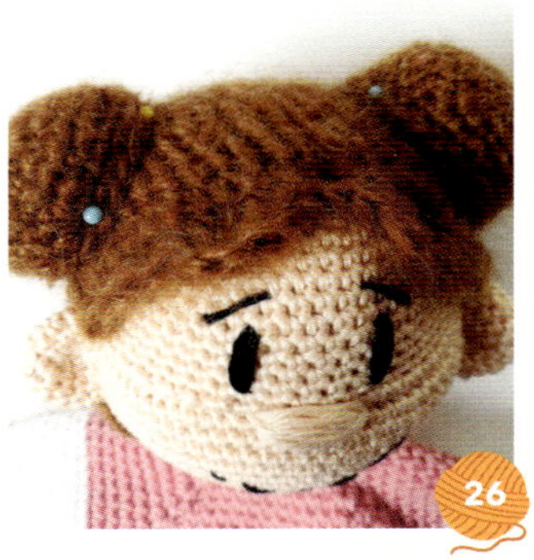

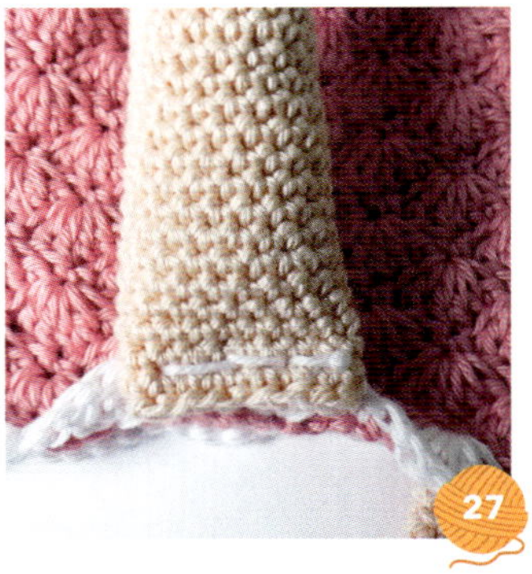

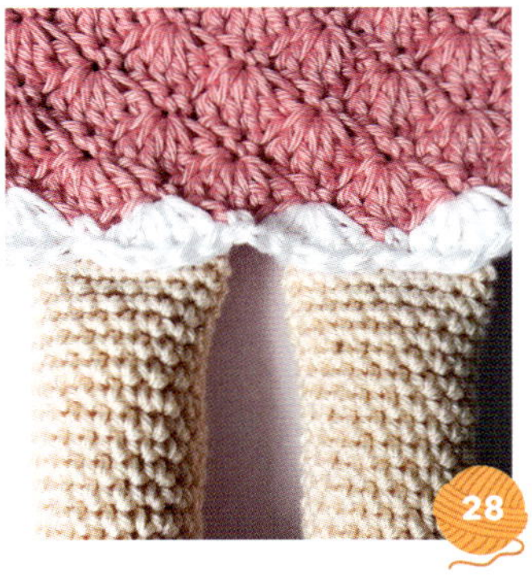

SCHLEIFE

In Weiß 10 Lfm mit Häkelnadel 2,5 mm anschlagen.
1.–5. R: 9 fM (9 fM).
Die Arbeit mit 1 Km beenden und den Faden vernähen.
Einen rosafarbenen Faden durch die Mitte fädeln und zusammenziehen **(Foto 23)**.
Den Faden einige Male rundherumwickeln und vernähen, aber dennoch einen längeren Faden zum Annähen stehen lassen.

FERTIGSTELLUNG

Zuerst sticken wir die Nase mit ein paar Querstichen über die 4 Maschen, die wir zuvor markiert haben. Um die richtige Position für die Ohren zu finden, ziehen wir die Haare über und stecken die Ohren unterhalb des Ponys fest **(Foto 24)**.
Die Augen mit ein paar Stichen vertikal über 3 bis 4 Maschen sticken, dann die Augenbrauen und den Mund aufsticken **(Foto 25)**. Die Haare festnähen. Dutt mit Watte füllen, positionieren und annähen **(Foto 26)**. Wenn nötig, nochmals Füllwatte nachstopfen, dann erst den Dutt vollständig annähen.
Die Beine nähen wir mit einem weißen Faden in der letzten Runde des Kleides an **(Foto 27 und 28)**. Jetzt nur die beiden Knöpfe und die Schleife annähen.

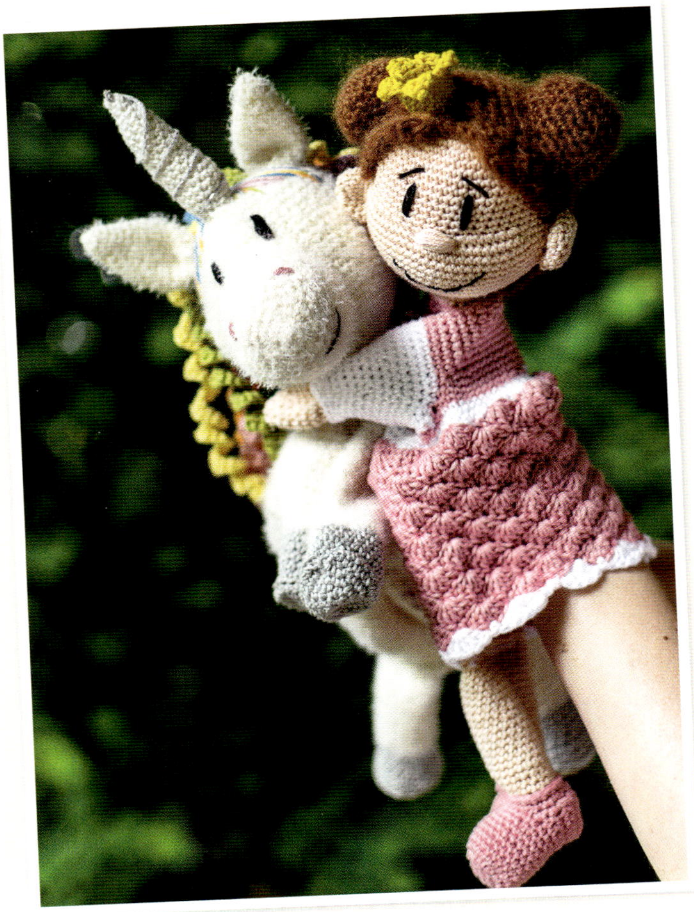

IM SCHLOSS IST ES SO LANGWEILIG, DESHALB LÄUFT LIVRA, SO OFT SIE KANN, IN DEN WALD, AM LIEBSTEN ZU LARINA.

RHINEA, DIE LIEBENSWERTE WASSERELFE

Mit ihrem umwerfenden Charme und ihrer lieblichen Anmut verzaubert Rhinea alle Bewohner des magischen Waldes. Jeder mag sie und auch sie hat alle gern. Im malerischen kleinen Bach gleitet sie beschwingt durchs Wasser und spricht mit den Pflanzen und Tieren, die viele Geschichten zu erzählen haben. Manchmal bewegt sie sich leise an Land, um mit den Waldbewohnern zu sprechen und den Elfen des Waldes beim Tanz auf dem Elfentanzplatz zuzusehen. Ach, wie gern würde sie manchmal über die Wiesen laufen und mit ihnen tanzen … Hätte sie doch nur Füße. Dann wäre sie eine richtige Ballerina.

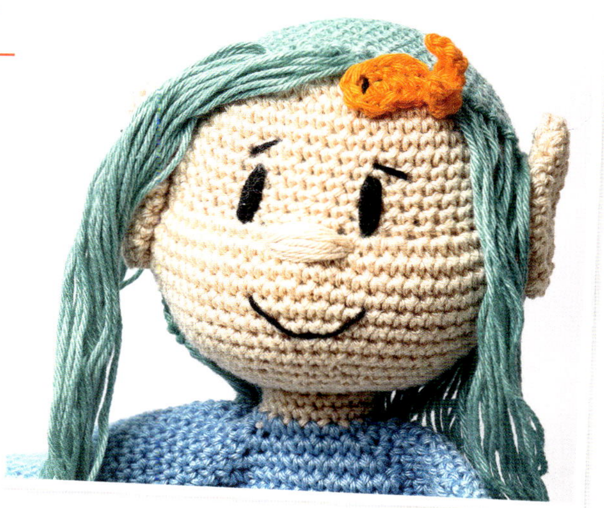

DAS BRAUCHT MAN

Wolle
Catona von Scheepjes, 100 % Baumwolle, 50 g/125 m: 20 g Hautfarben (Nr. 255), 70 g Meerblau (Nr. 510), 30 g Türkis (Nr. 146), Reste in Schwarz (Nr. 110), Orange (Nr. 189), Rot (Nr. 115) und Flieder (Nr. 226)

Zubehör
Häkelnadeln 2,5 und 3,0 mm
Stick-/Vernähnadeln
Füllwatte

Größe
Mit dem angegebenen Garn gehäkelt, hat die fertige Wasserelfe eine Größe von 32 cm.

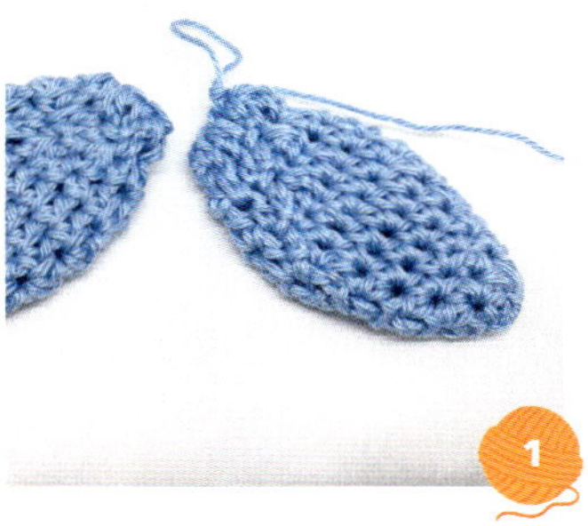
1

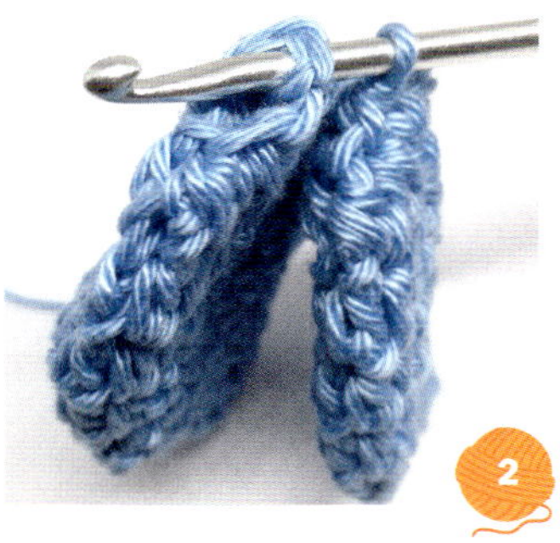
2

UND SO GEHT ES

Wir häkeln die Wasserelfe nach der **Grundanleitung (siehe Seite 11 f.)** bis zur 55. Rd.
Hinweis: Ab der 44. Rd zu Meerblau wechseln.

56. Rd: Farbwechsel zu Türkis, jede 17. M verd (= 72 fM).
57. + 58. Rd: 72 fM (= 72 fM).
59. Rd: 72 fM, jedoch nur ins hintere Maschenglied (siehe Seite 9) häkeln (= 72 fM).
Die Runde mit 1 Km in die 1. M schließen.
Ab hier häkeln wir hStb und in geschlossenen Runden, das heißt, jede Runde wird mit 1 Km in die 2. Lfm am Anfang geschlossen und beginnt mit 2 Lfm.
60. Rd: Farbwechsel zu Meerblau. 72 hStb (= 72 hStb).
61.-69. Rd: 72 hStb (= hStb).
70. Rd: Jede 11. und 12. M zus (= 66 hStb).
71. Rd: Jede 10. und 11. M zus (= 60 hStb).
72. Rd: Jede 9. und 10. M zus (= 54 hStb).
73. Rd: Jede 8. und 9. M zus (= 48 hStb).
74. + 75. Rd: 48 hStb (= 48 hStb).
Die Arbeit beenden und den Faden vernähen.

ARME (2 X HÄKELN)

Für die Arme schlagen wir jeweils im Armausschnitt mit Meerblau den Faden neu an und häkeln nach der **Grundanleitung Arm/Hand (siehe Seite 12 f.).**

FLOSSE (2 X HÄKELN)

In Türkis und Häkelnadel 2,5 mm 2 Lfm anschlagen.
1. Rd: 6 fM in die 2. Lfm (= 6 fM).
2. Rd: Jede 2. M verd (= 9 fM).
3. Rd: Jede 3. M verd (= 12 fM).
4. Rd: Jede 4. M verd (= 15 fM).
5. Rd: Jede 5. M verd (= 18 fM).
6. + 7. Rd: 18 fM (= 18 fM).
8. Rd: Jede 2. und 3. M zus (= 12 fM).
9. Rd: Je 2 M zus (= 6 fM).
Die Arbeit beenden und den Faden vernähen.

Hinweis: Bei der zweiten Flosse beenden wir die Arbeit nicht, sondern häkeln gleich weiter. Jetzt werden die Flossen nämlich zusammengehäkelt (Foto 1).
Dazu nehmen wir die zweite Flosse und stechen in die 1. Masche der ersten Flosse ein (Foto 2).

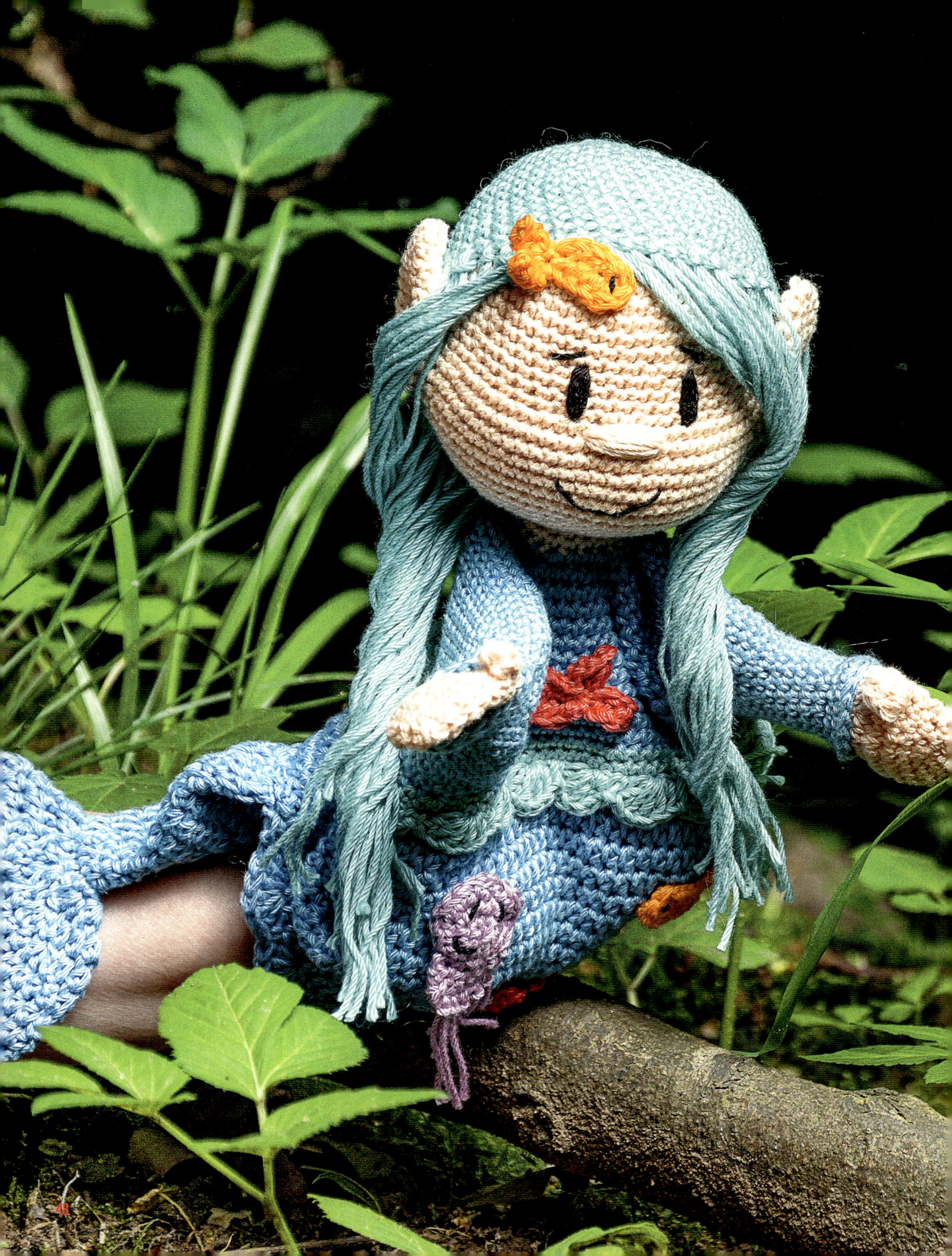

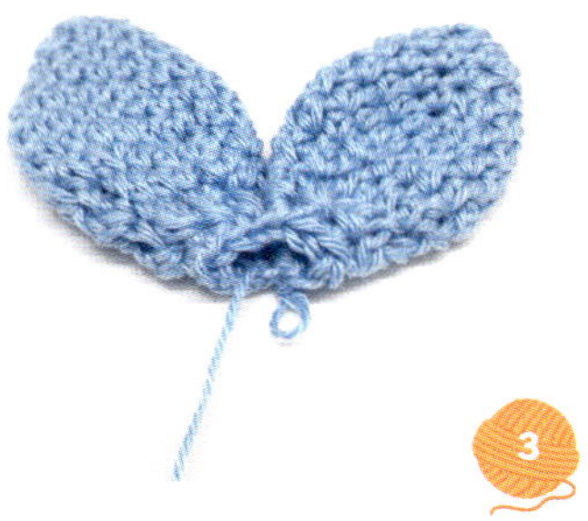

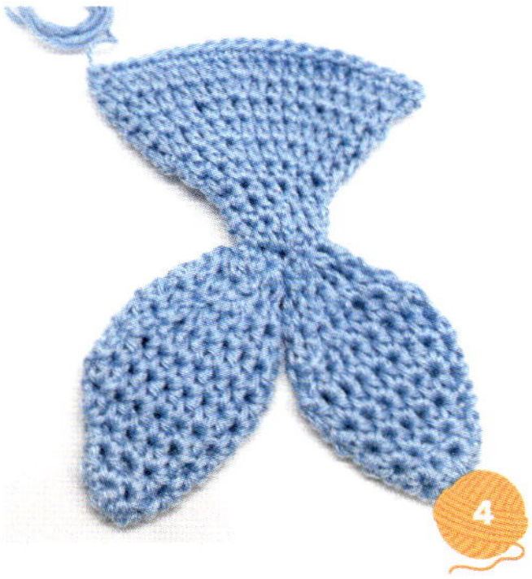

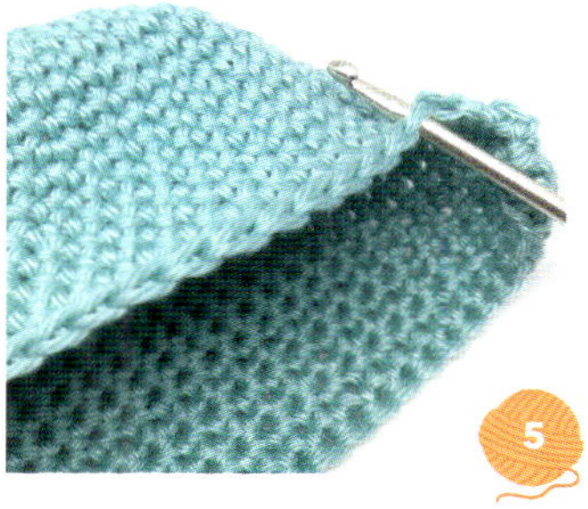

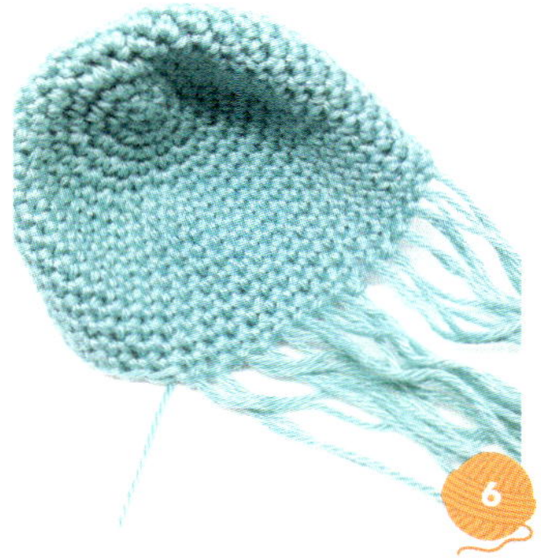

Dann häkeln wir die 6 Maschen der ersten Flosse und anschließend die 6 Maschen der zweiten Flosse und haben dann 12 fM (Foto 3).
Jetzt schließen wir die Runde mit 1 Km in die 1. M. Ab hier häkeln wir hStb und in geschlossenen Runden, das heißt, jede Runde wird mit 1 Km in die 2. Lfm am Anfang geschlossen und beginnt mit 2 Lfm.

1. + 2. Rd: 12 hStb (= 12 hStb).
3. Rd: Jede 2. M verd (= 18 hStb).
4. Rd: Jede 3. M verd (= 24 hStb).
5. Rd: Jede 4. M verd (= 30 hStb).
6. Rd: 30 hStb (= 30 hStb).
7. Rd: Jede 5. M verd (= 36 hStb).
8. Rd: 36 hStb (= 36 hStb).
9. Rd: Jede 6. M verd (= 42 hStb).
Die Arbeit aufeinanderlegen und mit fM zusammenhäkeln. Dann die Arbeit beenden und einen längeren Faden zum Annähen stehen lassen. Der Schwanz bleibt ungefüllt (Foto 4).

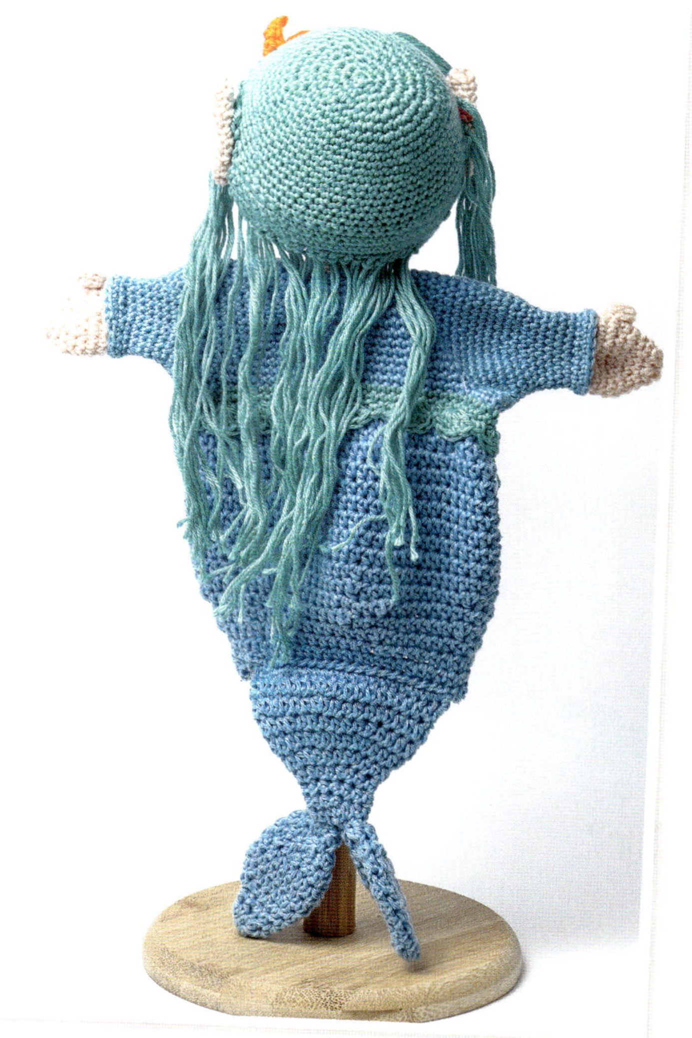

HAARE

Mit Häkelnadel 3,0 mm und Türkis 2 Lfm anschlagen.
1. Rd: 6 fM in die 2. Lfm (= 6 fM).
2. Rd: Jede M verd (= 12 fM).
3. Rd: Jede 2. M verd (= 18 fM).
4. Rd: Jede 3. M verd (= 24 fM).
5. Rd: Jede 4. M verd (= 30 fM).
6. Rd: Jede 5. M. verd (= 36 fM).
7. Rd: Jede 6. M verd (= 42 fM).
8. + 9. Rd: 42 fM (= 42 fM).
10. Rd: Jede 7. M verd (= 48 fM).
11.-17. Rd: 48 fM (= 48 fM).

Ab hier arbeiten wir in Reihen weiter.
1.-6. R: 24 fM (= 24 fM).
Die Arbeit beenden und einen längeren Faden zum Annähen stehen lassen. Für die langen Haare schneiden wir 48 ca. 42 cm lange Strähnen zu und knüpfen diese an die letzte Runde der Haare und an die letzte Reihe der Haare an (Foto 5 und 6).

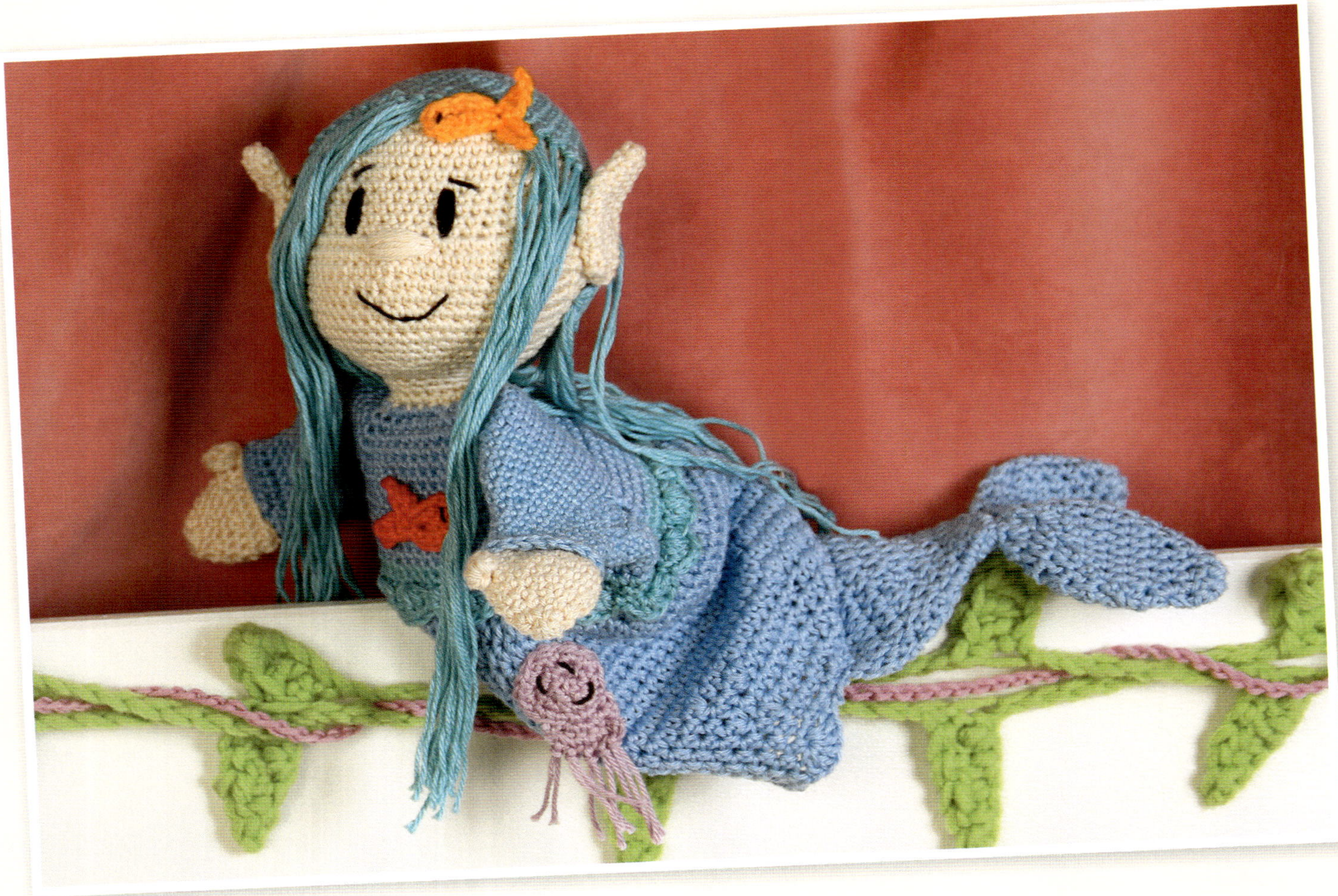

OHREN (2 X HÄKELN)

Mit Hautfarben und Häkelnadel 2,5 mm 2 Lfm anschlagen.
1. Rd: 6 fM in die 2. Lfm (= 6 fM).
2. Rd: Jede 2. M verd (= 9 fM).
3. Rd: 9 fM (= 9 fM).
4. Rd: Jede 3. M verd (= 12 fM).
5.-9. Rd: 12 fM (= 12 fM).
10. Rd: Je 2 M zus (= 6 fM).
Die Arbeit beenden, den Faden durch die 6 Maschen fädeln, zusammenziehen und vernähen.
Die Ohren bleiben ungefüllt.

FISCHE (4 X HÄKELN)

2 x in Rot, 2 x in Orange häkeln.
Hinweis: Die Fische werden um die Luftmaschenkette herumgehäkelt.
Mit der jeweiligen Farbe und Häkelnadel 2,5 mm 6 Lfm anschlagen.
1. Rd: 2 fM, 2 hStb, 3 Stb in 1 M, 2 hStb, 2 fM (= 11 M).
Nun kommt die Schwanzflosse:
5 Lfm, in die 2. Lfm von der M aus 1 Km, 1 fM, 1 hStb, 1 Stb und mit 1 Km am Fischkörper befestigen. 1 x whd.
Die Arbeit beenden und einen längeren Faden zum Annähen stehen lassen.

QUALLE

Mit Flieder und Häkelnadel 2,5 mm 2 Lfm anschlagen.
1. Rd: 6 fM in die 2. Lfm (= 6 fM).
2. Rd: Jede M verd (= 12 fM).
3. Rd: Jede 2. M verd (= 18 fM).

Ab hier arbeiten wir in Reihen:
1. R: 5 fM, 1 Lfm (= 5 fM).
2. R: 5 fM (= 5 fM).
Die Arbeit beenden und einen längeren Faden zum Annähen stehen lassen.
Für die Tentakel schneiden wir 5 ca. 6 cm lange Fäden zu und knüpfen sie an die letzte Reihe der Qualle.

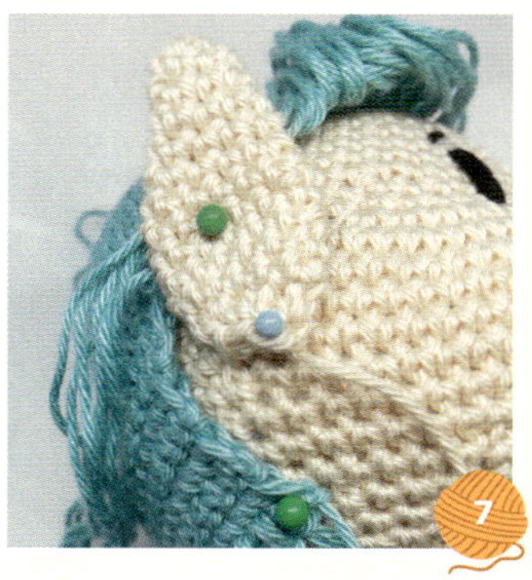

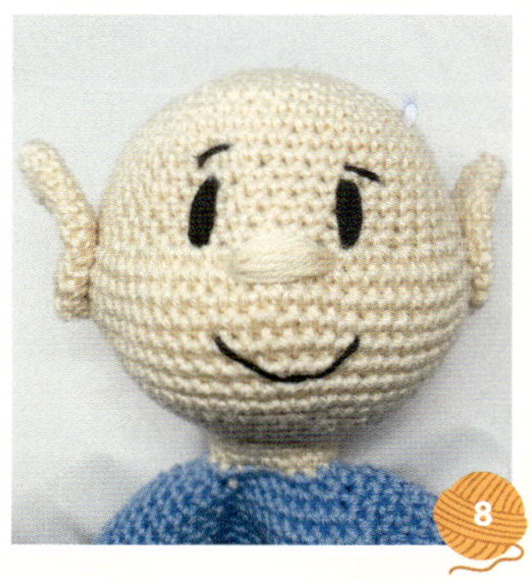

FERTIGSTELLUNG
Zuerst sticken wir die Nase mit ein paar Querstichen über die 4 Maschen, die wir zuvor markiert hatten. Die Augen sticken wir mit ein paar Stichen vertikal über 3 bis 4 Maschen auf, anschließend die Augenbrauen und den Mund. Um die richtige Position für die Ohren zu finden, setzen wir die Haare auf und nähen dann die Ohren fest (Foto 7 und 8).
Für den Muschelrand am Kleid oben den Faden mit Häkelnadel 3,0 mm erneut in der 59. Rd in der hinteren Mitte des Kleides in den vorderen Maschengliedern (siehe Seite 9) anschlagen (Foto 9). Wieder darauf achten, dass der Kopf der Wasserelfe dabei in die eigene Richtung zeigt.
1. R: * 1 M überspr, 5 Stb in 1 M, 1 M überspr, 1 fM *, 16 x whd (Foto 10). Arbeit beenden und den Faden vernähen.

Für den Muschelrand am unteren Kleid neben dem Schwanz den Faden erneut anschlagen und wieder darauf achten, dass der Kopf der Wasserelfe in die eigene Richtung zeigt.
1. R: * 1 M überspr, 5 Stb in 1 M, 1 M überspr, 1 fM *, 6 x whd (Foto 11).

Bei Fischen und Quallen Augen aufsticken. Nun noch einen Fisch als Haarschmuck und die restlichen Wassertiere auf dem vorderen Kleid aufnähen und schon kann Rhinea durchs Wasser gleiten.

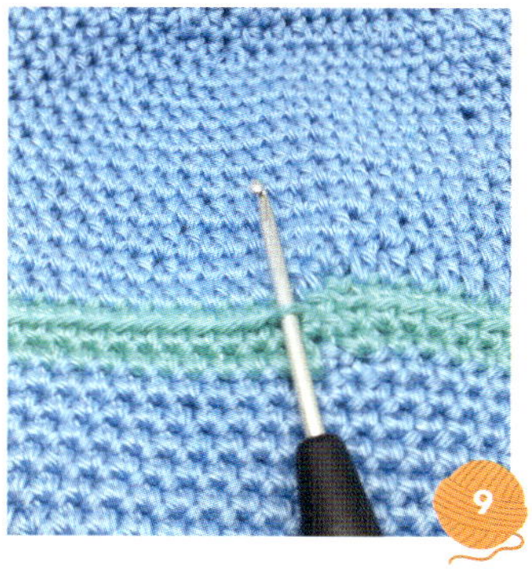
9

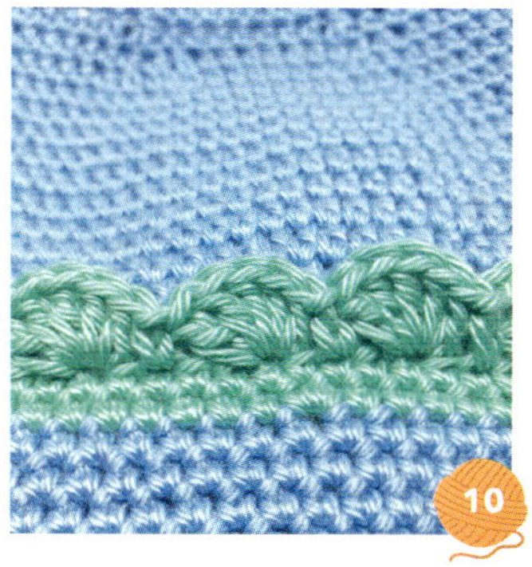
10

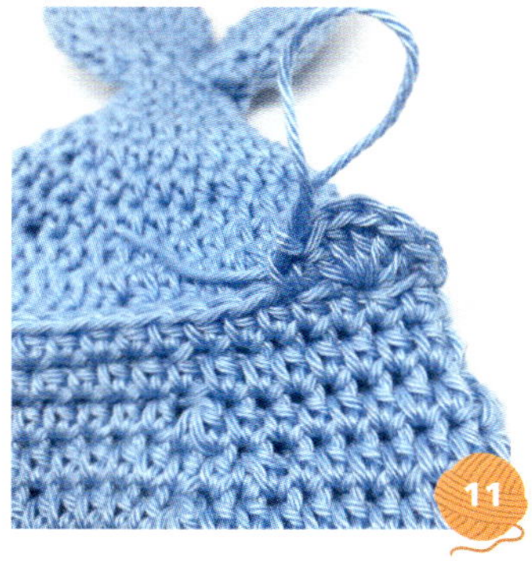
11

WENN RHINEA NICHT GERADE DAVON TRÄUMT ZU TANZEN, TRIFFT SIE AM LIEBSTEN IHRE WALDFREUNDE

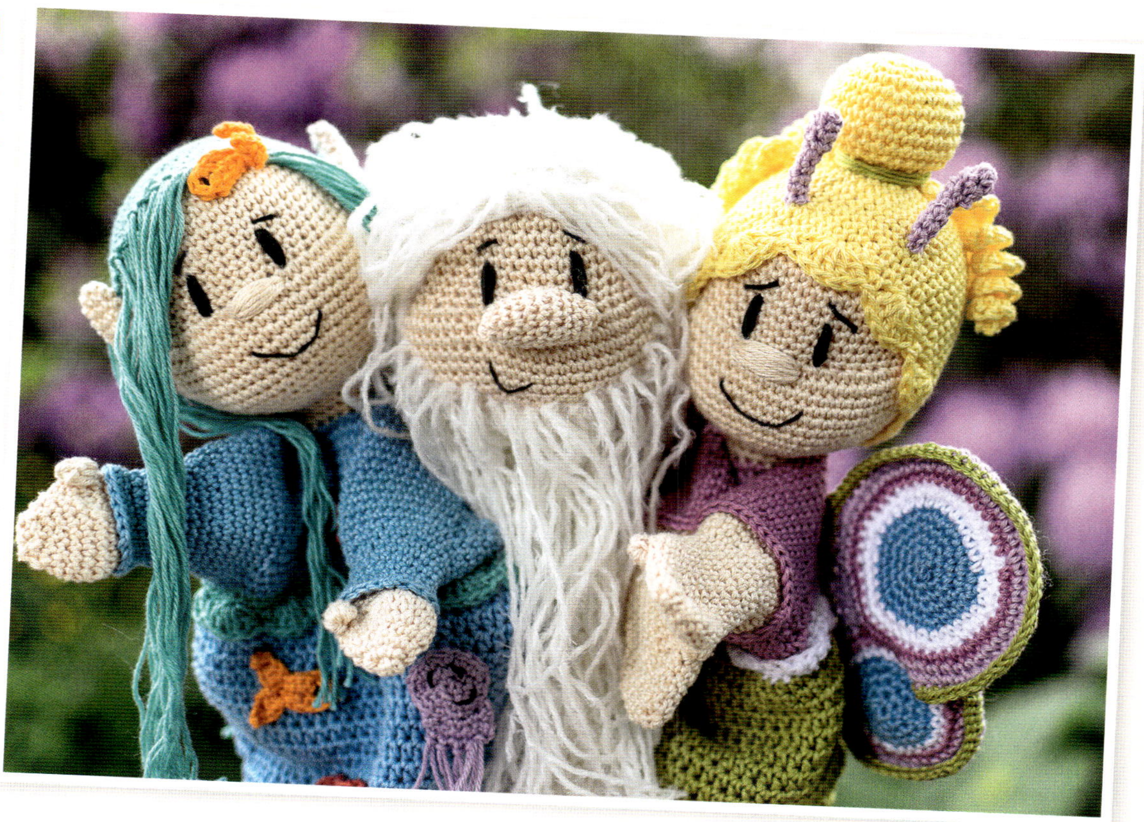

ANDRASH, DER SINGENDE VAMPIR

Wenn Andrash loslegt und Arien schmettert, würden am liebsten alle den Wald verlassen. So laut geht es dann zu. Ein singender Vampir – wo gibt es das denn? Im magischen Wald ist alles möglich, selbst ein Vampir, der keiner sein will und statt Blut am liebsten Brokkoli ist. Oder Spinat. Andrash träumt von einer großen Karriere als Opernsänger und übt fast jeden Tag, sehr zum Leidwesen der anderen, immer wieder die Tonleiter. Nur wenn er mit Annike, der Elfe, gemeinsam singt und sie ihn auf der Harfe begleitet, hören alle verzaubert zu. Selbst die Waldvögel verstummen dann. Hört ihr die beiden auch? Ihr müsst ganz still sein.

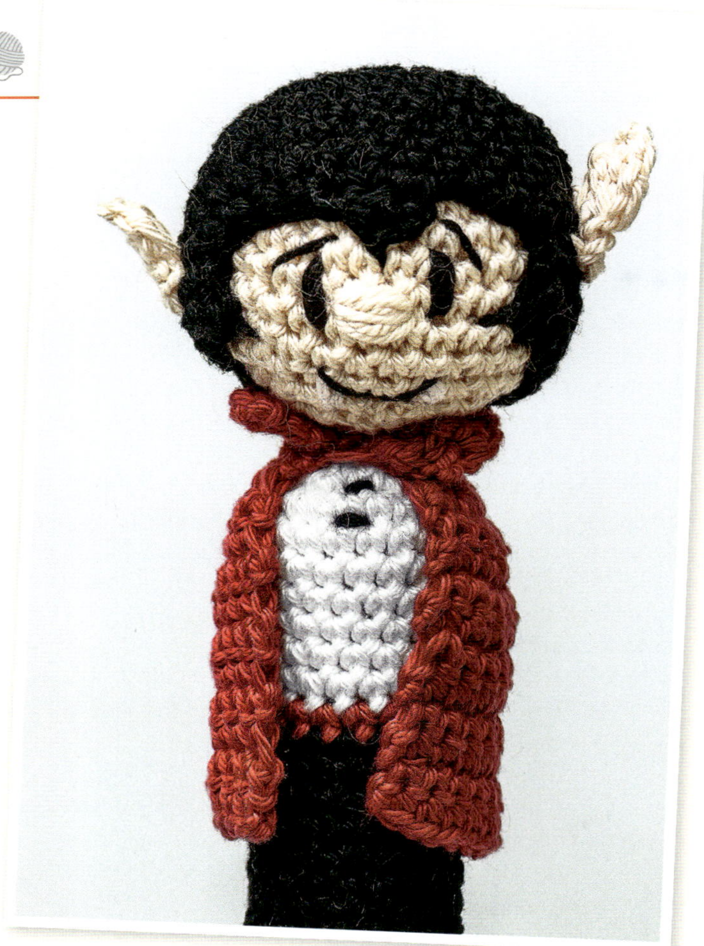

DAS BRAUCHT MAN

Wolle
Catona von Scheepjes, 100 % Baumwolle, 50 g/125 m: Reste in Hautfarben (Nr. 255), Schwarz (Nr. 110), Weiß (Nr. 106) und Rot (Nr. 192)

Zubehör
Häkelnadel 2,5 mm
Stick-/Vernähnadeln
Füllwatte

Größe
Mit dem angegebenen Garn gehäkelt, hat die fertige Fingerpuppe eine Größe von ca. 10 cm.

UND SO GEHT ES

KOPF UND KÖRPER

Mit Häkelnadel 2,5 mm und Hautfarben 2 Lfm anschlagen.
1. Rd: 6 fM in die 2. Lfm (= 6 fM).
2. Rd: Jede M verd (= 12 fM).
3. Rd: Jede 2. M verd (= 18 fM).
4. Rd: Jede 3. M verd (= 24 fM).
5. Rd: Jede 4. M verd (= 30 fM).
6.–10. Rd: 30 fM (= 30 fM).
11. Rd: Jede 4. und 5. M zus (= 24 fM).
12. Rd: Jede 3. und 4. M zus (= 18 fM).
Hier schon einmal den Kopf mit Füllwatte füllen.
13. Rd: Jede 2. und 3. M zus (= 12 fM).
Gegebenenfalls noch Füllwatte nachstopfen.
14. Rd: Je 2 M zus (= 6 fM).

Ab hier beginnt der Körper:
15. Rd: Farbwechsel zu Weiß, jede M verd (= 12 fM).
16. Rd: Jede 2. M verd (= 18 fM).
17.–22. Rd: 18 fM (= 18 fM).
23. Rd: Farbwechsel zu Rot, 18 fM (= 18 fM).
24. Rd: Farbwechsel zu Schwarz, 18 fM (= 18 fM).
25.–31. Rd: 18 fM (= 18 fM).
Die Arbeit beenden und den Faden vernähen.

OHREN (2 X HÄKELN)

Mit Häkelnadel 2,5 mm und Hautfarben 2 Lfm anschlagen.
1. R: In die 2. Lfm von der Nadel aus 2 fM, 2 hStb, 3 Stb, 1 DStb.
Die Arbeit beenden und den Faden vernähen.
Die Ohren nur von der Mitte aus annähen, die Ohrenspitzen werden nicht angenäht. Man kann auch einen längeren Faden stehen lassen, ihn dann von der Ohrspitze in die Mitte des Ohres einfädeln und ihn zum Annähen benutzen (Foto 1).

HAARE

Mit Häkelnadel 2,5 mm und Schwarz 2 Lfm anschlagen.
1. Rd: 6 fM in die 2. Lfm (= 6 fM).
2. Rd: Jede M verd (= 12 fM).
3. Rd: Jede 2. M verd (= 18 fM).
4. Rd: Jede 3. M verd (= 24 fM).
5. Rd: Jede 4. M verd (= 30 fM).
6.–10. Rd: 30 fM (= 30 fM).

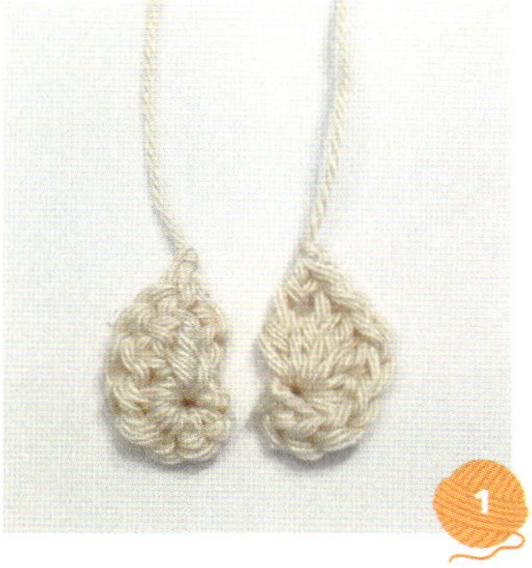

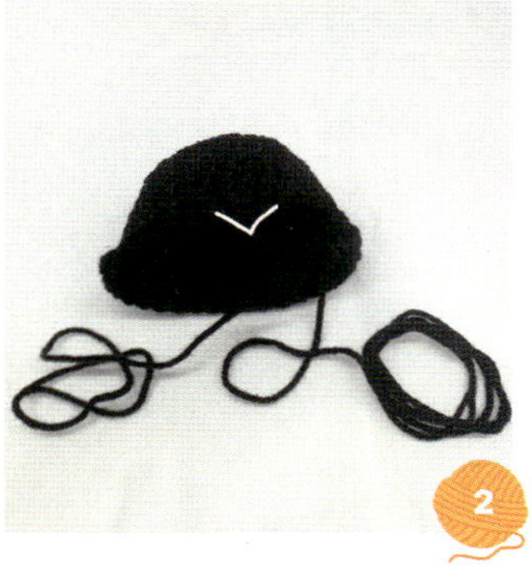

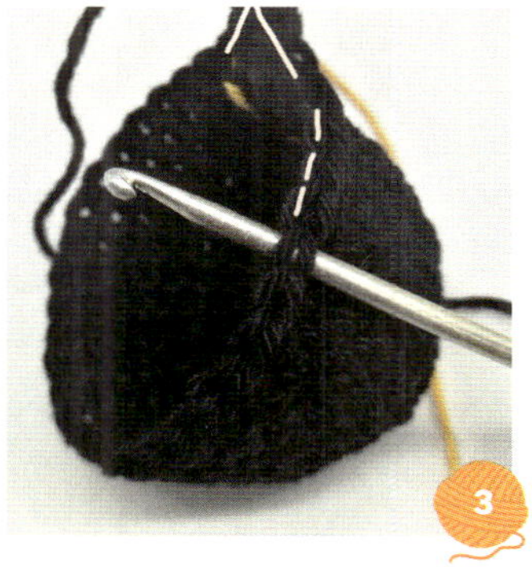

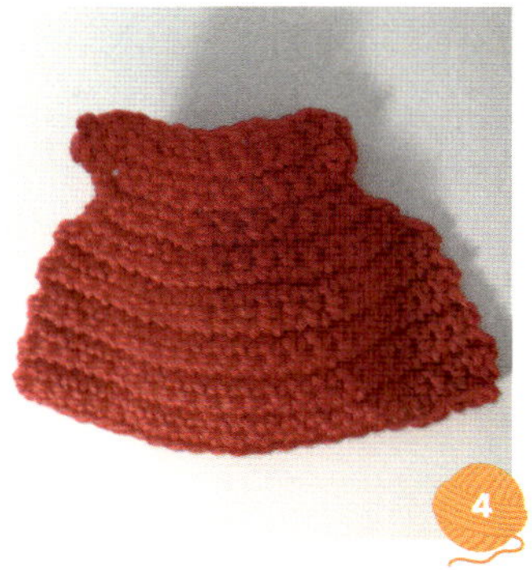

Ab hier wird in Reihen weitergehäkelt.
1. R: 3 fM, 1 Wende-Lfm (= 3 fM).
2. R: 2 M zus, 2 fM, 1 Wende-Lfm (= 2 fM).
3. R: 2 M zus (= 1 fM) (Foto 2).
Die Arbeit beenden und einen längeren Faden zum Annähen stehen lassen.
Nun 3 M überspr, den Faden erneut in Schwarz anschlagen und Reihe 1 bis 3 nochmals häkeln (Foto 3).
Dann auf der anderen Seite 3 M überspr und noch einmal die Reihen 1 bis 3 wdh.

UMHANG

Mit Häkelnadel 2,5 mm und Rot 16 Lfm anschlagen.
1. R: 15 fM (= 15 fM).
2. R: 2 M zus, 11 fM, 2 M zus (= 13 fM).

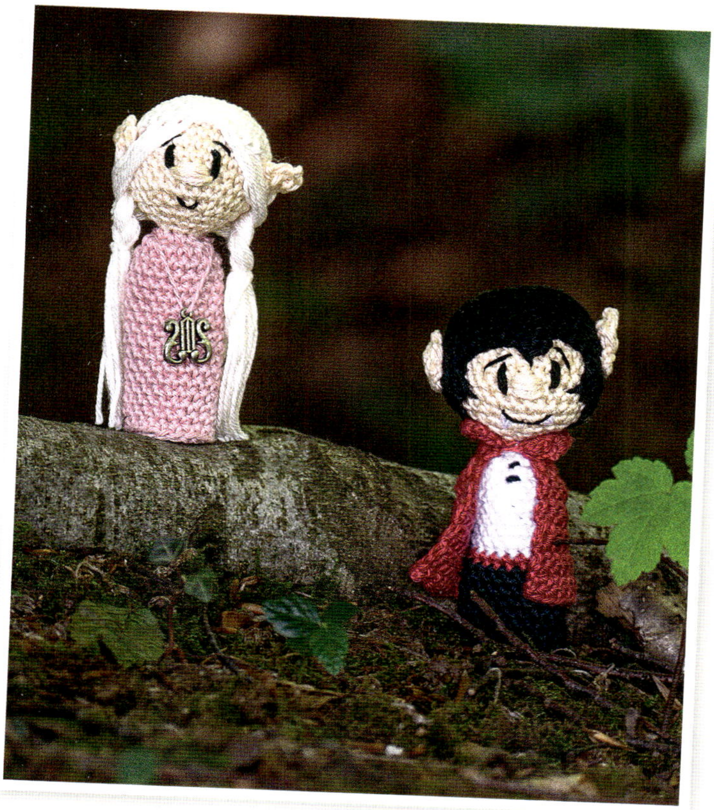

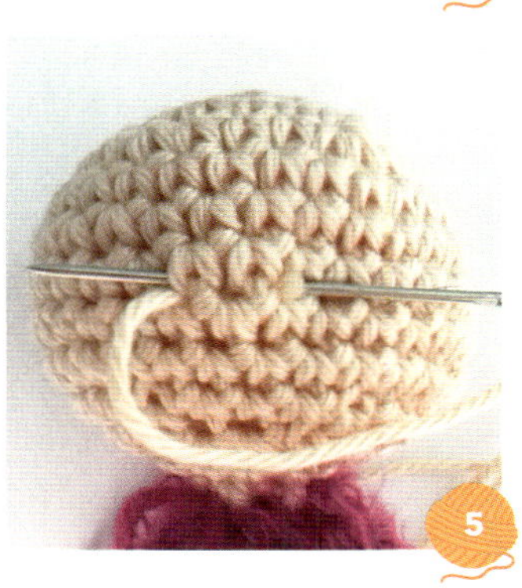

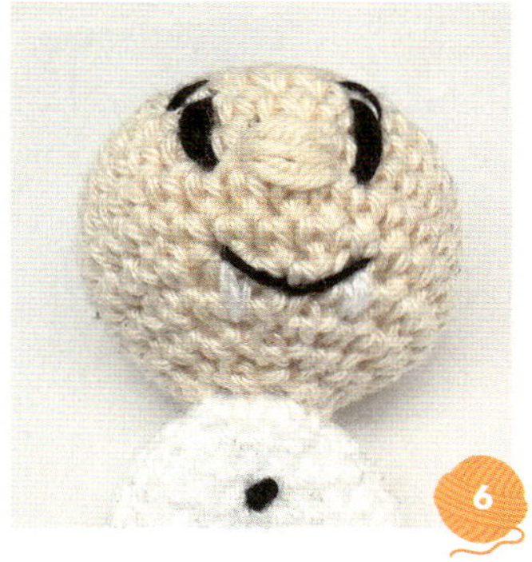

3. R: 2 M zus, 9 fM, 2 M zus (= 11 fM).
4. R: 2 M zus, 7 fM, 2 M zus (= 9 fM).
5. R: Jede 3. M verd (= 12 fM).
6. R: Jede 2. M verd (= 18 fM).
7. R: 18 fM (= 18 fM).
8. R: Jede 3. M verd (= 24 fM).
9.–18. R: 24 fM (= 24 fM).
Die Arbeit beenden und den Faden vernähen.
Der Umhang wölbt sich etwas durch die Zunahmen, aber das ist nicht schlimm.
Dadurch umspielt er Andrash perfekt (Foto 4).

FERTIGSTELLUNG

Zuerst sticken wir Nase, Augen und Mund auf, so kann man die Anfangs- und Endfäden prima unter den Haaren verstecken. Die Nase sticken wir in der 8. Rd mit ein paar Stichen quer über ca. 2 Maschen auf (Foto 5). Die Augen werden mit ein paar Stichen horizontal über 2 Maschen aufgestickt. Es folgen die Augenbrauen und der Mund mit den spitzen Zähnen. Fertig ist das Vampirgesicht (Foto 6). Jetzt die Haare anlegen und festnähen. Die Ohren positionieren und ebenfalls annähen. Auf das Hemd mit Knötchenstich (siehe Seite 9) zwei Knöpfe aufsticken. Nun noch den Umhang in der Höhe der 4. R am Hals festnähen.

WENN ANDRASH UND ANNIKE MUSIZIEREN, SCHWEIGEN SELBST DIE VÖGEL.

ANNIKE, DIE MUSIZIERENDE ELFE

Die Sonne geht auf im magischen Wald, doch die Vögel, die sonst den Morgen mit ihrem Gezwitscher und Gesang einläuten, sind ganz still geworden. Alle hören sie dem magischen Harfenspiel zu. Es gibt keine schöneren Klänge als das Spiel der Elfe Annike, die damit die Waldbewohner weckt. Und wenn sie dann auch noch zu singen beginnt mit ihrer glockenklaren, lieblichen Stimme, kann sich keiner mehr dem Zauber entziehen. Ja, selbst die Regenwürmer krabbeln dann aus dem Erdreich, um ganz gebannt zuzuhören. Manchmal begleitet sie auch Andrash, der Vampir, mit seiner Tenorstimme. Dann horchen sogar die Bewohner außerhalb des Waldes auf …

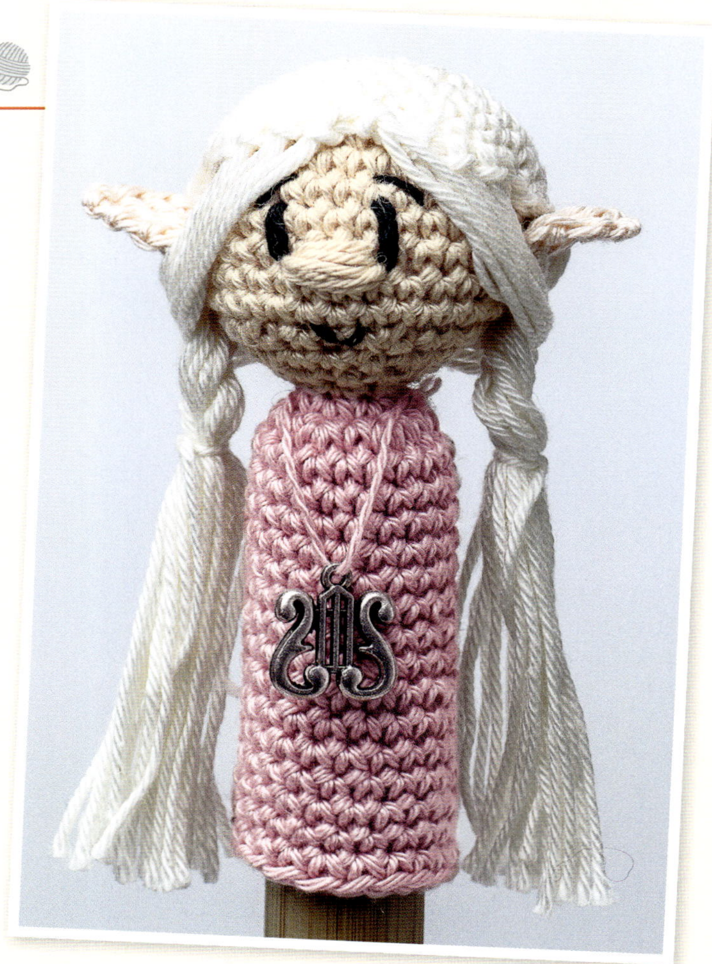

DAS BRAUCHT MAN

Wolle
Catona von Scheepjes, 100 % Baumwolle, 50 g/125 m: Reste in Hautfarben (Nr. 255), Schwarz (Nr. 110), Natur (Nr. 130) und Rosa (Nr. 398)

Zubehör
Häkelnadel 2,5 mm
Stick-/Vernähnadeln
Füllwatte
1 Harfenanhänger (1 x 1 cm)

Größe
Mit dem angegebenen Garn gehäkelt, hat die fertige Elfe eine Größe von 10 cm.

UND SO GEHT ES

KOPF UND KÖRPER

Mit Häkelnadel 2,5 mm und Hautfarben 2 Lfm anschlagen.
1. Rd: 6 fM in die 2. Lfm (= 6 fM).
2. Rd: Jede M verd (= 12 fM).
3. Rd: Jede 2. M verd (= 18 fM).
4. Rd: Jede 3. M verd (= 24 fM).
5. Rd: Jede 4. M verd (= 30 fM).
6.-10. Rd: 30 fM (= 30 fM).
11. Rd: Jede 4. und 5. M zus (= 24 fM).
12. Rd: Jede 3. und 4. M zus (= 18 fM).
Hier den Kopf schon einmal mit Füllwatte füllen.
13. Rd: Jede 2. und 3. M zus (= 12 fM).
Gegebenenfalls noch Füllwatte nachstopfen.
14. Rd: Je 2 M zus (= 6 fM).

Ab hier beginnt der Körper:
15. Rd: Farbwechsel zu Rosa, jede M verd (= 12 fM).
16. Rd: Jede 2. M verd (= 18 fM).
17.-31. Rd: 18 fM (= 18 fM).
Die Arbeit beenden und den Faden vernähen.

HAARE

Mit Häkelnadel 2,5 mm und Natur 2 Lfm anschlagen.
1. Rd: 6 fM in die 2. Lfm (= 6 fM).
2. Rd: Jede M verd (= 12 fM).
3. Rd: Jede 2. M verd (= 18 fM).
4. Rd: Jede 3. M verd (= 24 fM).
5. Rd: Jede 4. M verd (= 30 fM).
6.-8. Rd: 30 fM (= 30 fM).
Die Arbeit beenden und einen längeren Faden zum Annähen stehen lassen (Foto 1).

OHREN (2 X HÄKELN)

Genauso wie die Ohren von Andrash, dem **Vampir arbeiten (siehe Seite 53).**

FERTIGSTELLUNG

Das Gesicht wie beim **Vampir (siehe Seite 53)** fertigstellen, nur die Zähne weglassen!
Um für die Ohren die beste Position zu finden, zuerst die Haare aufsetzen, dann die Ohren feststecken und annähen (Foto 2).
Nun 30 ca. 16 cm lange Strähnen in Natur zuschneiden

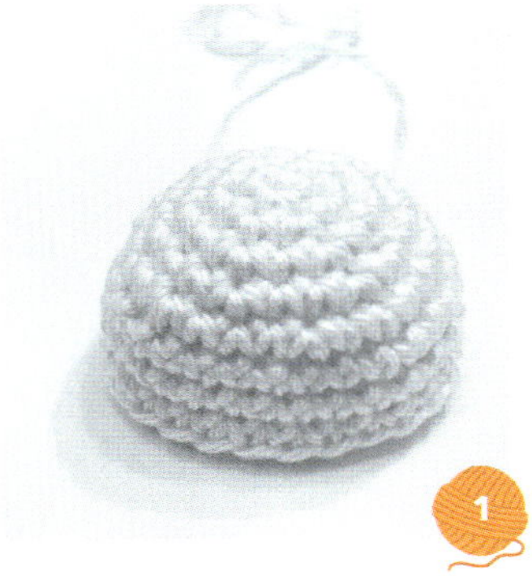

1

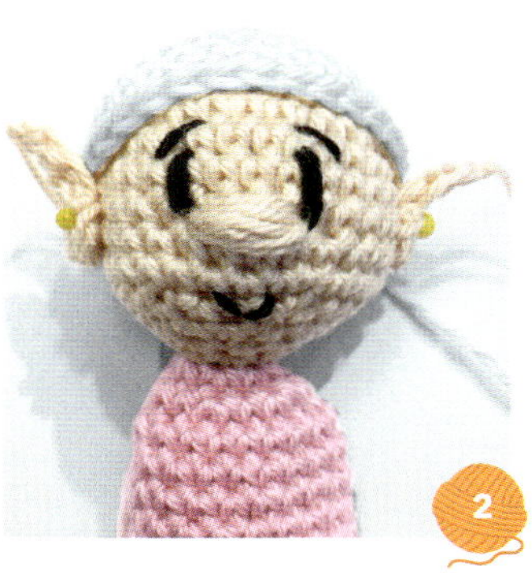

2

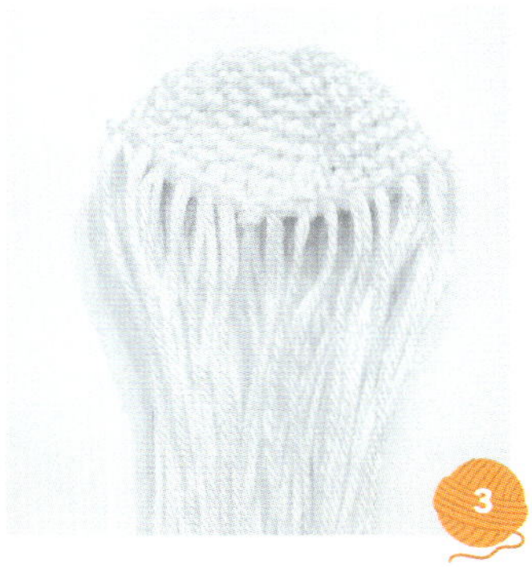

3

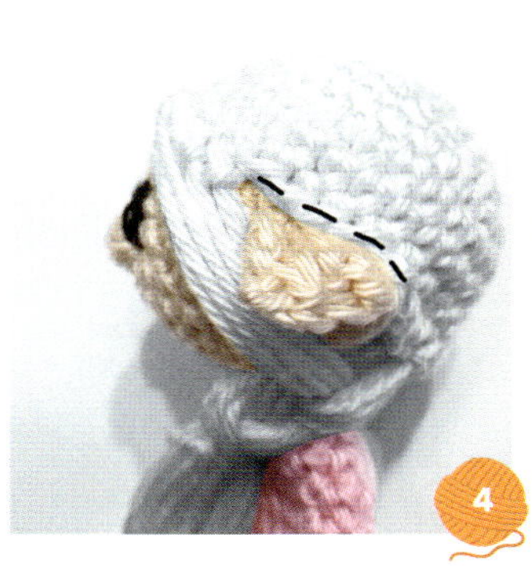

4

und in die letzte Runde der Haare knüpfen (Foto 3). Die Haare auf den Kopf setzen und die Strähnen, die sich nun über den Ohren befinden, wieder entfernen (Foto 4). Die Haare ca. 2 cm lang flechten, zusammenbinden und die Zöpfe dann bündig zum Kleid abschneiden. Die Harfe auf ein Stück rosafarbene Wolle auffädeln und der Elfe umhängen.

Fertig ist Annike, die musizierende Elfe!

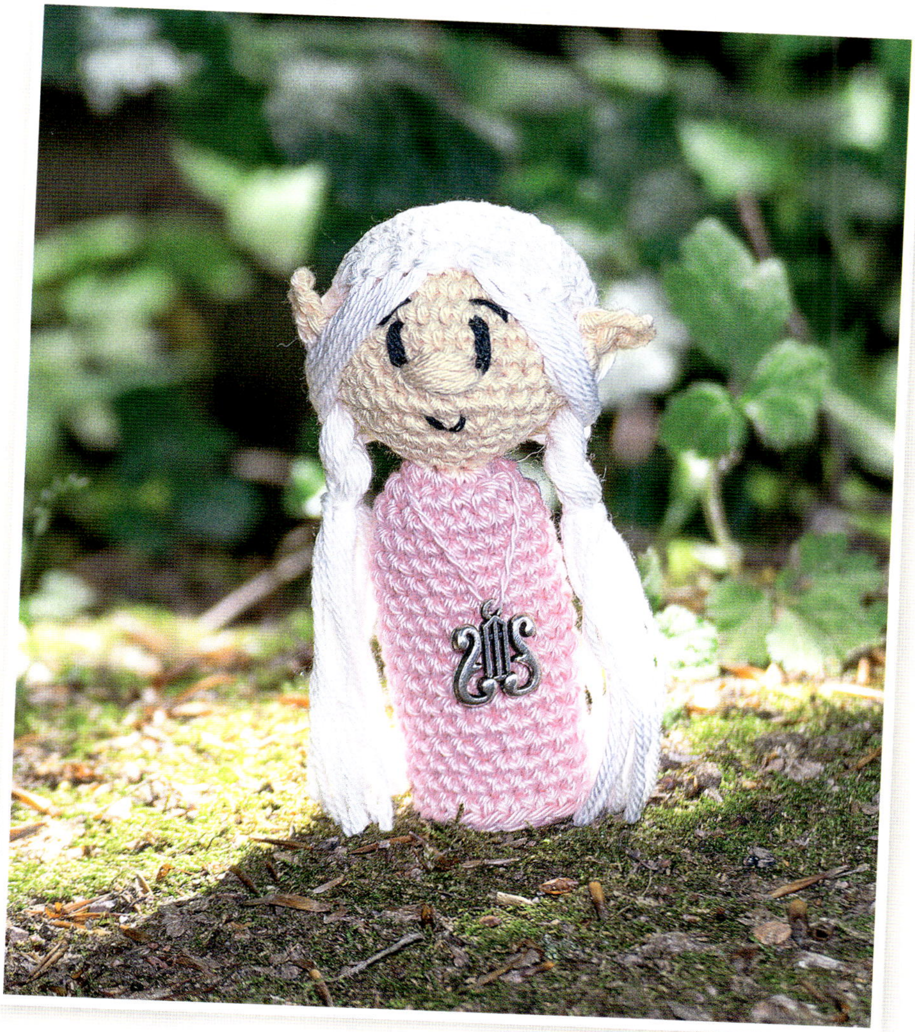

ANNIKE STREIFT GERNE DURCH DEN WALD UND VERZAUBERT SEINE BEWOHNER MIT IHREM GESANG UND IHREM HARFENSPIEL.

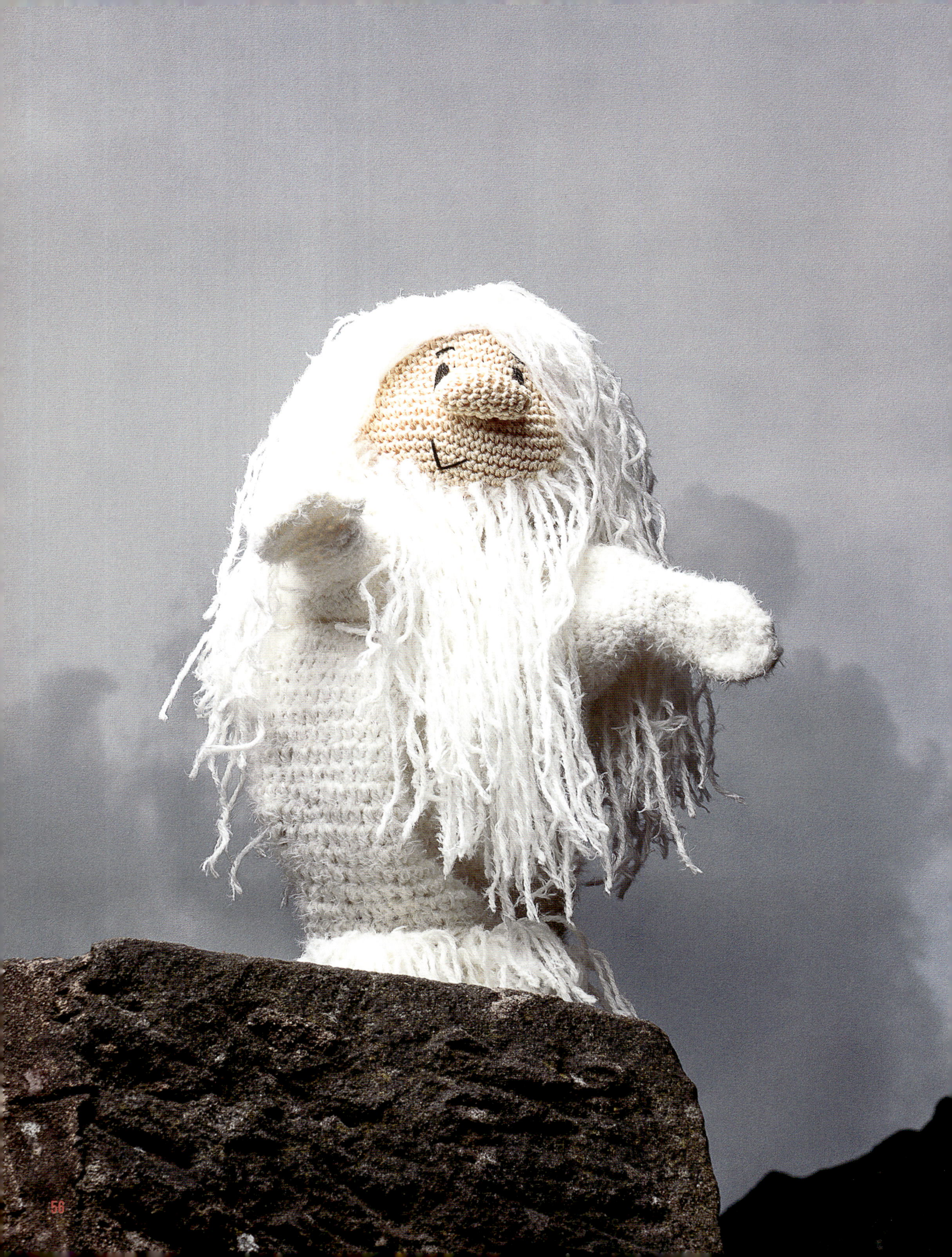

WINNES, DER NETTE YETI

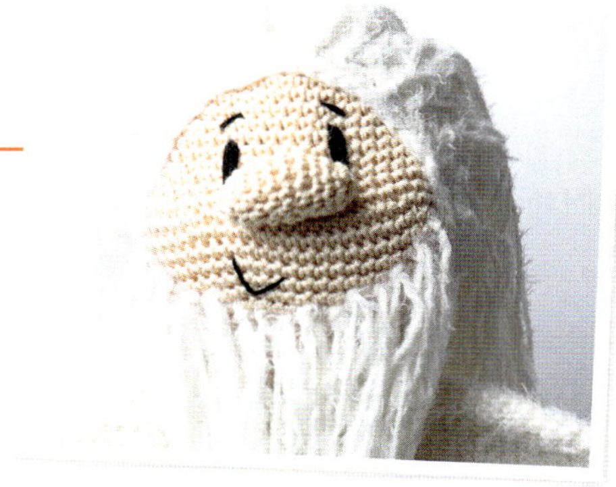

Hoch oben auf dem Berg wohnt er. Da sitzt der Yeti gern auf seinem Lieblingsfelsen und sinnt über die Welt und ihre Bewohner nach. Groß ist er und stark, deshalb gruseln sich die Waldbewohner auch ein bisschen vor ihm, seiner langen weißen Mähne und seinem weißen Bart. Dabei ist Winnes ein absolut lieber und harmloser Geselle, der manchmal jedoch etwas einsam ist. Dann verlässt er seinen Berg, um runter zum Waldfluss zu laufen. Wenn Morty, der furchtsame Geist ihn sieht, zittert er am ganzen Leib und ist ratzfatz in seiner Höhle verschwunden. Elischen und Rhinea sind da ganz anders. Sobald sie den Yeti erspähen, fliegt die Schmetterlingsfee zum Fluss, aus dem dann auch die Wasserelfe krabbelt, die gerade ein paar Runden geschwommen ist. Sie lieben seine Geschichten und sie lieben ihn, den herzlichen und lieben Yeti. Sie sind auch die einzigen, die sein großes Geheimnis kennen. Kennt ihr es auch?

DAS BRAUCHT MAN

Wolle
Catona von Scheepjes, 100 % Baumwolle, 50 g/125 m: 30 g in Hautfarben (Nr. 255), Reste in Schwarz (Nr. 110)
Woll Butt Maya Kuschelgarn, 63 % Polyamid, 37 % Schurwolle, 50 g/130 m: 100 g in Weiß

Zubehör
Häkelnadeln 2,5 und 3,0 mm

Größe
Mit dem angegebenen Garn gehäkelt, ist der Yeti 32 cm groß.

UND SO GEHT ES

Wir häkeln den Yeti nach der **Grundanleitung (siehe Seite 11 f.)** bis zur 55. Rd.
Hinweis: Ab der 44. Rd. wechseln wir zum weißen Kuschelgarn.

56. Rd: Jede 17. M verd (= 72 fM).
Jetzt schließen wir die Runde mit 1 Km in die 1. M.
Ab hier häkeln wir hStb und in geschlossenen Runden, das heißt jede Runde wird mit 1 Km in die 2. Lfm am Anfang geschlossen und beginnt mit 2 Lfm.

57.-67. Rd: 2 Lfm, 72 hStb (= 72 hStb).
68. Rd: Jede 11. und 12. M zus (= 66 hStb).
69. Rd: Jede 10. und 11. M zus (= 60 hStb).
70. Rd: Jede 9. und 10. M zus (= 54 hStb).
71. Rd: Jede 8. und 9. M zus (= 48 hStb).
72.-74. Rd: 48 hStb (= 48 hStb).
Die Arbeit beenden und den Faden vernähen.

ARME (2 X HÄKELN)

Für die Arme schlagen wir im Armausschnitt in der unteren Mitte in Weiß 32 fM an.

1.-3. Rd: 32 fM (= 32 fM)
4. Rd: 2 Maschen zus., 28 fM, 2 Maschen zus. (= 30 fM)
5. Rd: jede 4. und 5. Masche zus. (= 24 fM)
6. Rd: 24 fM (= 24 fM)
7. Rd: jede 3. und 4. Masche zus. (= 18 fM)
8.-12. Rd: 18 fM (= 18 fM)
13. Rd: jede 2. und 3. M. zus. (= 12 fM)
14. Rd: jede M. verd. (= 24 fM)

Hinweis: Darauf achten, dass man jetzt in der unteren Mitte des Armes ist, sonst sitzt der Daumen nachher nicht an der richtigen Stelle.
Sollte man nicht dort sein, einfach ein paar feste Maschen mehr häkeln, bis man an der richtigen Stelle ist und gegebenenfalls die Rundenmarkierung neu setzen.

15. Rd: 12 fM, 5 DStb in eine Masche, 11 fM (= 24 M)
16. Rd: jede 3. und 4. M. zus. (= 18 fM)
17. Rd: 18 fM (= 18 fM)
18. Rd: jede 2. und 3.M. zus. (= 12 fM)
19. Rd: 12 fM (= 12 fM)
20. Rd.: je 2 M. zus. (= 6 fM)

Arbeit beenden, den Faden durch die 6 Maschen fädeln und zusammenziehen. Den Faden vernähen.
Den zweiten Arm genauso arbeiten.

NASE

Mit Häkelnadel 2,5 mm und Hautfarben 2 Lfm anschlagen.
1. Rd: 6 fM in die 2. Lfm (= 6 fM).
2. Rd: Jede 2. M verd (= 9 fM).
3. Rd: 9 fM (= 9 fM).
4. Rd: Jede 3 M verd (= 12 fM).
5.-7. Rd: 12 fM (= 12 fM).
8. Rd: Jede 3. und 4. M zus (= 9 fM).
9. Rd: 9 fM (= 9 fM).
Die Nase jetzt mit Füllwatte füllen.
10. Rd: Jede 2. und 3. M zus (= 6 fM).

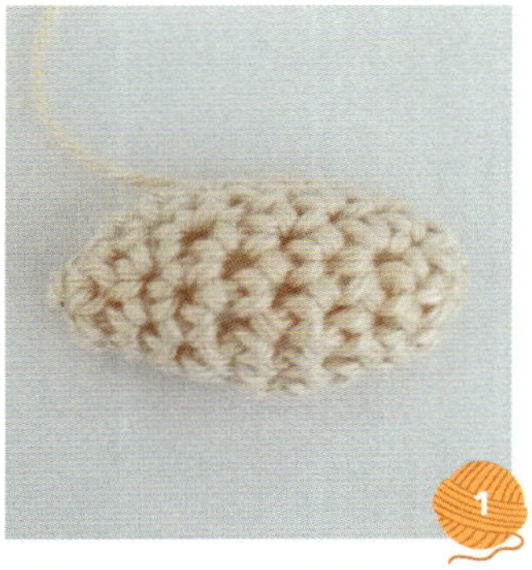

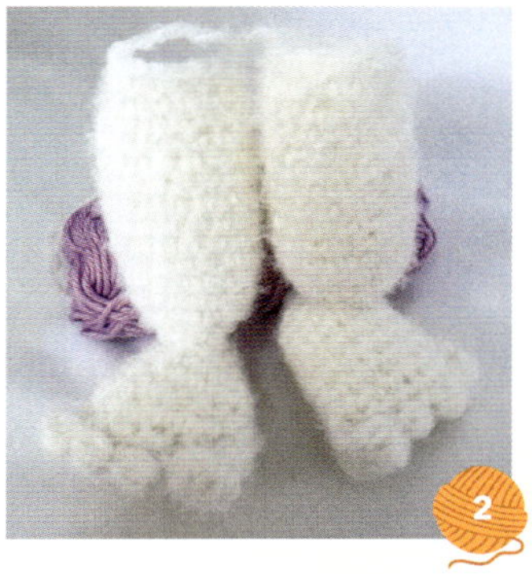

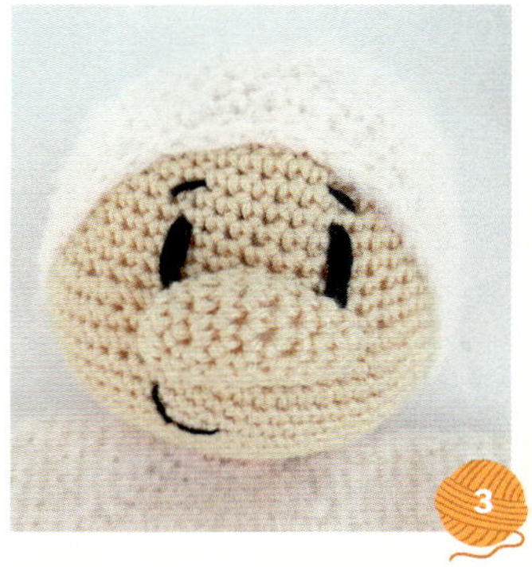

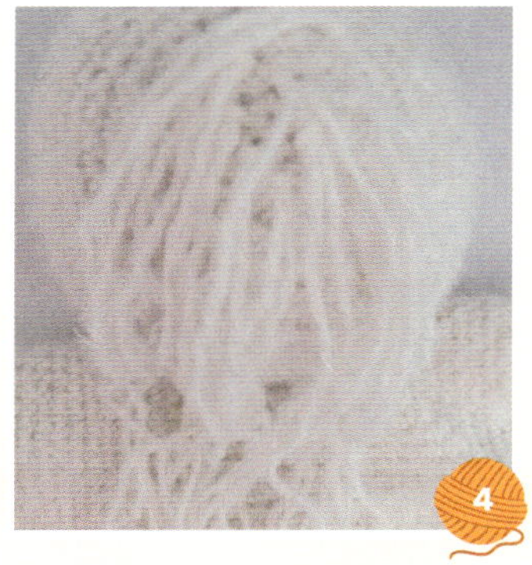

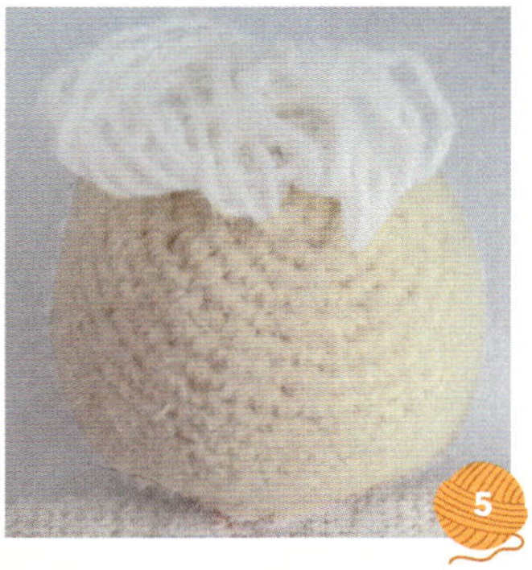

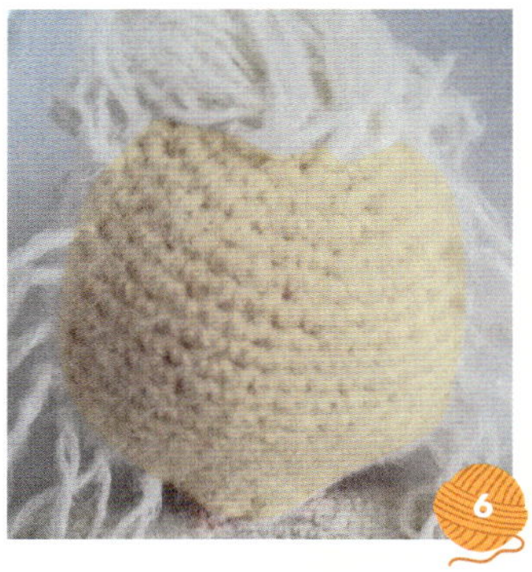

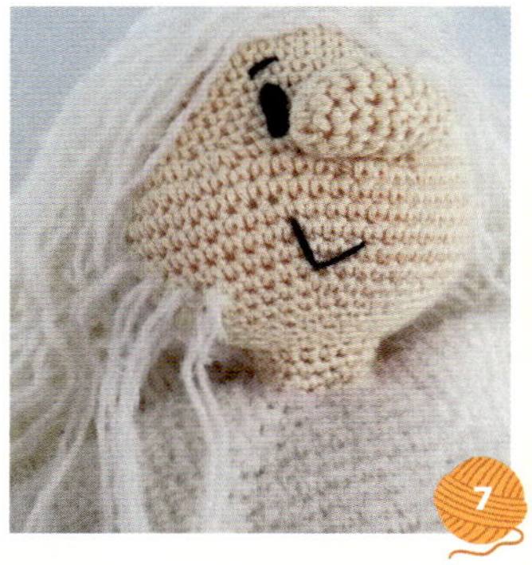

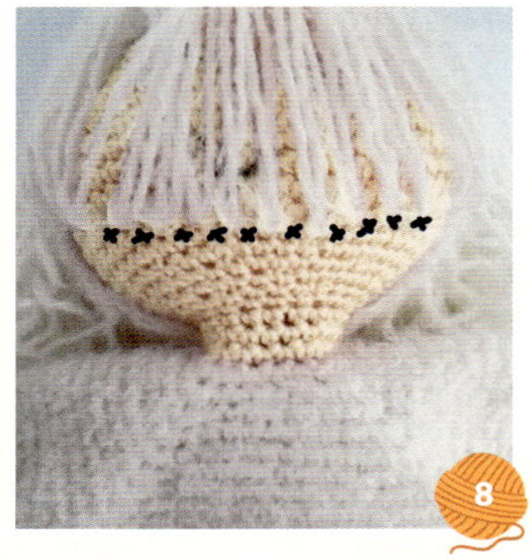

Die Arbeit beenden, den Faden durch die 6 Maschen fädeln und zusammenziehen (Foto 1).

FÜSSE UND BEINE (2 X HÄKELN)

Nach der **Grundanleitung Füße/Beine (siehe Seite 13 f.)** häkeln.

Hinweis: Jedoch mit Häkelnadel 3,0 mm und dem Kuschelgarn in Weiß arbeiten und die Beine nur bis zur 15. Rd arbeiten (Foto 2).

HAARE

Mit Häkelnadel 3,0 mm und dem weißen Kuschelgarn 2 Lfm anschlagen.

1. Rd: 6 fM in die 2. Lfm (= 6 fM).
2. Rd: Jede M verd (= 12 fM).
3. Rd: Jede 2. M verd (= 18 fM).
4. Rd: Jede 3. M verd (= 24 fM).
5. Rd: Jede 4. M verd (= 30 fM).
6. Rd: Jede 5. M verd (= 36 fM).
7. Rd: Jede 6. M verd (= 42 fM).
8. + 9. Rd: 42 fM (= 42 fM).
10. Rd: Jede 7. M verd (= 48 fM).
11.-22. Rd: 48 fM (= 48 fM).

Die Arbeit beenden und einen längeren Faden zum Annähen stehen lassen.

WINNES IST BEREIT, DIE FÜßE IN DEN SCHNEE ZU STECKEN.

FERTIGSTELLUNG

Die Nase an der markierten Stelle festnähen und Augen, Mund und Augenbrauen auf das Gesicht aufsticken. Die Perücke aufsetzen und festnähen (Foto 3). Für die Haarpracht 60 ca. 30 cm lange Strähnen zuschneiden. Die Strähnen bis zur 6. Rd kreisförmig einknüpfen (Foto 4 und 5). Danach den Kopf in kleinere Abschnitte teilen und dort die Haare versetzt einknüpfen (Foto 6). So weiterarbeiten, bis der ganze Kopf eine ordentliche Haarpracht aufweist.
Für den Bart knüpfen wir die Strähnen von der einen zur anderen Seite und orientieren uns dabei an der Runde unter dem Mund (Foto 7). Nun noch eine weitere Reihe für den Bart einknüpfen, dabei die Strähnen versetzt zu den Strähnen der Vorrunde einknüpfen (Foto 8). Jetzt die Haare etwas in Form schneiden.
Die Beine in der letzten Runde des Kleides annähen und auch um diese Strähnen einknüpfen. Diese dann so kurz schneiden, dass sie auf dem Fußrücken enden.
Und jetzt ist der Yeti Winnes auch schon fertig.

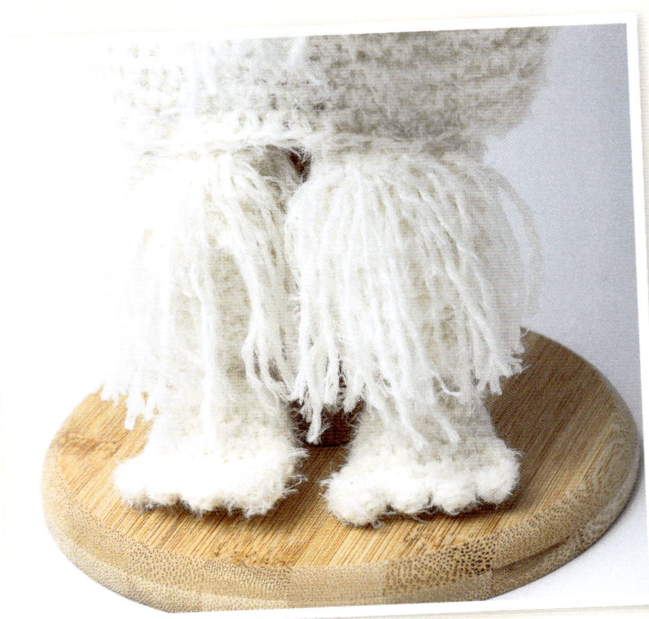

BRUNIK. DER TAPSIGE DRACHE

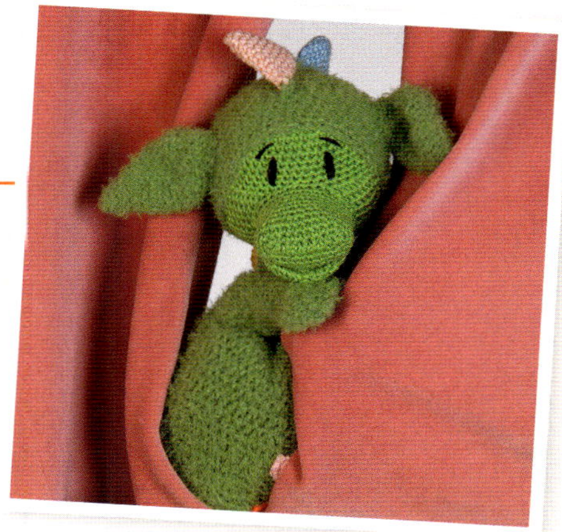

Auch wenn ihn alle mögen, so richtig für voll nimmt ihn keiner der Waldbewohner. Brunik wäre so gern ein großer, furchterregender Drache, vor dem alle Angst haben. Doch stattdessen macht er sich immer wieder zum Gespött der anderen, weil ihm ein Missgeschick nach dem anderen widerfährt. Er stößt sich auf seinen Streifzügen so manches Mal den Kopf, weil er wieder mal in Gedanken ist und davon träumt, ein gefährlicher Drache zu sein, der die Waldbewohner verteidigt. Oder noch schlimmer: Er stolpert über seine eigenen Füße und hängt dann plötzlich kopfüber in einem Busch. Dann müssen alle über den unbeholfenen kleinen Drachen lachen …

DAS BRAUCHT MAN

Wolle
Catona von Scheepjes, 100 % Baumwolle, 50 g/125 m: 30 g in Grün (Nr. 205), je 10 g in Schwarz (Nr. 110), Pink (Nr. 114), Rosa (Nr. 398), Flieder (Nr. 226), Gelb (Nr. 208) Türkis (Nr. 235), Rot (Nr. 192), Orange (Nr. 411), Hellgrün (Nr. 392)
Woll Butt Maya Kuschelgarn, 63 % Polyamid, 37 % Schurwolle, 50 g/130 m: 50 g in Grün

Zubehör
Häkelnadeln 2,5 und 3,0 mm
Stick-/Vernähnadeln
Füllwatte

Größe
Mit dem angegebenen Garn gehäkelt, hat der fertige Drache eine Größe von 32 cm.

UND SO GEHT ES

Wir häkeln den Drachen nach der **Grundanleitung** **(siehe Seite 11 f.)** bis zur 55. Rd.

Hinweis: Ab der 44. Rd wechseln wir zum grünen Kuschelgarn.

56. Rd: Jede 17. M verd (= 72 fM).
Jetzt schließen wir die Runde mit 1 Km in die 1. M. Ab hier häkeln wir hStb und in geschlossenen Runden, das heißt, jede Runde wird mit 1 Km in die 2. Lfm am Anfang geschlossen und beginnt mit 2 Lfm.

57.-67. Rd: 2 Lfm, 72 hStb (= 72 hStb).
68. Rd: Jede 11. und 12. M zus (= 66 hStb).
69. Rd: Jede 10. und 11. M. zus (= 60 hStb).
70. Rd: Jede 9. und 10. M zus (= 54 hStb).
71. Rd: Jede 8. und 9. M zus (= 48 hStb).
72.-74. Rd: 48 hStb (= 48 hStb).
Die Arbeit beenden und den Faden vernähen.

ARME (2 X HÄKELN)

Für die Arme schlagen wir jeweils im Armausschnitt in Grün der unteren Mitte 32 fM an.
1.-3. Rd: 32 fM (= 32 fM).
4. Rd: 2 M zus, 28 fM, 2 M zus (= 30 fM).
5. Rd: Jede 4. und 5. M zus (= 24 fM).
6. Rd: 24 fM (= 24 fM).
7. Rd: Jede 3. und 4. M zus (= 18 fM).
8.-12. Rd: 18 fM (= 18 fM).
13. Rd: Jede 2. und 3. M zus (= 12 fM).
14. Rd: Jede M verd (= 24 fM).

Hinweis: Darauf achten, dass ihr euch jetzt in der unteren Mitte des Armes befindet, sonst sitzt der Daumen nachher nicht an der richtigen Stelle **(Foto 1 und 2)**. Wer sich nicht sicher ist, häkelt einfach ein paar fM mehr, bis er die richtige Stelle erreicht hat, und setzt gegebenenfalls die Rundenmarkierung neu.

15. Rd: 12 fM, 5 DStb in 1 M, 11 fM (= 24 M).
16. Rd: Jede 3. und 4. M zus (= 18 fM).
17. Rd: 18 fM (= 18 fM).
18. Rd: Jede 2. und 3. M zus (= 12 fM).
19. Rd: 12 fM (= 12 fM).
20. Rd: Je 2 M zus (= 6 fM).
Die Arbeit beenden, den Faden durch die 6 Maschen fädeln und zusammenziehen.
Den Faden vernähen.
Den zweiten Arm genauso arbeiten.

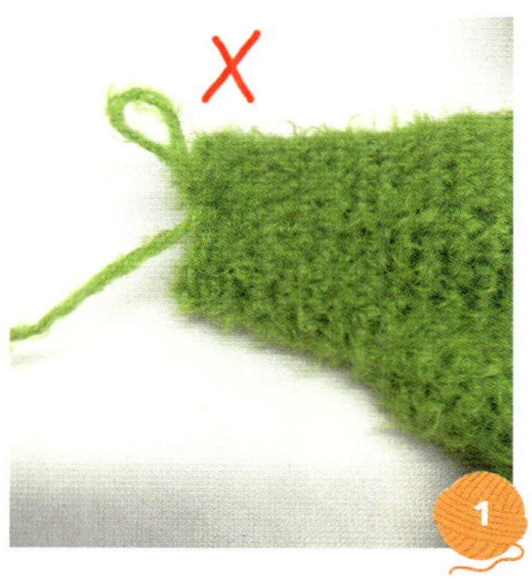

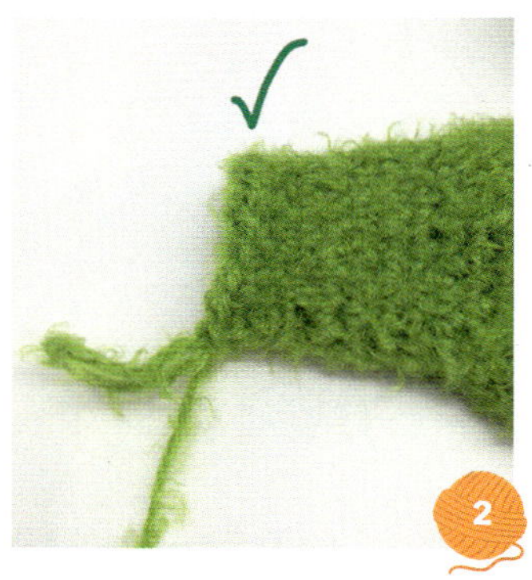

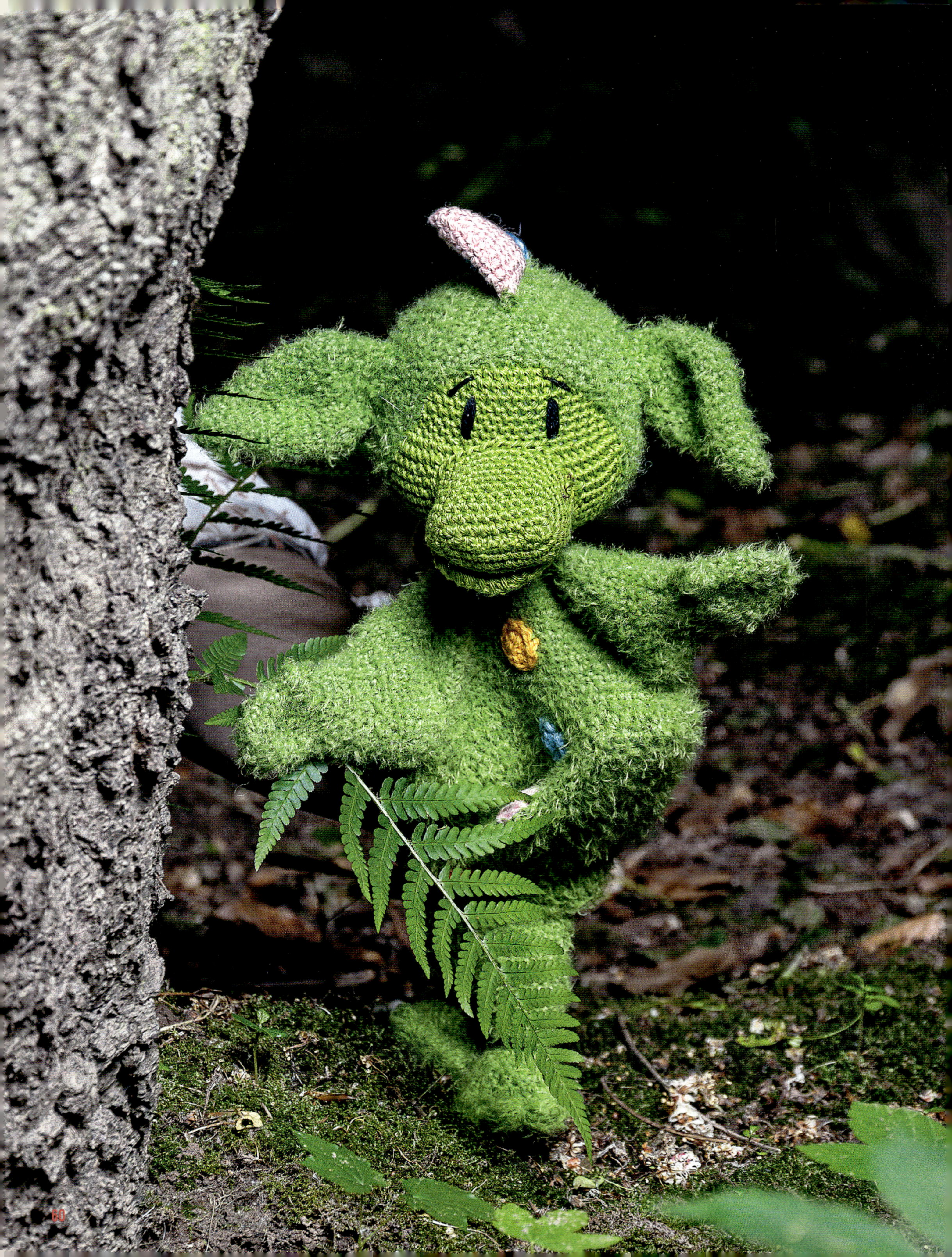

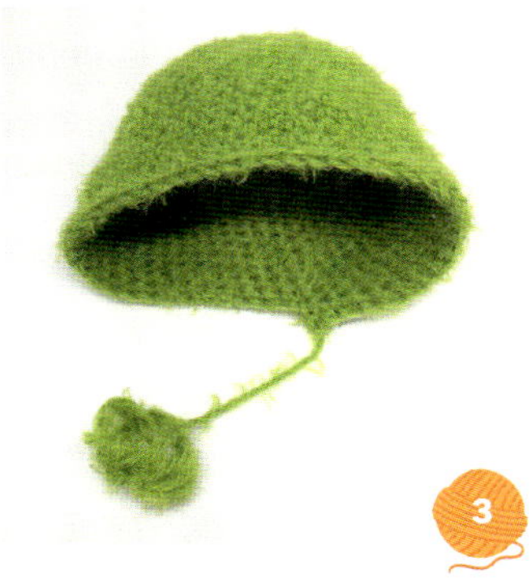

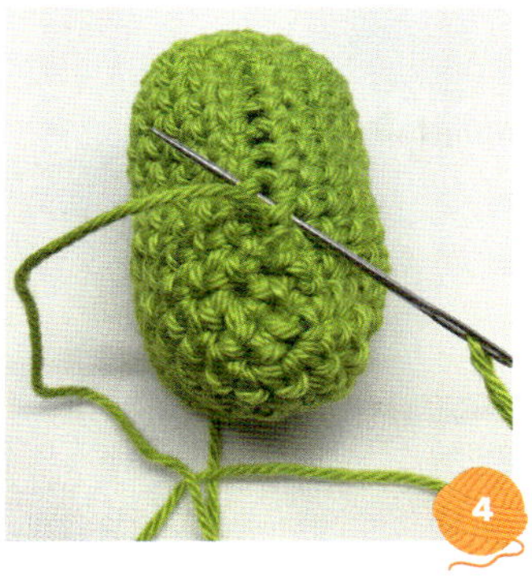

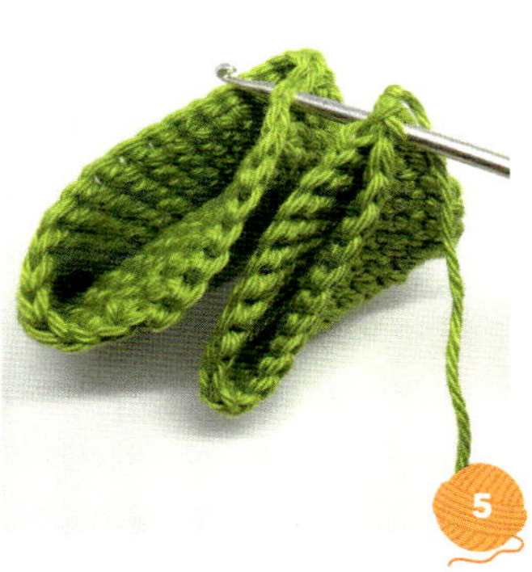

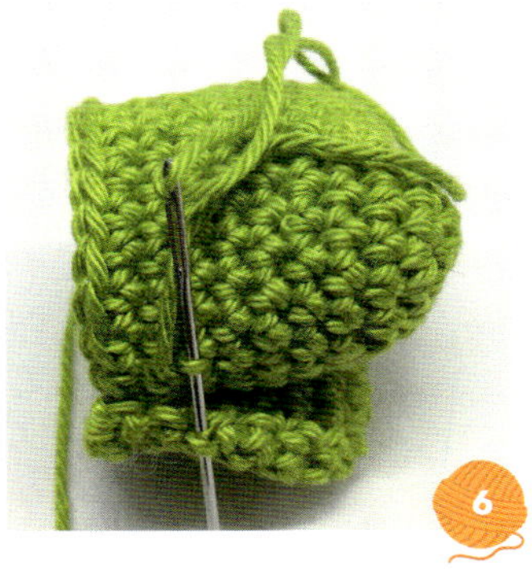

HAARE

Mit Häkelnadel 3,0 mm und dem grünen Kuschelgarn 2 Lfm anschlagen.
1. Rd: 6 fM in die 2. Lfm (= 6 fM).
2. Rd: Jede M verd (= 12 fM).
3. Rd: Jede 2. M verd (= 18 fM).
4. Rd: Jede 3. M verd (= 24 fM).
5. Rd: Jede 4. M verd (= 30 fM).
6. Rd: Jede 5. M. verd (= 36 fM).
7. Rd: Jede 6. M verd (= 42 fM).
8. + 9. Rd: 42 fM (= 42 fM).
10. Rd: Jede 7. M verd (= 48 fM).
11.-24. Rd: 48 fM (= 48 fM).
Die Arbeit beenden und einen längeren Faden zum Annähen stehen lassen (Foto 3).

SCHNAUZE

In Grün mit Häkelnadel 2,5 mm 9 Lfm anschlagen.
Hinweis: Wir arbeiten für die Schnauze um die Luftmaschenkette herum.

Oberer Teil

1. Rd: 2 fM in 1 M, 6 fM, 3 fM in 1 M, 7 fM (= 18 fM).
2. Rd: * 2 fM in 1 M, 2 fM in 1 M, 6 fM, 2 fM in 1 M *, noch 2 x whd, 6 fM, 2 fM in 1 M (24 fM).
3. Rd: 1 fM, 2 fM in 1 M, 1 fM, 2 fM in 1 M, 7 fM, 1 fM, 2 fM in 1 M, 1 fM, 2 fM in 1 M, 1 fM, 2 fM in 1 M, 6 fM, 2 fM in 1 M (= 30 fM).
4.-10. Rd: 30 fM (= 30 fM).

Die Arbeit beenden und einen längeren Faden zum Annähen stehen lassen.

Hinweis: Wenn durch das Häkeln um die Luftmaschenkette herum die erste Runde etwas „löchrig" ist, einfach mit ein paar Stichen zunähen (Foto 4).

Unterer Teil

Mit Grün und Häkelnadel 2,5 mm 9 Lfm anschlagen.
1. R: 2 fM in 1 M, 6 fM, 3 fM in 1 M, 7 fM (= 18 fM).
2. R: * 2 fM in 1 M, 2 fM in 1 M, 6 fM, 2 fM in 1 M *, noch 2 x whd, 6 fM, 2 fM in 1 M (24 fM).
3.-6. Rd: 24 fM (= 24 fM).
Hinweis: Auch hier evtl. die Löchlein etwas zunähen.

Jetzt häkeln wir die zwei Teile der Schnauze aneinander. Dazu die Ober- und Unterschnauze aufeinanderlegen und mit 12 fM zusammenhäkeln. Darauf achten, dass durch alle drei Maschen gestochen wird. Die untere Schnauze wird komplett an die obere gehäkelt und bleibt ungefüllt. Nur die obere Schnauze wird später vorm Annähen gefüllt (Foto 5).
Damit die Schnauze eine schöne Form erhält, rechts und links an der Schnauze die ersten 3 Maschen zusammennähen (Foto 6).

OHREN (2 X HÄKELN)

Mit Häkelnadel 3,0 mm und dem grünen Kuschelgarn 2 Lfm anschlagen.
1. Rd: 6 fM in die 2. Lfm (= 6 fM).
2. Rd: 6 fM (= 6 fM).
3. Rd: Jede 2. M verd (= 9 fM).
4. Rd: 9 fM (= 9 fM).
5. Rd: Jede 3. M verd (= 12 fM).
6. Rd: 12 fM (= 12 fM).
7. Rd: Jede 4. M verd (= 15 fM).
8. Rd: 15 fM (= 15 fM).
9. Rd: Jede 5. M verd (= 18 fM).
10. Rd: 18 fM (= 18 fM).

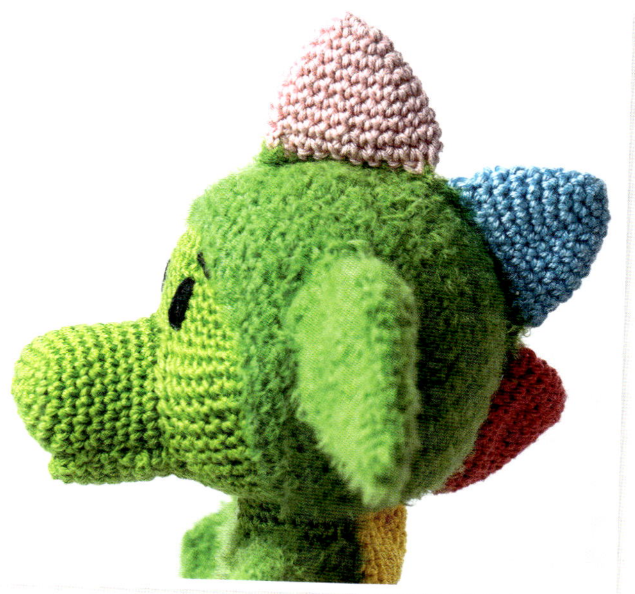

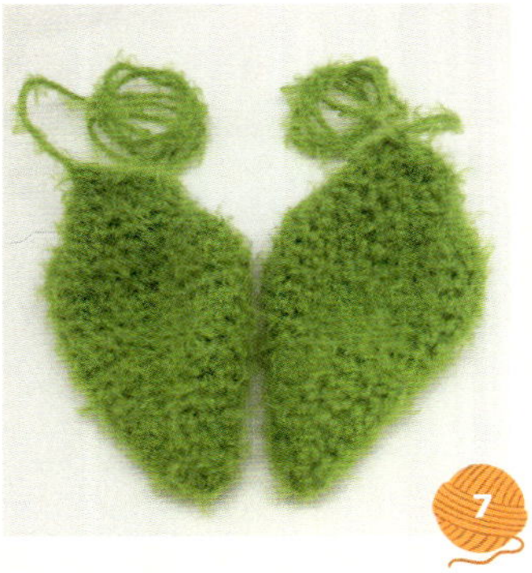

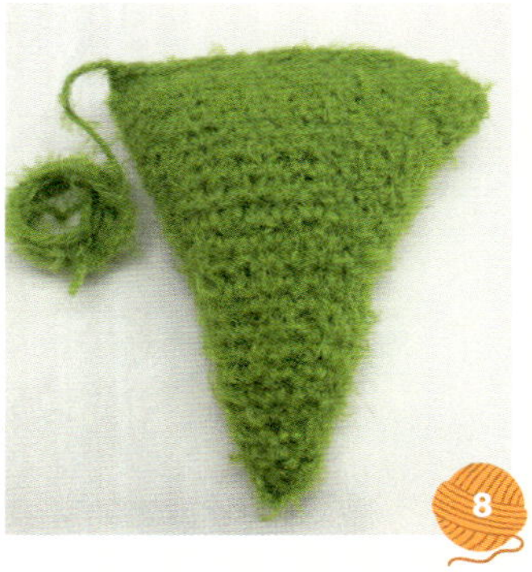

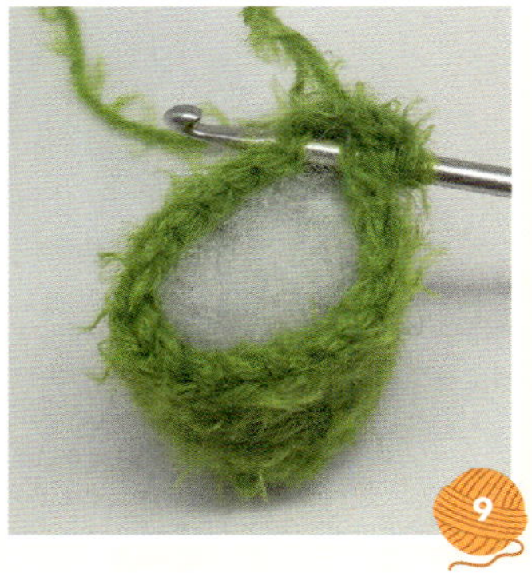

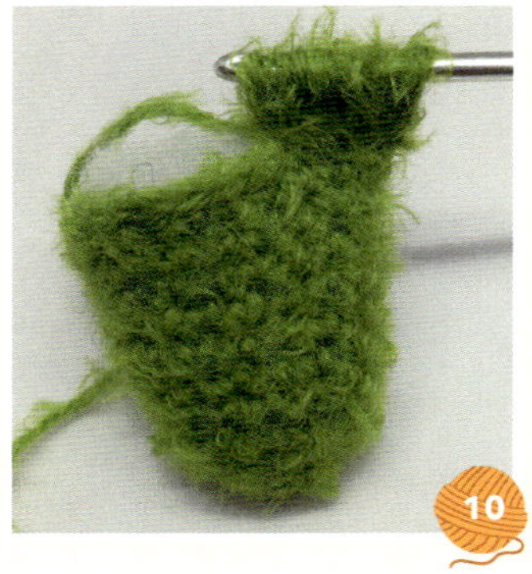

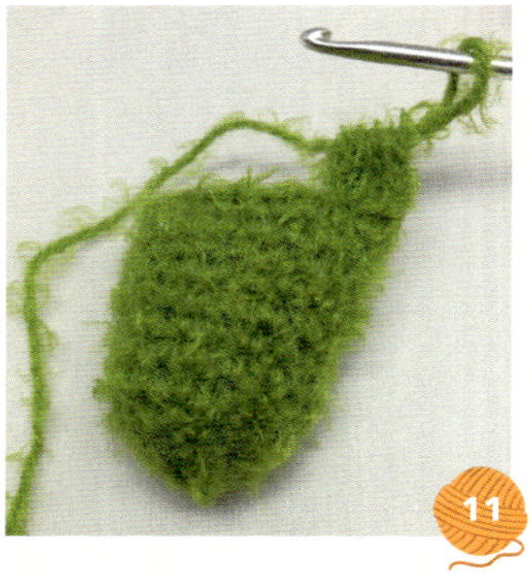

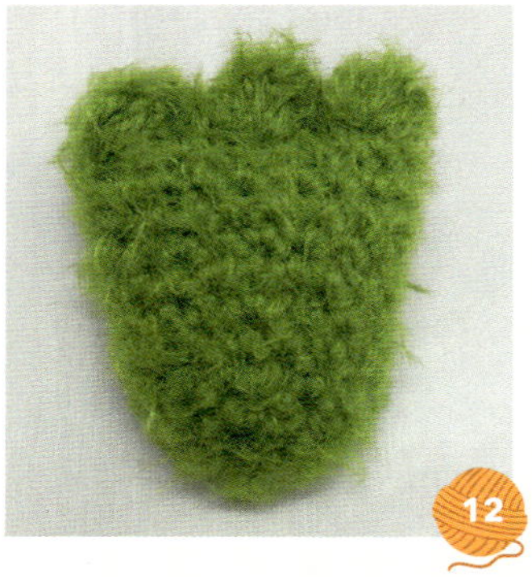

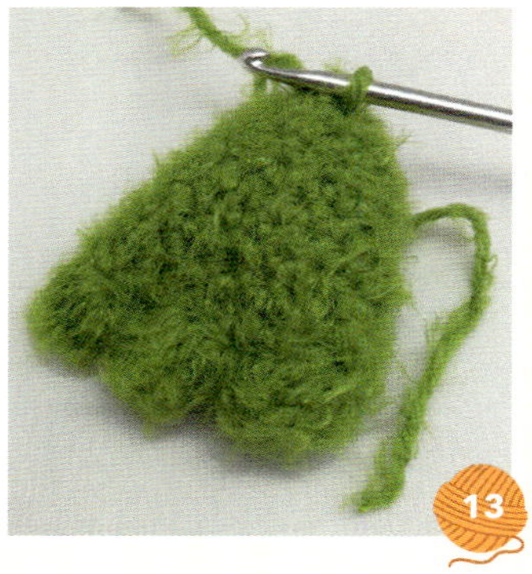

11. Rd: Jede 3. M verd (= 24 fM).
12.-14. Rd: 24 fM (= 24 fM).
15. Rd: Jede 3. und 4. M zus (= 18 fM).
16. Rd: Jede 2. und 3. M zus (= 12 fM).
17.-20. Rd: 12 fM (= 12 fM).
Die Arbeit mit 1 Km beenden und einen längeren Faden zum Annähen stehen lassen.
Die Ohren bleiben ungefüllt (Foto 7).

SCHWANZ

Mit Häkelnadel 3,0 mm und dem grünen Kuschelgarn 2 Lfm anschlagen.
1. Rd: 6 fM in die 2. Lfm (= 6 fM).
2. Rd: 6 fM (= 6 fM).
3. Rd: Jede 2. M verd (= 9 fM).
4. Rd: 9 fM (= 9 fM).
5. Rd: Jede 3. M verd (= 12 fM).
6. Rd: 12 fM (= 12 fM).
7. Rd: Jede 4. M verd (= 15 fM).
8. Rd: 15 fM (= 15 fM).
9. Rd: Jede 5. M verd (= 18 fM).
10. Rd: 18 fM (= 18 fM).
11. Rd: Jede 6. M verd (= 21 fM).
12. Rd: 21 fM (= 21 fM).
13. Rd: Jede 7. M verd (= 24 fM).
14. Rd: 24 fM (= 24 fM).
15. Rd: Jede 8. M verd (= 27 fM).
16. Rd: 27 fM (= 27 fM).
17. Rd: Jede 9. M verd (= 30 fM).
18. Rd: 30 fM (= 30 fM).
19. Rd: Jede 10. M verd (= 33 fM).
20. Rd: 33 fM (= 33 fM).
21. Rd: Jede 11. M verd (= 36 fM).
22. Rd: 36 fM (= 36 fM).
23. Rd: Jede 6. M verd (= 42 fM).
Die Arbeit mit 1 Km beenden und einen längeren Faden zum Annähen an den Körper stehen lassen (Foto 8).

FÜSSE UND BEINE (2 X HÄKELN)

Mit Häkelnadel 3,0 mm und dem grünen Kuschelgarn 2 Lfm anschlagen.
1. Rd: 6 fM in die 2. Lfm (= 6 fM).
2. Rd: Jede M verd (= 12 fM).
3. Rd: Jede 4. M verd (= 15 fM).
4. + 5. Rd: 15 fM (= 15 fM).
6. Rd: Jede 5. M verd (= 18 fM).
7.-9. Rd: 18 fM (= 18 fM).
10. Rd: Jede 6. M verd (= 21 fM).
11. Rd: 21 fM (= 21 fM).

Jetzt den Fuß mit Füllwatte füllen (Foto 9), an der oberen Reihe zusammenlegen und die nächste Reihe durch beide Maschen häkeln (Foto 10).
1. R: * 1 M überspr, 5 DStb in 1 M und zus abmaschen, 1 Lfm, 1 M überspr, 1 Km *, 2 x wdh (Foto 11 und 12).

Für das Bein schlagen wir auf dem Fuß 6 Maschen an (Foto 13). Die Runde mit 1 Km schließen, 1 Lfm häkeln und die Arbeit wenden. Ab hier arbeiten wir dann weiter in Spiralrunden.
Hinweis: Die Arbeit muss gewendet werden, weil ansonsten die linke Häkelseite außen wäre, und da diese ein anderes Maschenbild hat, würde das auffallen und nicht zum Rest passen.

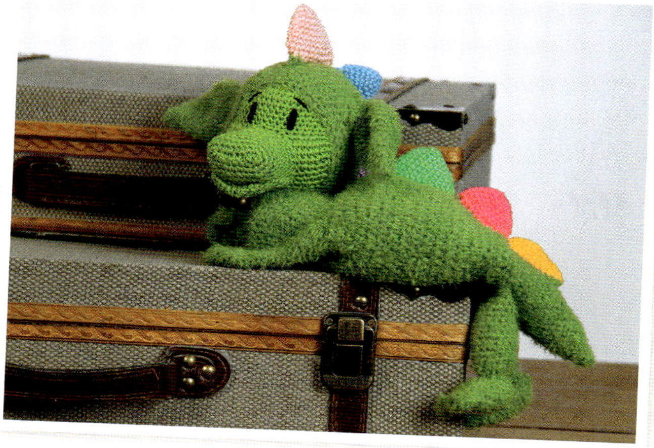

1. Rd: Jede M verd (= 12 fM).
2. Rd: Jede 2. M verd (= 18 fM).
3.–14. Rd: 18 fM (= 18 fM).
Das Bein immer wieder mit Füllwatte füllen. Die letzten 6 Reihen des Beines bleiben ungefüllt. Die Arbeit beenden und einen längeren Faden zum Annähen stehen lassen (Foto 14 und 15).

ZACKEN (8 X HÄKELN)

Je 1 Zacken in Rosa, Pink, Flieder, Orange, Rot, Gelb, Türkis und Hellgrün häkeln.
In der jeweiligen Farbe 2 Lfm anschlagen.
1. Rd: 6 fM in die 2. Lfm (= 6 fM).
2. Rd: Jede 2. M verd (= 9 fM).
3. Rd: Jede 3. M verd (= 12 fM).
4. Rd: Jede 4. M verd (= 15 fM).
5. Rd: Jede 5. M verd (= 18 fM).
6. Rd: Jede 6. M verd (= 21 fM).
7.–9. Rd: 21 fM (= 21 fM).

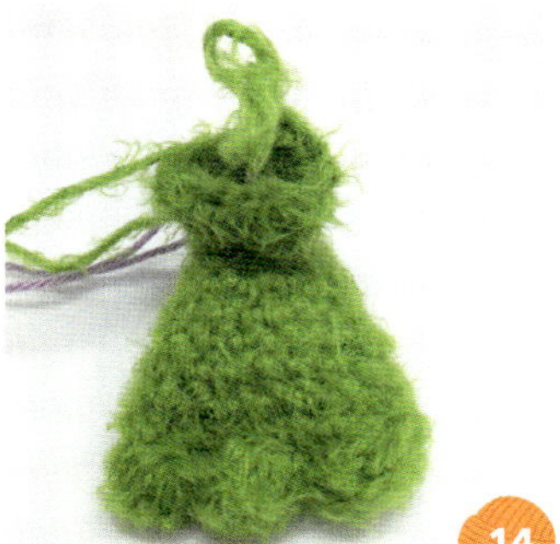

14

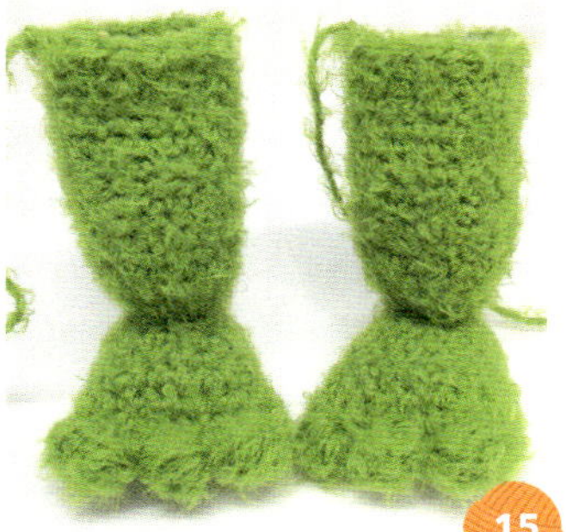

15

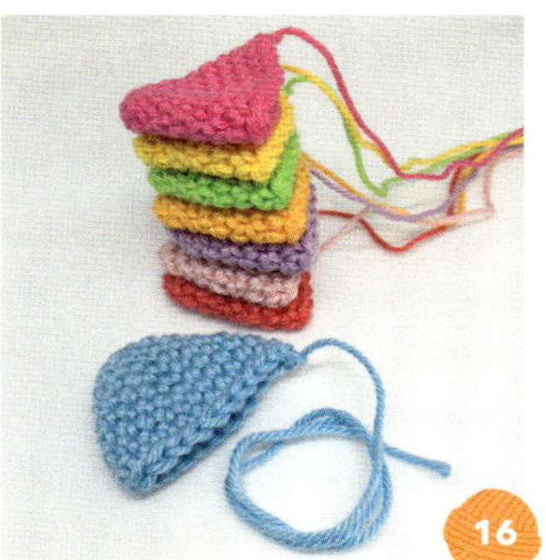

16

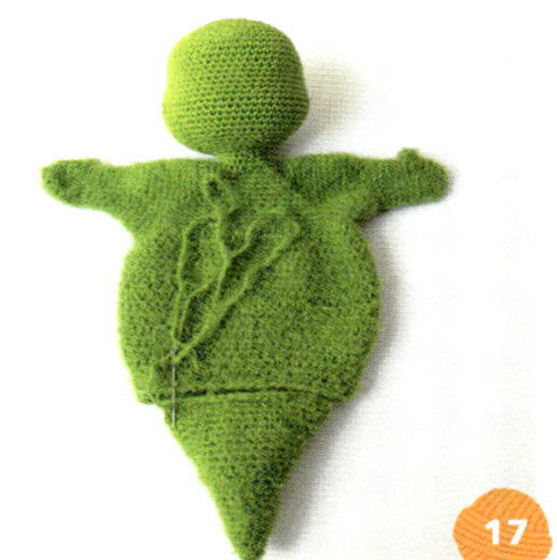

17

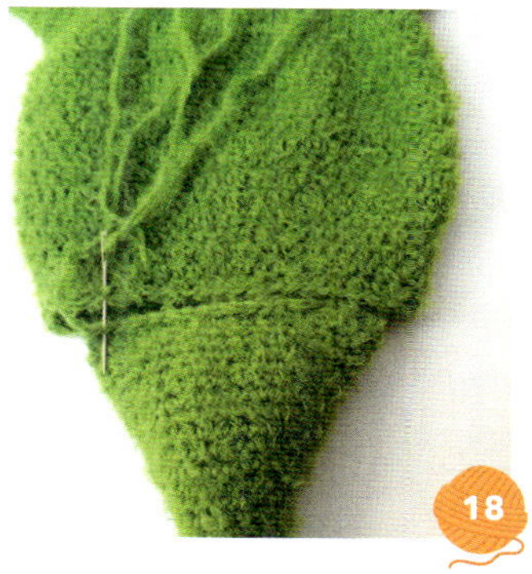

18

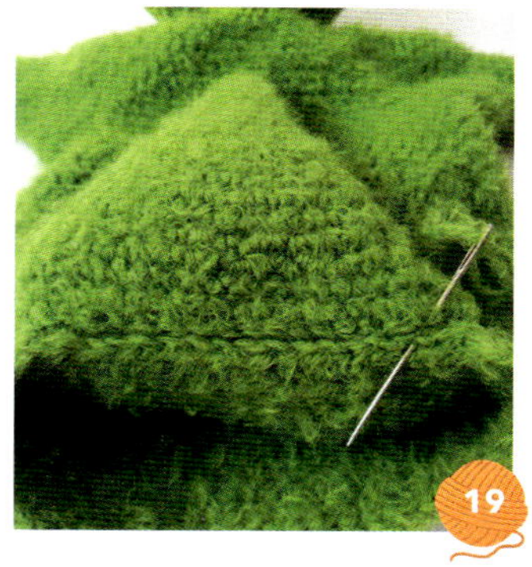

19

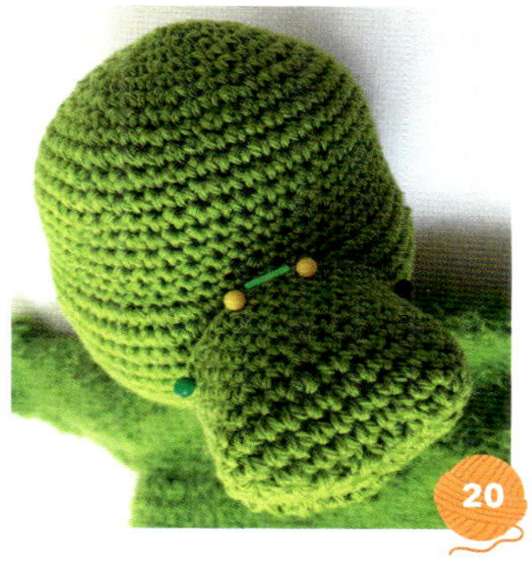

20

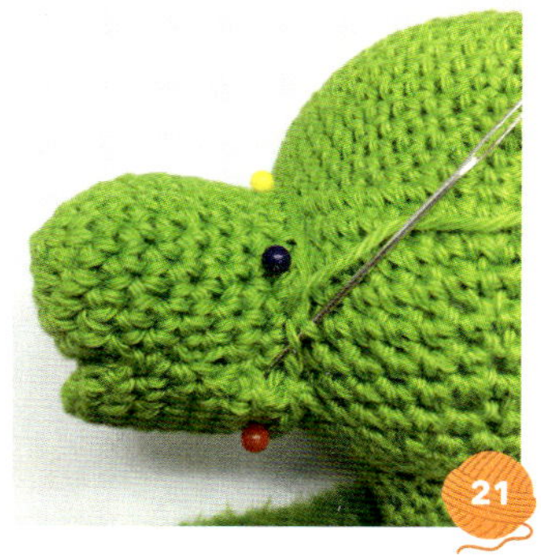

21

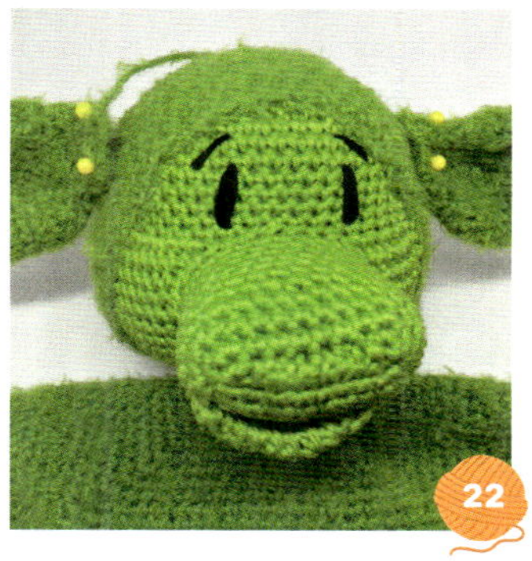

22

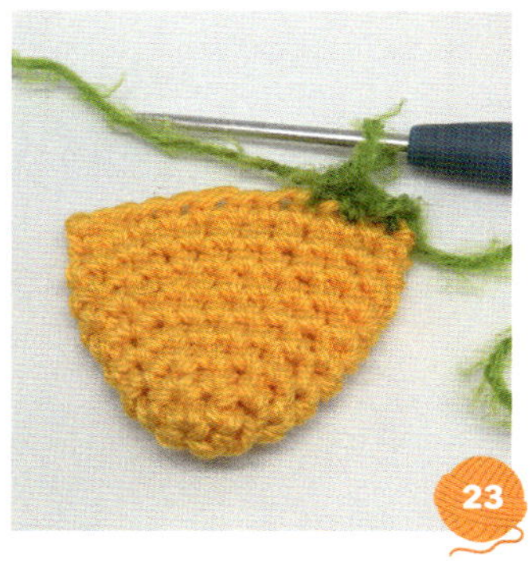

23

Die Arbeit mit 1 Km beenden und den Faden vernähen. Die Zacken bleiben ungefüllt (Foto 16).

PUNKTE (4 X HÄKELN)

Je 1 x in Rosa, Orange, Rot und Türkis häkeln.
In der jeweiligen Farbe mit Häkelnadel 2,5 mm 2 Lfm anschlagen.
1. Rd: 6 fM in die 2. Lfm (= 6 fM).
2. Rd: Jede 2. M verd (= 9 fM).
Die Arbeit mit 1 Km beenden und den Faden vernähen.

FERTIGSTELLUNG

Den Schwanz mit Füllwatte füllen und hinten mittig annähen (Foto 17), und zwar zuerst auf der Oberseite durch die beiden vorderen Maschenglieder und danach von innen durch die beiden übrigen Maschenglieder (Foto 18 und 19).
Die Schnauze mit Füllwatte füllen und feststecken, dazu an der zuvor markierten Stelle orientieren. Diese habe ich auf dem Foto mit einer Linie gekennzeichnet (Foto 20). Darauf achten, die Schnauze nur mit den vorderen Maschengliedern anzunähen (Foto 21).

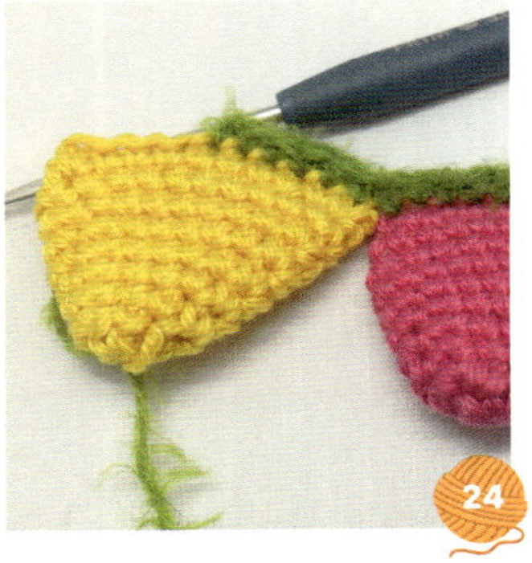

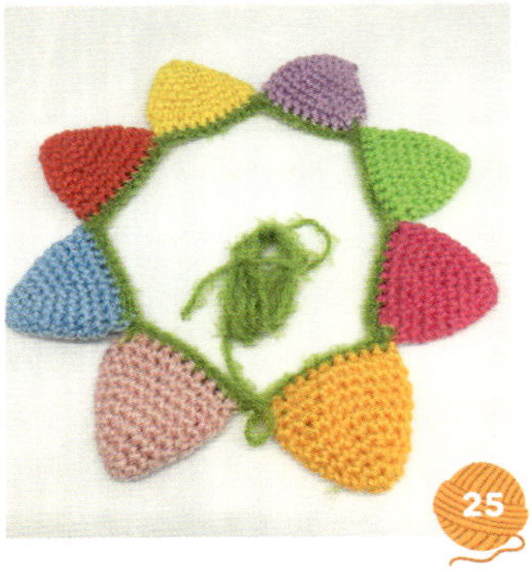

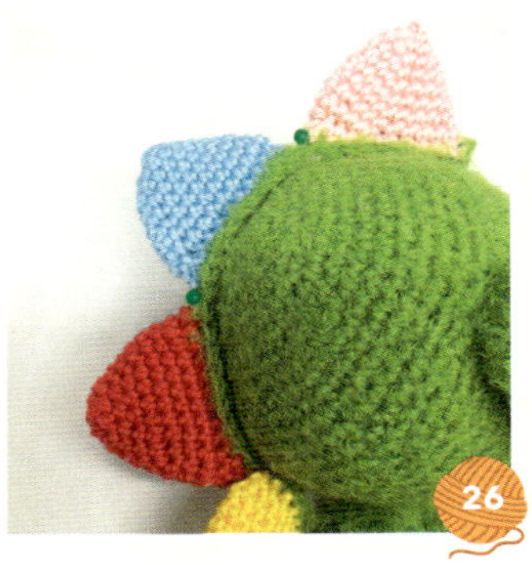

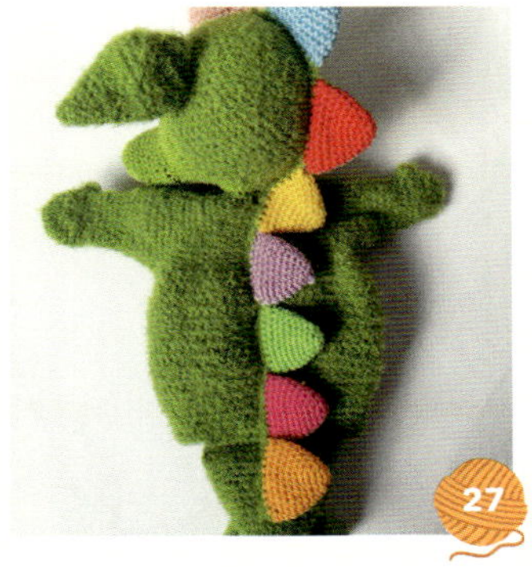

Jetzt die Augen und Augenbrauen aufsticken. Die Haare annähen, die Ohren positionieren und ebenfalls festnähen (Foto 22).
Damit die Zacken „unsichtbar" am Drachen angenäht werden können, häkeln wir sie erst mit dem Kuschelgarn aneinander. Dazu einfach die Zacken nebeneinanderlegen und durch beide Maschenglieder mit dem Kuschelgarn mit fM zusammenhäkeln (Foto 23). Nacheinander alle Zacken auf diese Weise miteinander verbinden (Foto 24). Wenn alle Zacken miteinander verbunden sind, sieht das wie auf Foto 25 aus.
Um die Zacken festzunähen, stecken wir sie zwischen den Zacken am Kopf fest (Foto 26) und nähen sie dann vom Kopf entlang den Rücken hinunter bis zum Schwanz fest (Foto 27).
Nun noch die Beine in der letzten Runde des Körpers und die Punkte auf der Vorderseite annähen.
Fertig ist Brunik, der tapsige Drache.

NUR MIT DEM FLIEGEN KLAPPT'S NOCH NICHT SO GUT ...

... BRUNIK IST ABGESTÜRTZT.

HOFFENTLICH HAT ER SICH NICHTS GEBROCHEN.

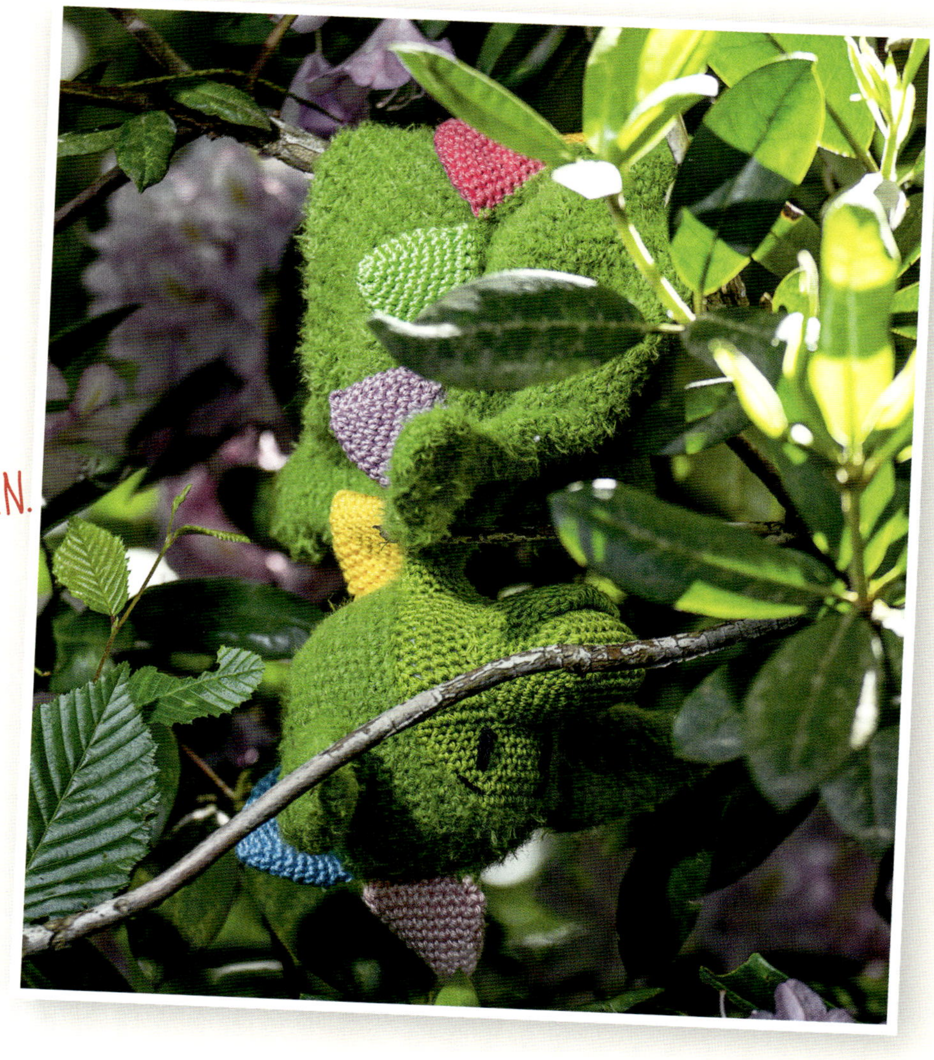

MORTY, DER FURCHTSAME GEIST

Ein Geist, der sich fürchtet und selbst vor seinem eigenen Spiegelbild in Angst gerät – das gibt es doch nicht, oder? Doch, Morty ist das beste Beispiel dafür. Früher lebte er in einer Burg zusammen mit anderen Gespenstern, aber weil er nie spukte – das machte ihm Angst –, lachten ihn die anderen aus. Ein richtiger Geist muss doch spuken und andere erschrecken! Deshalb ist er in den magischen Wald gezogen. Dort ist alles so fremd, und wenn es im Unterholz knackt oder plötzlich in den Bäumen raschelt, versteckt sich Morty sofort. Es sei denn, sein bester Freund Ronny, der Waldkobold, ist bei ihm. Dann ist alles gut …

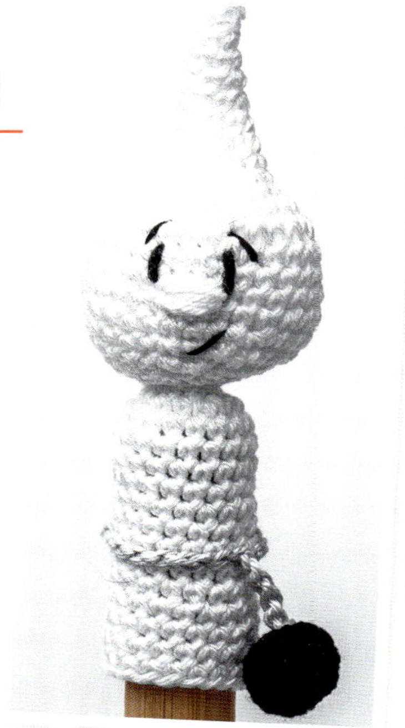

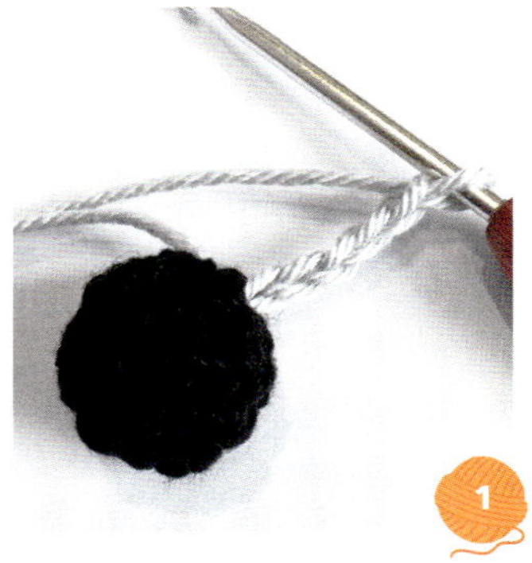

1

DAS BRAUCHT MAN

Wolle
Catona von Scheepjes, 100 % Baumwolle, 50 g/125 m: Reste in Weiß (Nr. 106), Silber (Nr. 172) und Schwarz (Nr. 110)

Zubehör
Häkelnadeln 2,5 mm
Stick-/Vernähnadeln
Füllwatte

Größe
Mit dem angegebenen Garn gehäkelt, hat der fertige Geist eine Größe von 10 cm.

UND SO GEHT ES

KOPF UND KÖRPER

Mit Weiß und Häkelnadel 2,5 mm 2 Lfm anschlagen.
1. Rd: 4 fM in die 2. Lfm (= 4 fM).
2. Rd: 4 fM (= 4 fM).
3. Rd: Jede 2. M verd (= 6 fM).
4. + 5. Rd: 6 fM (= 6 fM).
6. Rd: 1 M verd, 5 fM (= 7 fM).
7. Rd: 1 M verd, 6 fM (= 8 fM).
8. Rd: 1 M verd, 7 fM (= 9 fM).
9. Rd: 1 M verd, 8 fM (= 10 fM).
10. Rd: 1 M verd, 9 fM (= 11 fM).
11. Rd: 1 M verd, 10 fM (= 12 fM).
12. Rd: Jede 2. M verd (= 18 fM).
13. Rd: Jede 3. M verd (= 24 fM).
14. Rd: Jede 4. M verd (= 30 fM).
15.–19. Rd: 30 fM (= 30 fM).
20. Rd: Jede 4. und 5. M zus (= 24 fM).
21. Rd: Jede 3.und 4. M zus (= 18 fM).
Hier den Kopf schon mit Füllwatte füllen.
22. Rd: Jede 2. und 3. M zus (= 12 fM).
Gegebenenfalls noch Füllwatte nachstopfen.
23. Rd: Je 2 M zus (= 6 fM).

Ab hier beginnt der Körper:
24. Rd: Jede M verd (= 12 fM).
25. Rd: Jede 2. M verd (= 18 fM).
26.–37. Rd: 18 fM (= 18 fM).
Die Arbeit beenden und den Faden vernähen.

EISENKUGEL

Mit Schwarz und Häkelnadel 2,5 mm 2 Lfm anschlagen.
1. Rd: 6 fM in die 2. Lfm (= 6 fM).
2. Rd: Jede M verd (= 12 fM).
3. + 4. Rd: 12 fM (= 12 fM).
Kugel mit Füllwatte füllen.
5. Rd: Je 2 M zus (= 6 fM).
Gegebenenfalls nochmals Füllwatte nachstopfen.
Die Arbeit beenden, den Faden durch die 6 Maschen fädeln, zusammenziehen und vernähen.
Mit Silber erneut den Faden in der Kugel anschlagen und 26 Lfm häkeln (siehe Foto 1).

FERTIGSTELLUNG

Das Gesicht aufsticken und die Eisenkugel annähen.

UND NUN IST MORTY BEREIT ZU SPUKEN … WENN ER SICH DENN TRAUT!

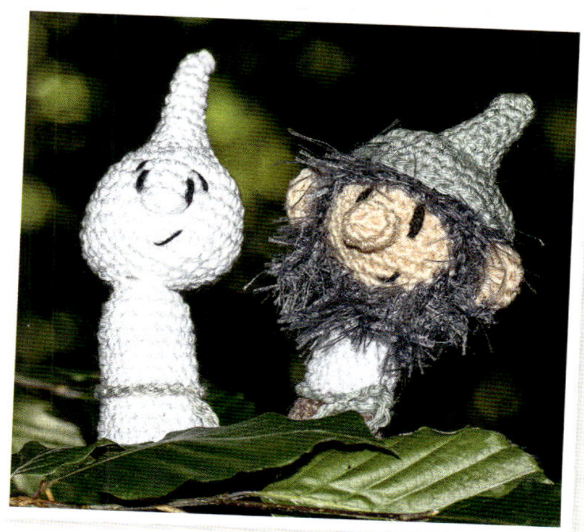

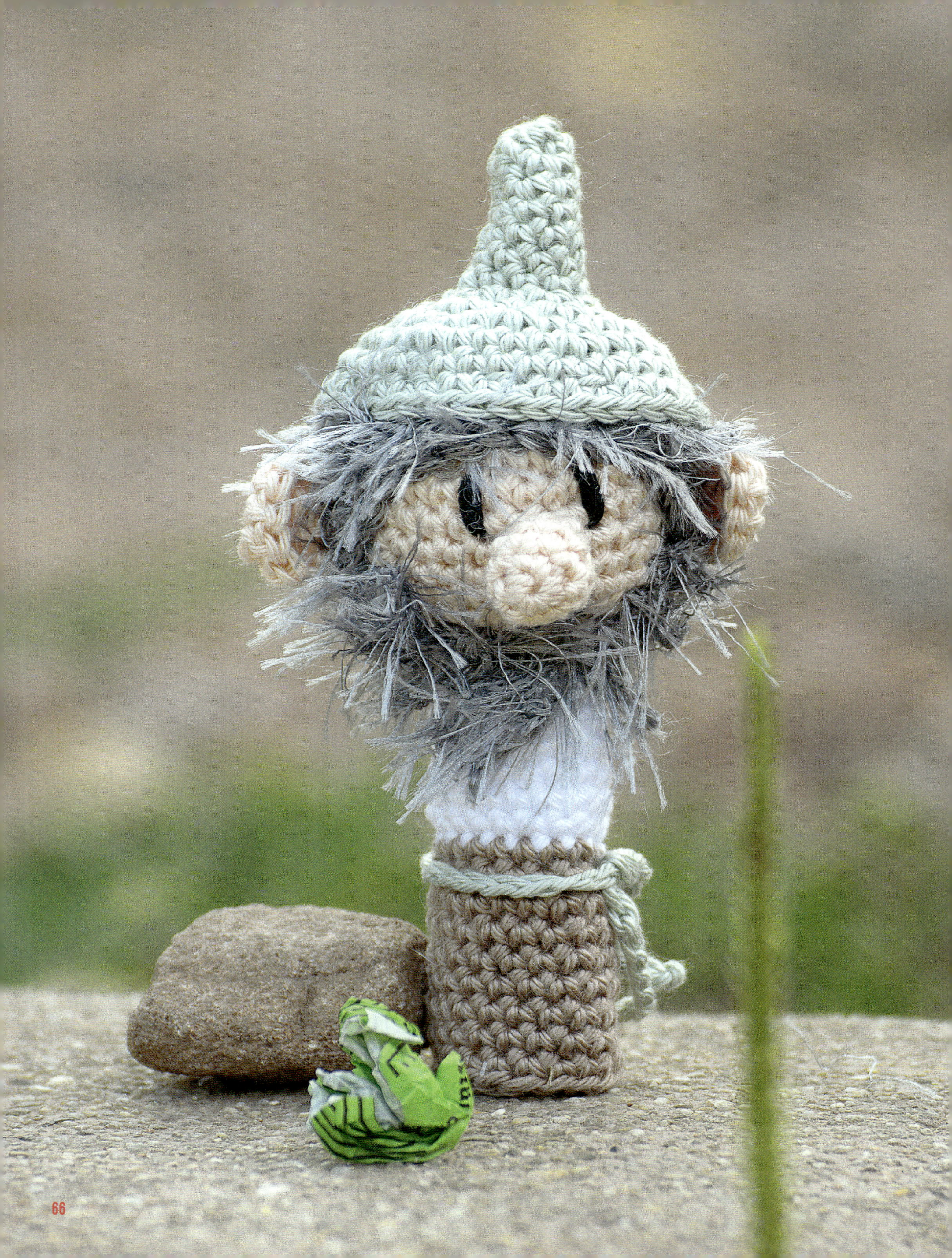

RONNY, DER NIMMERMÜDE WALDKOBOLD

Wenn etwas kaputt geht im Wald, ist Ronny sofort zur Stelle. Er repariert und werkelt für sein Leben gern. Den ganzen Tag arbeitet er mit seinen Händen, und wenn er gerade nicht beschäftigt ist, geht er im Wald spazieren und sammelt Dinge, die man vielleicht einmal gebrauchen könnte. Die Menschen werfen so vieles weg. Einfach so in den Wald. Seine Behausung in der großen, alten Eiche ist schon ganz voll. Er müsste wirklich mal entrümpeln. Aber dafür hat er keine Zeit, denn Morty, der furchtsame Geist, kommt gerade zu Besuch. Er zittert am ganzen Leib vor Angst und Ronny muss ihn erst einmal beruhigen. Was ist passiert?

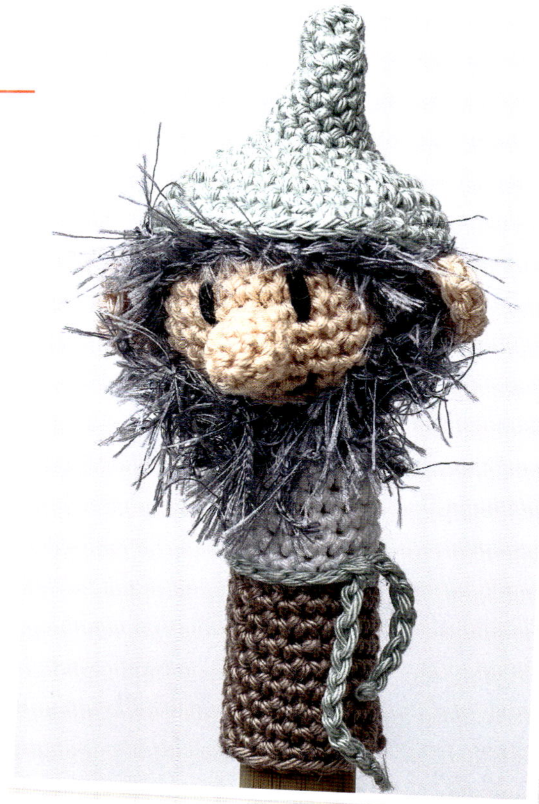

DAS BRAUCHT MAN

Wolle
Catona von Scheepjes, 100 % Baumwolle, 50 g/125 m: Reste in Weiß (Nr. 106), Schwarz (Nr. 110), Hellbraun (Nr. 179), Hautfarben (Nr. 255) und Hellgrau (Nr. 074)
Schachenmayr Brazilia, 100 % Polyester, 50 g/90 m: Reste in Grau (Nr. 00090 „Silber")

Zubehör
Häkelnadel 2,5 mm
Stick-/Vernähnadeln
Füllwatte

Größe
Mit dem angegebenen Garn gehäkelt, hat der fertige Kobold eine Größe von 10 cm.

UND SO GEHT ES

KOPF UND KÖRPER

Mit Häkelnadel 2,5 mm und Hautfarben 2 Lfm anschlagen.
1. Rd: 6 fM in die 2. Lfm (= 6 fM).
2. Rd: Jede M verd (= 12 fM).
3. Rd: Jede 2. M verd (= 18 fM).
4. Rd: Jede 3. M verd (= 24 fM).
5. Rd: Jede 4. M verd (= 30 fM).
6.–10. Rd: 30 fM (= 30 fM).
11. Rd: Jede 4. und 5. M zus (= 24 fM).
12. Rd: Jede 3. und 4. M zus (= 18 fM).
Hier schon den Kopf mit Füllwatte füllen.
13. Rd: Jede 2. und 3. M zus (= 12 fM).
Gegebenenfalls noch Füllwatte nachstopfen.
14. Rd: Je 2 M zus (= 6 fM) (Foto 1).

Ab hier beginnt der Körper:
15. Rd: Farbwechsel zu Weiß, jede M verd (= 12 fM).
16. Rd: Jede 2. M verd (= 18 fM).
17.–22. Rd: 18 fM (= 18 fM).
23. Rd: Farbwechsel zu Hellbraun, 18 fM (= 18 fM).
24.–31. Rd: 18 fM (= 18 fM).
Die Arbeit beenden und den Faden vernähen.

HAARE

Mit Häkelnadel 2,5 mm und mit Brazilia 2 Lfm anschlagen.
1. Rd: 6 fM in die 2. Lfm (= 6 fM).
2. Rd: Jede M verd (= 12 fM).
3. Rd: Jede 2. M verc (= 18 fM).
4. Rd: Jede 3. M verd (= 24 fM).
5. Rd: Jede 4. M verd (= 30 fM).
6.–8. Rd: 30 fM (= 30 fM).
Die Arbeit beenden und einen längeren Faden zum Annähen stehen lassen (Foto 2).

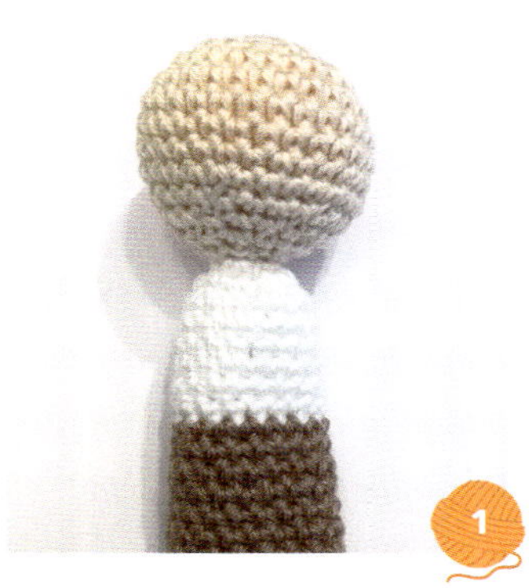
1

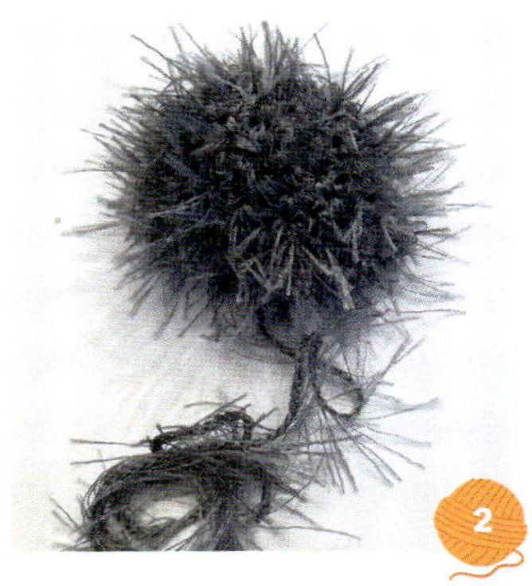
2

OHREN (2 X HÄKELN)

Mit Häkelnadel 2,5 mm und Hautfarben 2 Lfm anschlagen.
1. R: In die 2. Lfm 1 Stb, 5 DStb, 1 Stb häkeln.
Die Arbeit beenden und einen längeren Faden zum Annähen stehen lassen (Foto 3).

NASE

Mit Häkelnadel 2,5 mm und Hautfarben 2 Lfm anschlagen.
1. Rd: 6 fM in die 2. Lfm (= 6 fM).
2.-4. Rd: 6 fM (= 6 fM).
Die Arbeit beenden und einen längeren Faden zum Annähen stehen lassen (Foto 4).

HUT

Mit Häkelnadel 2,5 mm und Hellgrau 2 Lfm anschlagen.
1. Rd: 6 fM in die 2. Lfm (= 6 fM).
2. Rd: 6 fM (= 6 fM).
3. Rd: 1 M verd, 5 fM (= 7 fM).
4. Rd: 1 M verd, 6 fM (= 8 fM).
5. Rd: 1 M verd, 7 fM (= 9 fM).
6. Rd: 1 M verd, 8 fM (= 10 fM).
7. Rd: 1 M verd, 9 fM (= 11 fM).
8. Rd: 1 M verd, 10 fM (= 12 fM).
9. Rd: Jede 2. M verd (= 18 fM).
10. Rd: Jede 3. M verd (= 24 fM).
11. Rd: Jede 4. M verd (= 30 fM).
12. Rd: Jede 5. M verd (= 36 fM).
13.-16. Rd: 36 fM (= 36 fM).
Die Arbeit beenden und einen längeren Faden zum Annähen stehen lassen (Foto 5).

FERTIGSTELLUNG

Die Nase mit Füllwatte füllen und zwischen der 7. und 10. Rd des Kopfes annähen.
Augen und Mund aufsticken. Die Haare aufsetzen und festnähen. Aus der Brazilia etwa 8 cm lange Strähnen zuschneiden und unterhalb des Mundes von einer Seite zur nächsten einknüpfen (Foto 6).
Nun noch in die zuvor markierte Stelle (Foto 7) Strähnen einknüpfen und den Bart in Form schneiden. Die Mütze aufsetzen und annähen.
Eine Luftmaschenkette mit 50 Maschen häkeln, als Gürtel umbinden und mit ein paar Stichen festnähen.
Und fertig ist Ronny, der nimmermüde Waldkobold.

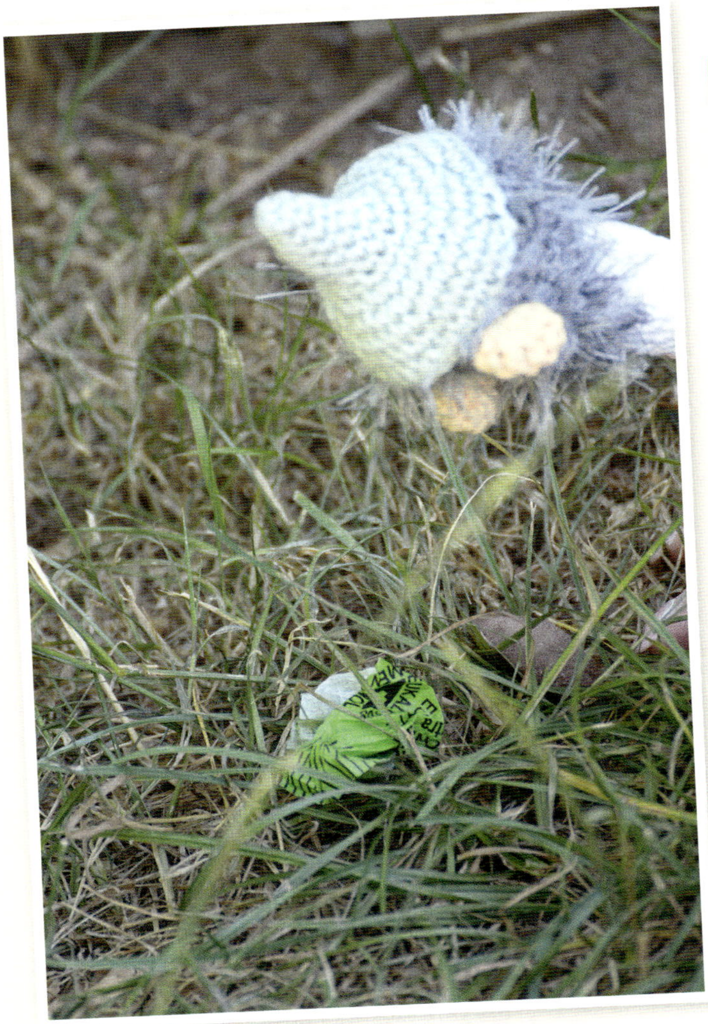

RONNY IST BEREIT ZUM MÜLLSAMMELN.

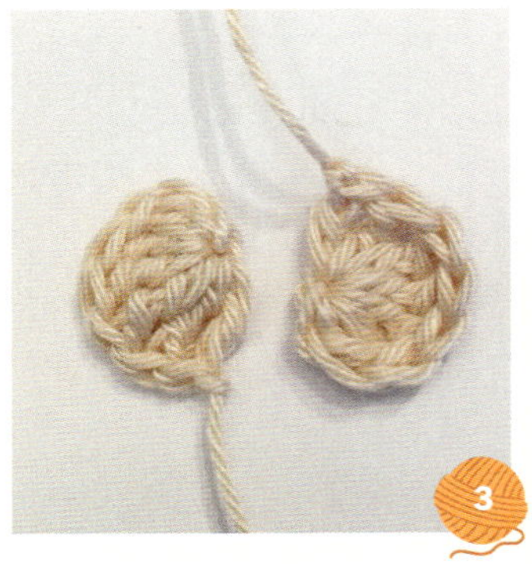

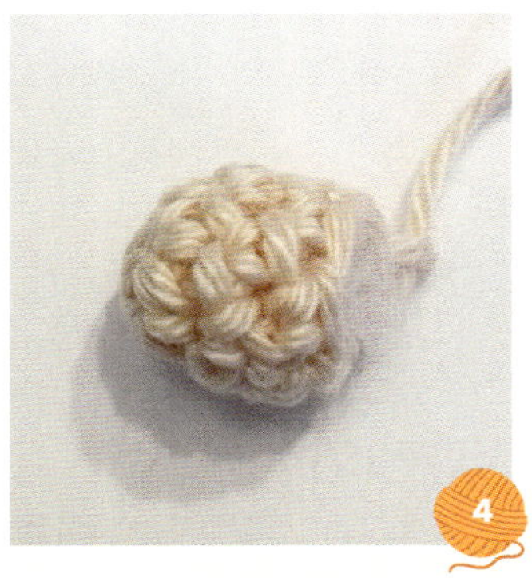

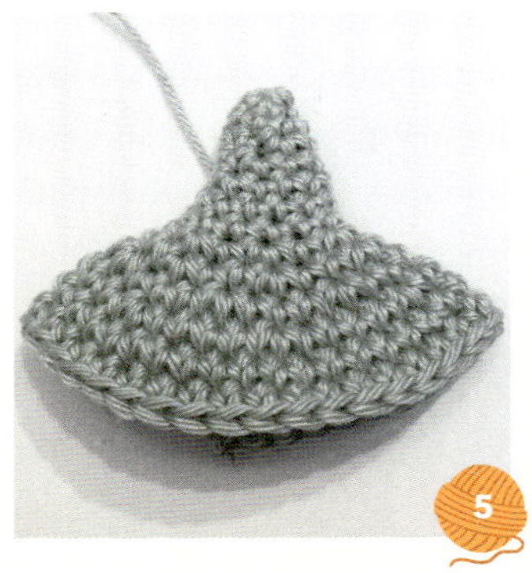

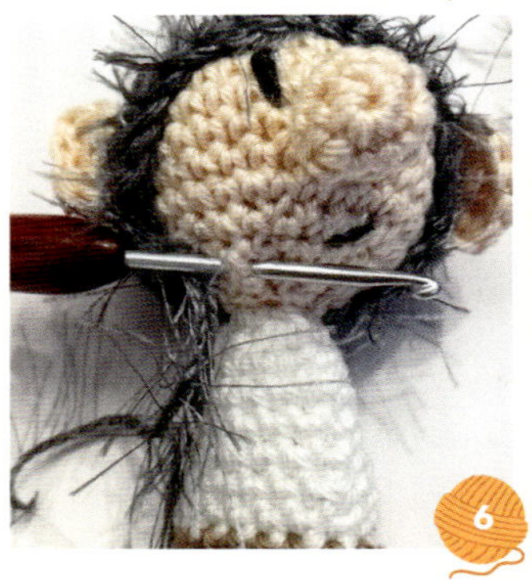

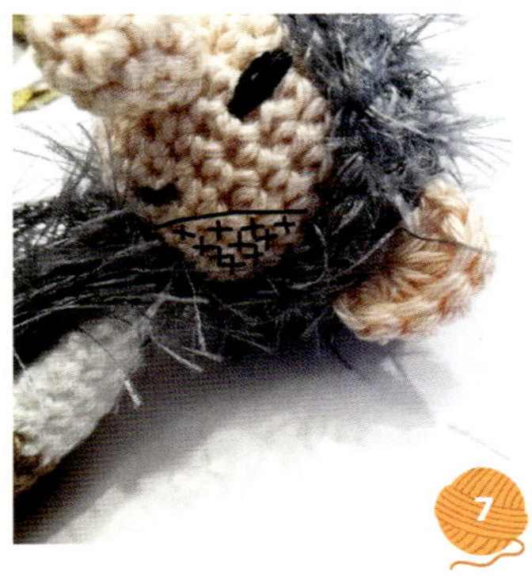

TITA, DAS LIEBLICHE BURGFRÄULEIN

Das vornehme Leben in der Burg inmitten des Waldes ist beschaulich. Das Burgfräulein muss sich um gar nichts kümmern, das machen ihre vielen Diener und Dienerinnen. Tita kann machen, was sie will, neue Kleider anprobieren, im Garten Blumen pflücken, Limonade trinken und Kekse essen, von den Türmen auf den Wald hinunterschauen und die Waldbewohner beobachten. Sie liebt das ruhige Leben, deshalb kann sie auch so gar nichts mit der Wildheit von Elischen, der Schmetterlingsfee, und Larina, dem wilden Einhorn anfangen. Aber da sie neugierig ist, schaut sie gern bei Annutschka, der Hexe vorbei. Von ihr erfährt sie den neuesten Tratsch. „Hast du schon gehört, was Ronny, der Waldkobold angestellt hat?" „Nein!" „Er hat doch tatsächlich ...." Ja was, wisst ihr es?

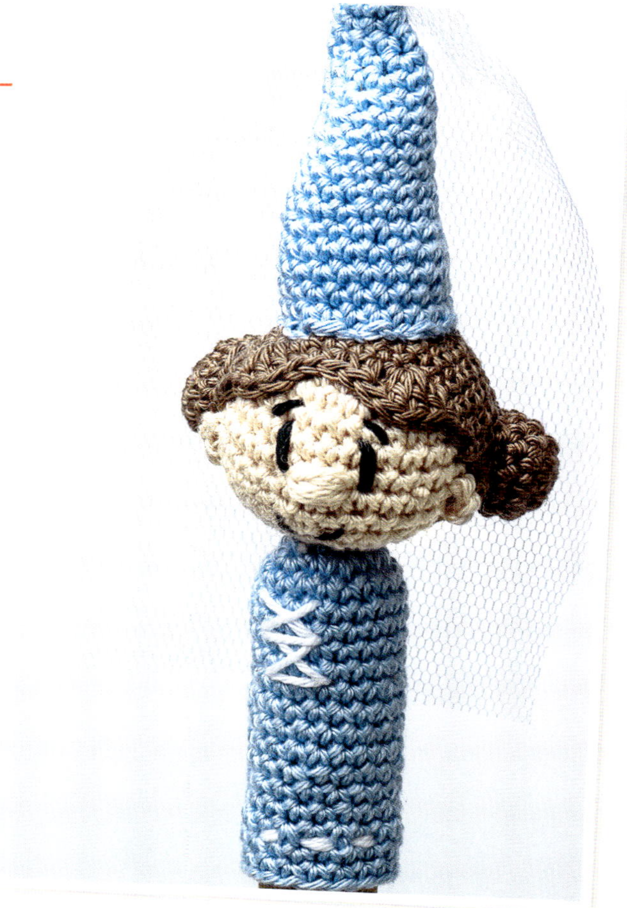

DAS BRAUCHT MAN

Wolle
Catona von Scheepjes, 100 % Baumwolle, 50 g/125 m: Reste in Weiß (Nr. 106), Schwarz (Nr. 110), Hautfarben (Nr. 255), Braun (Nr. 157) und Hellblau (Nr. 173)

Zubehör
Häkelnadel 2,5 mm
Stick-/Vernähnadeln
Füllwatte
Weißer Tüll (ca. 15 x 8 cm)

Größe
Mit dem angegebenen Garn gehäkelt, hat das fertige Burgfräulein eine Größe von 10 cm.

UND SO GEHT ES

KOPF UND KÖRPER

Mit Häkelnadel 2,5 mm und Hautfarben 2 Lfm anschlagen.
1. Rd: 6 fM in die 2. Lfm (= 6 fM).
2. Rd: Jede M verd (= 12 fM).
3. Rd: Jede 2. M verd (= 18 fM).
4. Rd: Jede 3. M verd (= 24 fM).
5. Rd: Jede 4. M verd (= 30 fM).
6.-10. Rd: 30 fM (= 30 fM).
11. Rd: Jede 4. und 5. M zus (= 24 fM).
12. Rd: Jede 3. und 4. M zus (= 18 fM).
Hier schon den Kopf mit Füllwatte füllen.
13. Rd: Jede 2. und 3. M zus (= 12 fM).
Gegebenenfalls noch Füllwatte nachstopfen.
14. Rd: Je 2 M zus (= 6 fM).

Ab hier beginnt der Körper:
15. Rd: Farbwechsel zu Hellblau, jede M. verd (= 12 fM).
16. Rd: Jede 2. M verd (= 18 fM).
17.-31. Rd: 18 fM (= 18 fM).
Die Arbeit beenden und den Faden vernähen (Foto 1).

HUT

Mit Häkelnadel 2,5 mm und in Hellblau 2 Lfm anschlagen.
1. Rd: 6 fM in die 2. Lfm (= 6 fM).
2. Rd: 6 fM (= 6 fM).
3. Rd: 1 M verd, 5 fM (= 7 fM).
4. Rd: 1 M verd, 6 fM (= 8 fM).
5. Rd: 1 M verd, 7 fM (= 9 fM).
6. Rd: 1 M verd, 8 fM (= 10 fM).
7. Rd: 1 M verd, 9 fM (= 11 fM).
8. Rd: 1 M verd, 10 fM (= 12 fM).
9. Rd: 1 M verd, 11 fM (= 13 fM).
10. Rd: 1 M verd, 12 fM (= 14 fM).
11. Rd: 1 M verd, 13 fM (= 15 fM).
12. Rd: 1 M verd, 14 fM (= 16 fM).
13. Rd: 1 M verd, 15 fM (= 17 fM).
14. Rd: 1 M verd, 16 fM (= 18 fM).
15. Rd: Jede 6. M verd (= 21 fM).
16.-19. Rd: 21 fM (= 21 fM).
Die Arbeit beenden und einen längeren Faden zum Annähen stehen lassen (Foto 2).

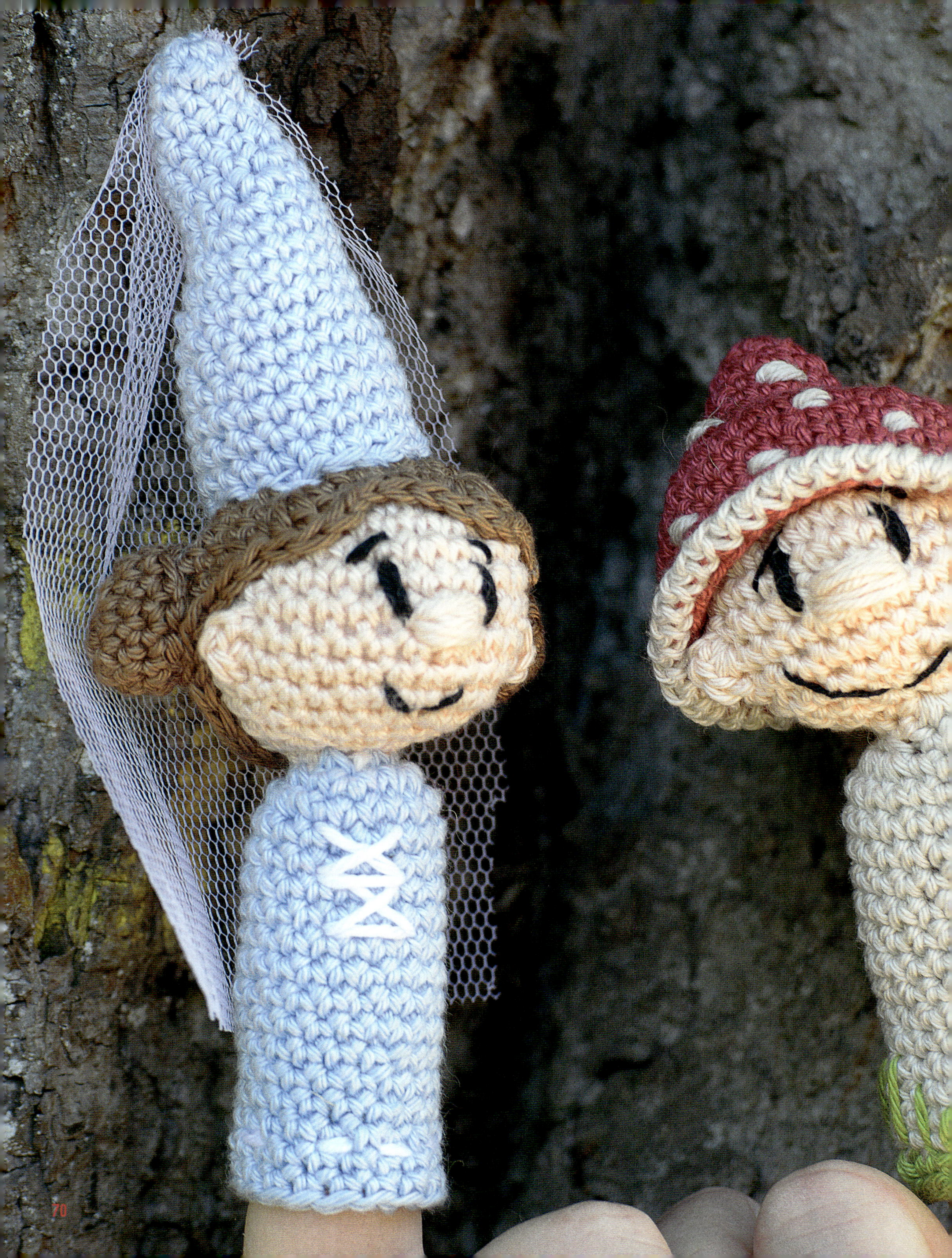

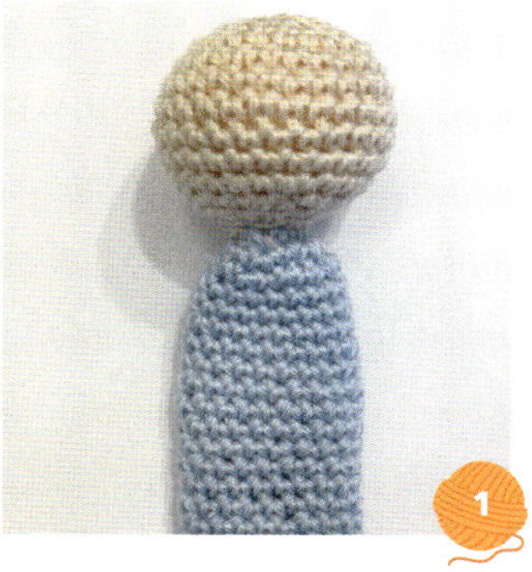

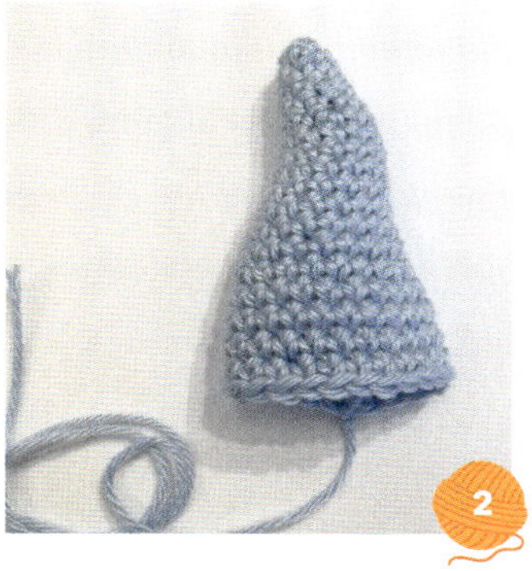

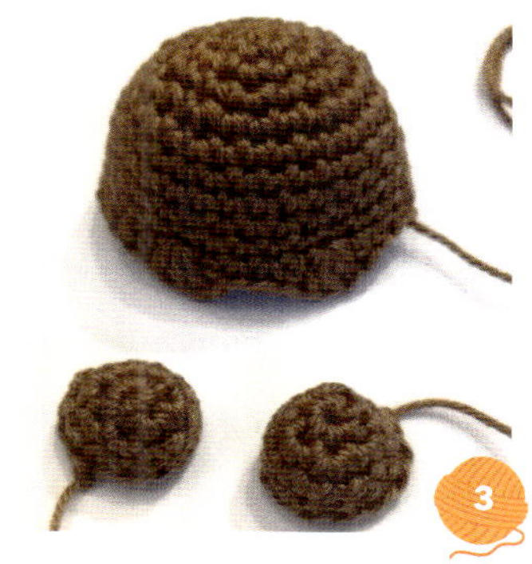

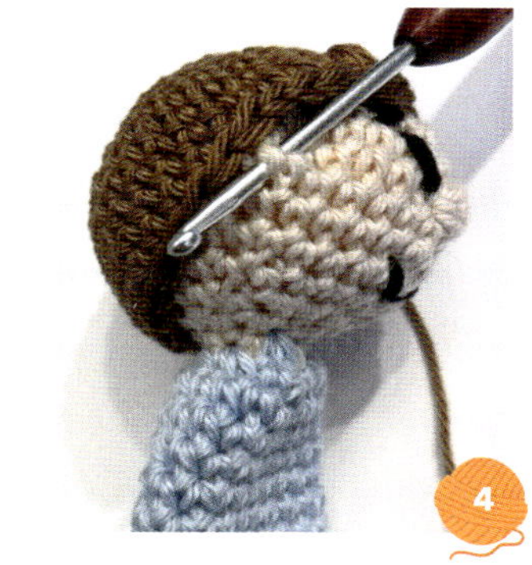

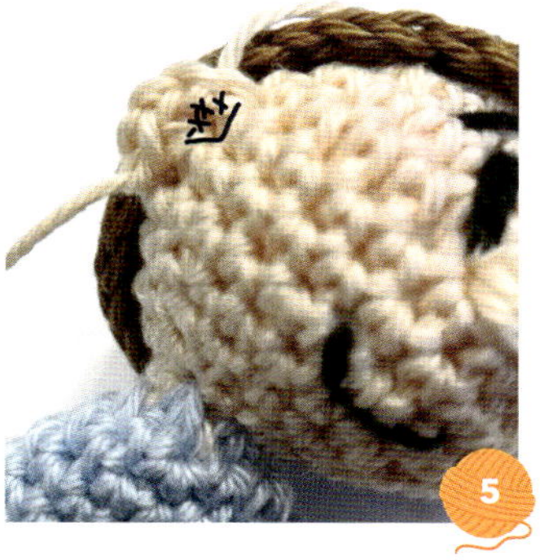

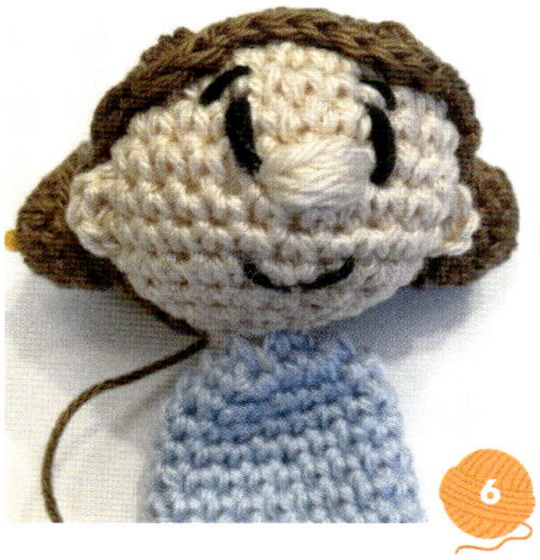

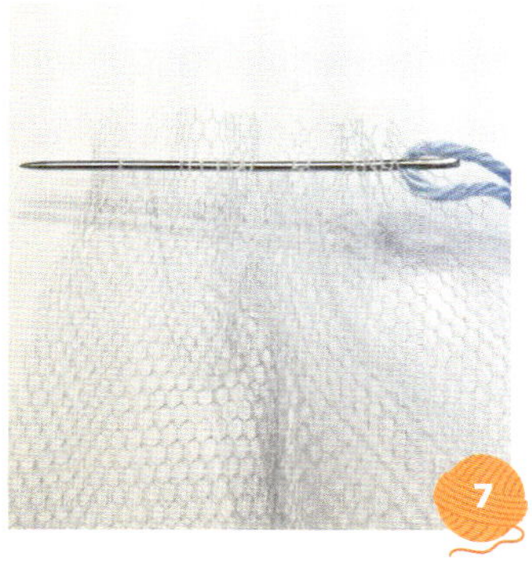

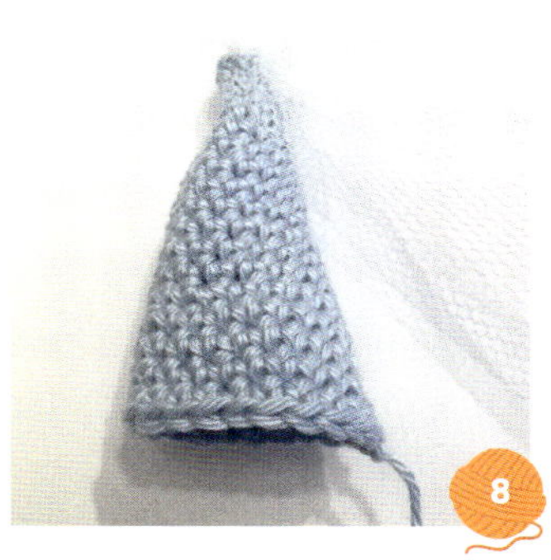

HAARE

Mit Häkelnadel 2,5 mm in Braun 2 Lfm anschlagen.
1. Rd: 6 fM in die 2. Lfm (= 6 fM).
2. Rd: Jede M verd (= 12 fM).
3. Rd: Jede 2. M verd (= 18 fM).
4. Rd: Jede 3. M verd (= 24 fM).
5. Rd: Jede 4. M verd (= 30 fM).
6.–10. Rd: 30 fM (= 30 fM).
11. Rd: 1 fM, 2 hStb, 3 Stb in 1 M, 1 hStb, 2 fM, 1 hStb, 3 Stb in 1 M, 2 hStb, 1 fM (= 16 M). Die Arbeit mit 1 Km beenden und einen längeren Faden zum Annähen stehen lassen.

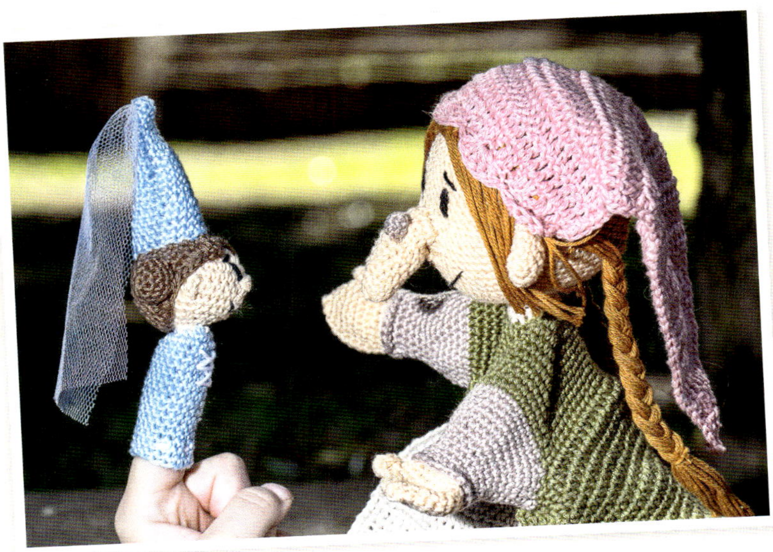

DUTT (2 X HÄKELN)

Mit Häkelnadel 2,5 mm in Braun 2 Lfm anschlagen.
1. Rd: 6 fM in die 2. Lfm (= 6 fM).
2. Rd: Jede M verd (= 12 fM).
3. + 4. Rd: 12 fM (= 12 fM).
Die Arbeit mit 1 Km beenden und einen längeren Faden zum Annähen stehen lassen (Foto 3).

FERTIGSTELLUNG

Das Gesicht wie beim **Vampir (siehe Seite 53)** aufsticken, allerdings die Vampirzähne weglassen!
Für die Ohren den Faden erneut anschlingen, als Orientierung können die Haare dienen. Jetzt 3 fM und 1 Km in 1 M arbeiten. Den Anfangs- und den Endfaden vernähen. Auf der anderen Seite wiederholen (Foto 4 und 5).
Die Haare annähen, die beiden Dutts zuerst anstecken und dann festnähen (Foto 6).
Das Stück Tüll mit Hellblau auffädeln, zusammenziehen und an den Hut annähen (Foto 7 und 8). Nun den Hut mit Füllwatte leicht ausstopfen und mittig auf den Kopf aufnähen. Zum Schluss noch die Schnürung des Kleides aufsticken.
Fertig ist Tita, das liebliche Burgfräulein.

TITA HÖRT GESPANNT DEM ALLERNEUESTEN KLATSCH ZU.

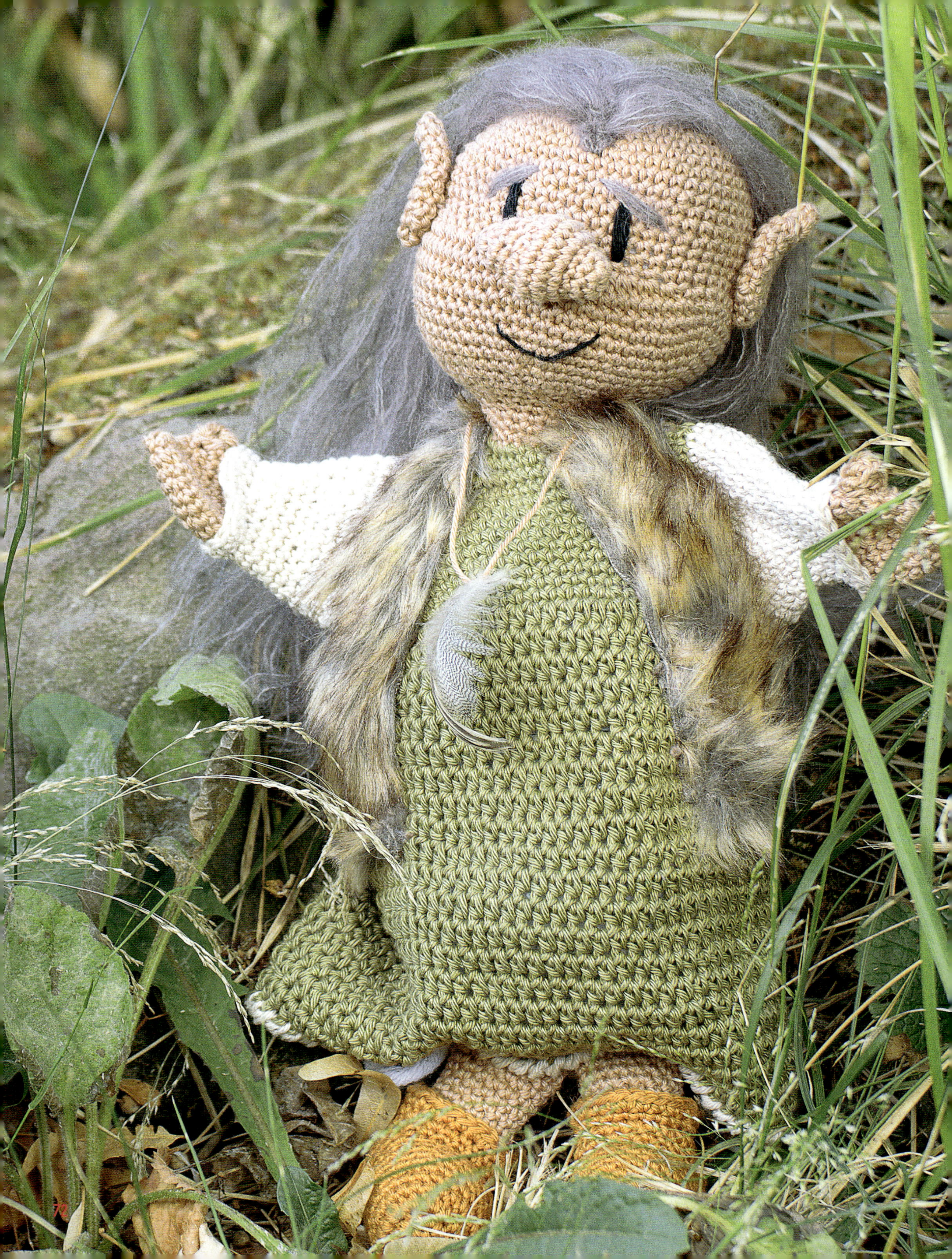

ALBE. DER HEILENDE WALDSCHRAT

Albe ist in der Welt herumgekommen. Überall hat er Heiler und Medizinmänner getroffen und sich viel von ihrem Können abgeschaut. Mittlerweile reist er nicht mehr so viel und ist am liebsten im Zauberwald, in dem er sich zu Hause fühlt. Dort wird sein Wissen gebraucht, denn Notfälle gibt es immer. Wenn Tommel mal wieder zu viele Kirschen genascht hat und es in seinem Bauch rumort, geht er zu Albe. Der brüht ihm einen Tee aus geheimen Kräutern auf. Er schmeckt scheußlich, aber schon nach einem Löffel davon gibt der Bauch Ruhe. Wenn Elischen sich beim übermütigen Fliegen einen Flügel verletzt hat, Larina sich das Horn gestoßen hat oder Brunik, der tapsige Drache, sich mal wieder heftig am Kopf verletzt hat, als er vom Baum fiel: Albe weiß immer Rat. Manchmal muss er auch nur seine Hände auf die Stelle legen, die weh tut. Und schon ist der kleine Waldbewohner wieder gesund und kann sich auf und davon machen. Allerdings nicht ohne den gutgemeinten Rat von Albe, in Zukunft bitte vorsichtiger zu sein …

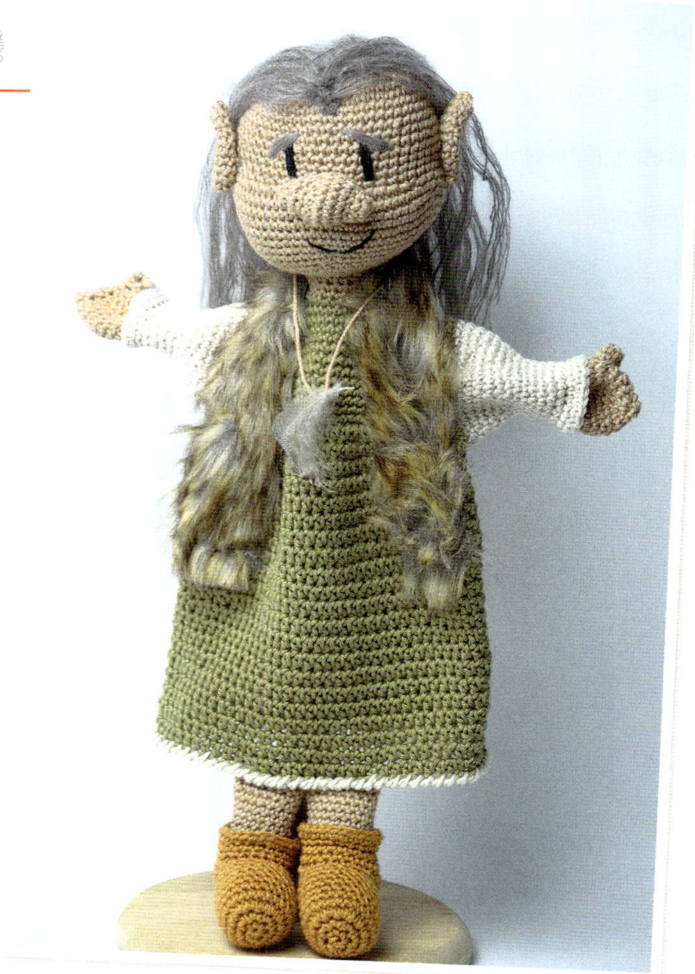

DAS BRAUCHT MAN

Wolle
Catona von Scheepjes, 100 % Baumwolle, 50 g/125 m: 30 g Braun (Nr. 503), 50 g Waldgrün (Nr. 395), 10 g Rotbraun (Nr. 383), 10 g Natur (Nr. 505), Rest Schwarz (Nr. 110)
Woll Butt Primo Kuschelgarn Sophie von Buttinette, 54 % Mohair, 46 % Polyamid, 50 g/155 m: 25 g in Hellgrau

Zubehör
1 Kunstfellborte, ca. 32 cm lang und 4,5 cm breit
1 Feder in Braun, ca. 4,5 cm lang
Häkelnadeln 2,5 und 3,0 mm
Stick-/Vernähnadeln
Füllwatte

Größe
Mit dem angegebenen Garn gehäkelt, hat der fertige Waldschrat eine Größe von ca. 35 cm.

UND SO GEHT ES

KOPF UND OBERKÖRPER

Wir häkeln den Waldschrat nach der **Grundanleitung** bis zur 55. Rd **(siehe Seite 11 f.)**.
Hinweis: Bis zur 44. Rd arbeiten wir in Braun, mit Beginn der 45. Rd wechseln wir zu Waldgrün.

56. Rd: 68 fM (= 68 fM).
57. Rd: Jede 17. M verd (= 72 fM).
Jetzt schließen wir die Runde mit 1 Km in die 1. M.

Nun häkeln wir hStb und in geschlossenen Runden, das heißt, jede Runde wird mit 1 Km in die 2. Lfm am Anfang geschlossen und beginnt mit 2 Lfm.

58.-77. Rd: 2 Lfm, 72 hStb (= 72 hStb).
Die Runde mit 1 Km schließen, Farbwechsel zu Natur, 1 Lfm häkeln und noch eine Runde Krebsmaschen (siehe Seite 9) häkeln (= 72 M).
Die Arbeit beenden und die Fäden vernähen.

ARME (2 X HÄKELN)

Für die Arme schlagen wir jeweils im Armausschnitt mit Natur den Faden neu an und häkeln nach der **Grundanleitung Arm/Hand** **(siehe Seite 12 f.)**. Die Hände werden mit braunem Garn gehäkelt.

OHREN (2 X HÄKELN)

Mit Braun und Häkelnadel 2,5 mm 2 Lfm anschlagen.
1. Rd: 6 fM in die 2. Lfm (= 6 fM).
2. Rd: Jede 2. M verd (= 9 fM).
3. Rd: 9 fM (= 9 fM).

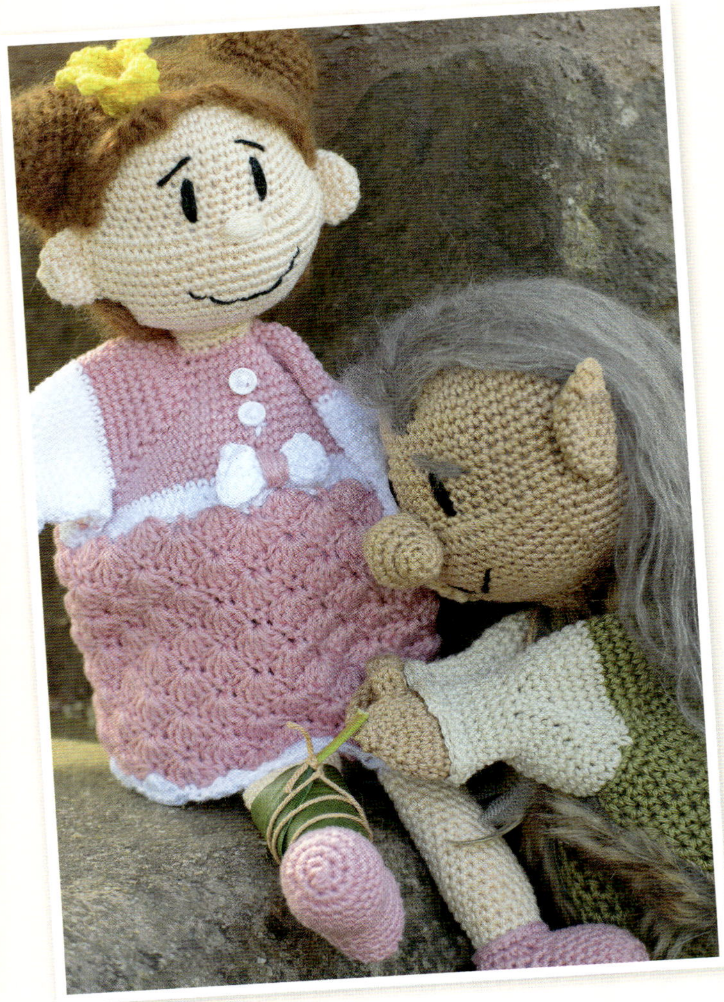

4. Rd: Jede 3. M verd (= 12 fM).
5.-9. Rd: 12 fM (= 12 fM).
10. Rd: Je 2 M zus (= 6 fM).
Die Arbeit beenden, den Faden durch die 6 Maschen fädeln, zusammenziehen und vernähen. Die Ohren bleiben ungefüllt (Foto 1).

NASE

In Braun und mit Nadelstärke 2,5 mm 2 Lfm anschlagen.
1. Rd: 6 fM in die 2. Lfm (= 6 fM).
2. Rd: Jede 2. M verd (= 9 fM).
3. + 4. Rd: 9 fM (= 9 fM).
5. Rd: Jede M verd (= 18 fM).
6. + 7. Rd: 18 fM (= 18 fM).
8. Rd: je 2 M zus (= 9 fM).
9. + 10. Rd: 9 fM (= 9 fM).
Die Nase mit Füllwatte füllen.
11. Rd: Jede 2. und 3. M zus (= 6 fM).
Gegebenenfalls jetzt noch ein bisschen Füllwatte nachstopfen.
Den Faden ca. 30 cm lang abschneiden, durch die 6 Maschen fädeln, zusammenziehen und die Nase später mit dem Restfaden an das Gesicht annähen (Foto 2).

SCHUHE UND BEINE (2 X HÄKELN)

Bis Reihe 7 werden diese wie bei der **Prinzessin** gehäkelt **(siehe Detailfotos Seite 44)**, nur in Rotbraun. Im Folgenden noch einmal aufgeführt:
2 Lfm mit Nadelstärke 2,5 mm anschlagen.
1. Rd: 6 fM in die 2. Lfm (= 6 fM).
2. Rd: Jede M verd (= 12 fM).
3. Rd: Jede M verd (= 24 fM).
4.-9. Rd: 24 fM (= 24 fM).
10. Rd: Jede 3. und 4. M zus (= 18 fM).

Ab hier arbeiten wir in Reihen weiter.
1.-7. R: 12 fM (= 12 fM).
Die Arbeit mit 1 Km beenden und einen längeren Faden zum Zusammennähen stehen lassen. Den Schuh auf links drehen, die letzte Reihe zusammenlegen und zusammennähen. Den Schuh wieder auf rechts drehen und mit Füllwatte stopfen.

Den Faden erneut am hinteren Teil des Schuhs anschlagen und 20 fM am oberen Rand häkeln.

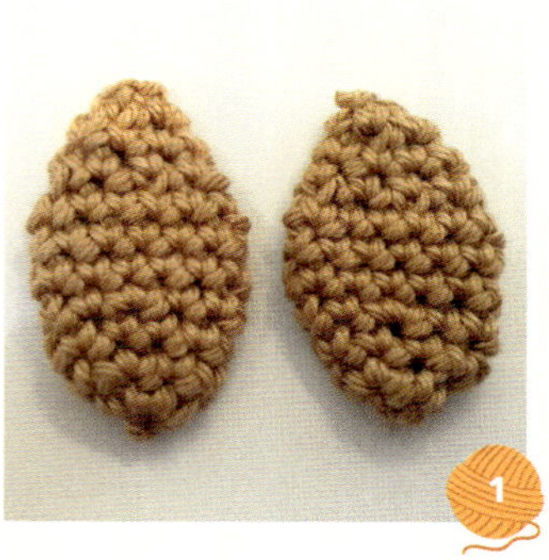
1

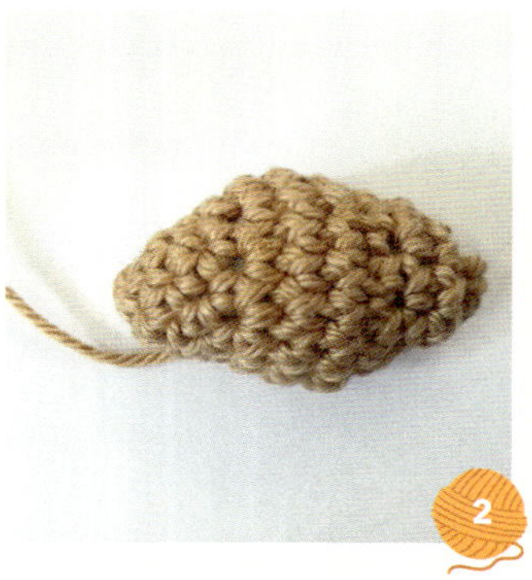
2

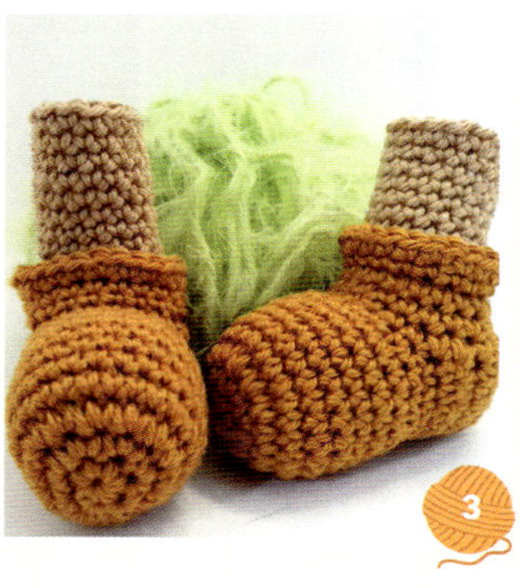
3

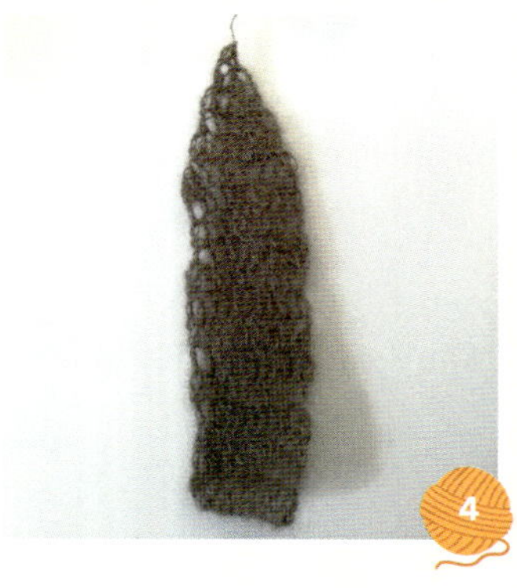
4

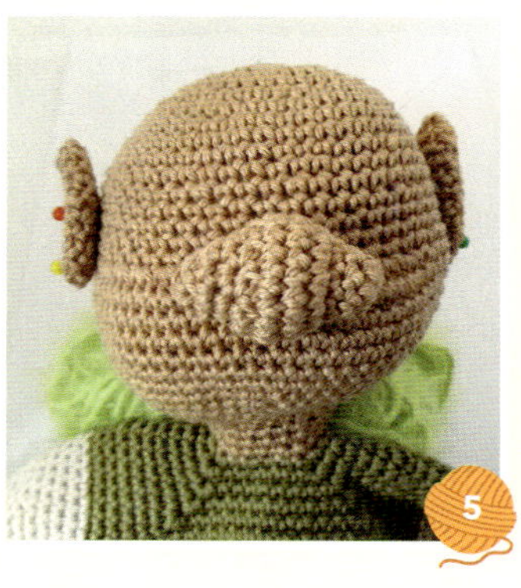
5

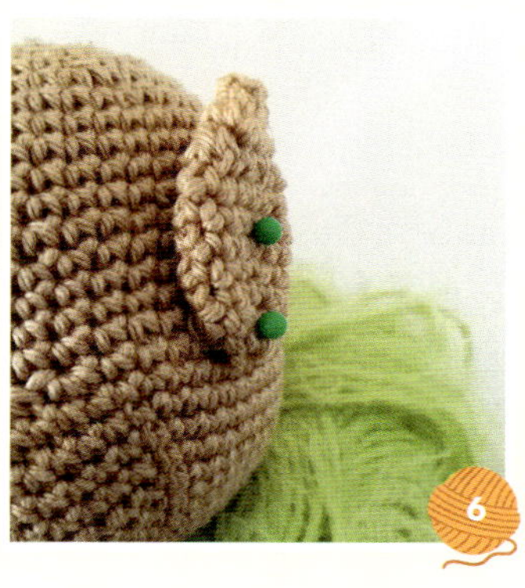
6

1. Rd: 20 fM (= 20 fM).
2. Rd: 20 fM, jedoch nur ins vordere Maschenglied häkeln (= 20 fM).
3. Rd: Jede 4. M verd (= 25 fM).
Die Arbeit beenden und den Faden vernähen.

Für das Bein den Faden in Braun erneut in der 2. Rd in die stehengelassenen Maschenglieder anschlagen und jede 3. und 4. M zus häkeln (= 15 fM).

1.–12. Rd: 15 fM (= 15 fM).
Die Beine mit Füllwatte füllen, die beiden letzten Reihen bleiben ungefüllt.
Die Arbeit mit 1 Km beenden und den Faden vernähen (Foto 3).

HAARE

Mit Häkelnadel 2,5 mm in Grau 12 Lfm anschlagen.
1.–13. R: 10 Stb (= 10 Stb).
14. R: 2 Stb zus, 6 Stb, 2 Stb zus (= 8 Stb).
15. R: 2 Stb zus, 4 Stb, 2 Stb zus (= 6 Stb).
16. R: 2 Stb zus, 2 Stb, 2 Stb zus (= 4 Stb).
17. R: Je 2 Stb zus (= 2 Stb).
18. R: Je 2 Stb zus (= 1 Stb).
Die Arbeit beenden und einen längeren Faden zum Annähen und Aufsticken der Augenbrauen stehen lassen (Foto 4).

FERTIGSTELLUNG

Zuerst nähen wir die Nase an der Stelle fest, die wir zuvor beim Häkeln des Kopfes markiert haben. Um die richtige Position für die Ohren zu finden, stecken wir diese erst einmal am Kopf fest. Sitzen sie richtig, nähen wir sie an (Foto 5). Darauf achten, diese nur im unteren Teil festzunähen (Foto 6).

Die Augen mit ein paar Stichen vertikal über ca. 3–4 Maschen aufsticken, danach den Mund aufsticken. Die Augenbrauen werden später aufgestickt, wenn die Haare die richtige Position haben.

Das Haar stecken wir wie die Ohren erst einmal fest, bis es die richtige Position hat. Die Spitze des Haars zeigt zur Nase (Foto 7) und hinten sollte es so aussehen wie auf dem Foto 8. Die Augenbrauen mit ein paar Stichen über den Augen aufsticken (Foto 9).

Für die Haarmähne schneiden wir ca. 38 cm lange Haarsträhnen aus dem hellgrauen Kuschelgarn zu. Wie viele, hängt davon ab, wie voll die Haarpracht werden soll. Ich habe bei meinem Waldschrat alle 2–3 Maschen zwei Strähnen eingeknüpft und bin so auf etwa 150 Strähnen gekommen. Ich gebe zu, es ist eine Geduldssache, die dünnen Strähnen einzuknüpfen, aber es lohnt sich! Hinterher sieht es gut aus. Wir fangen mit dem Einknüpfen an der Spitze an (Foto 10).

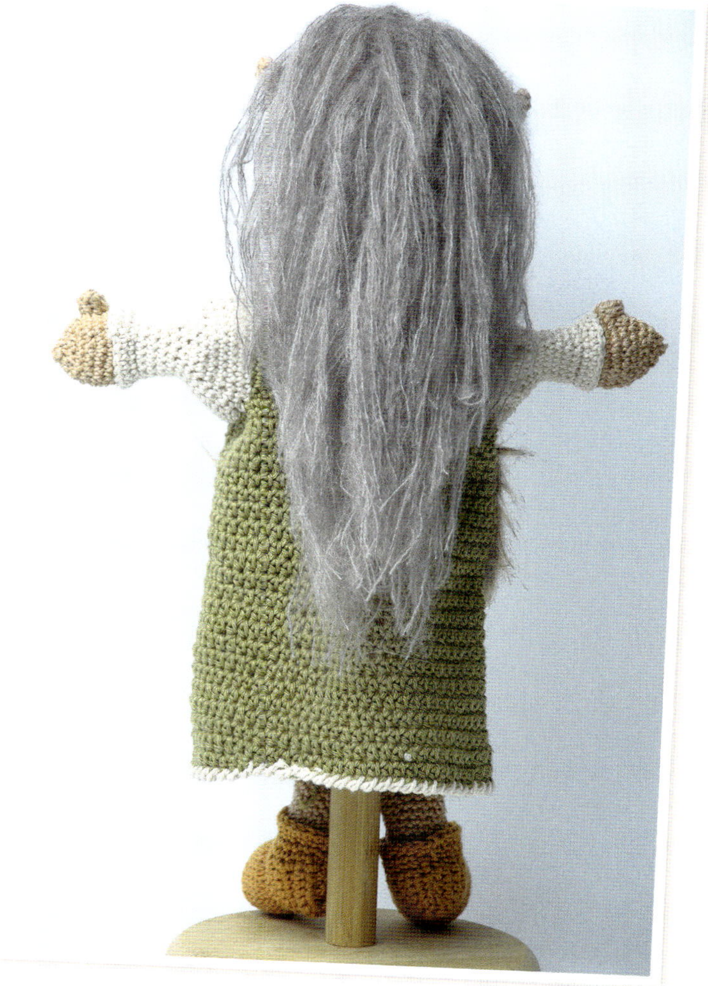

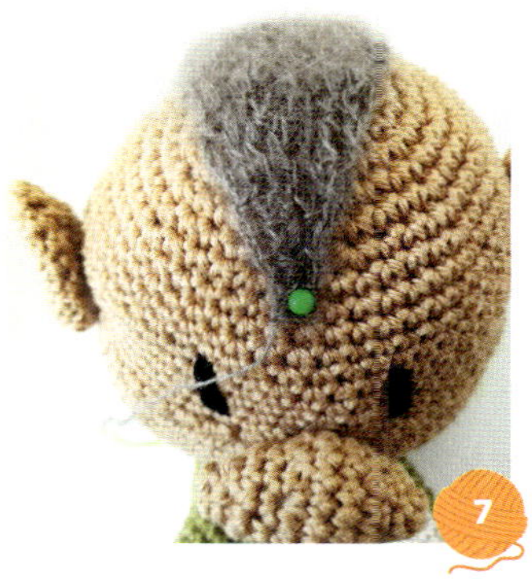

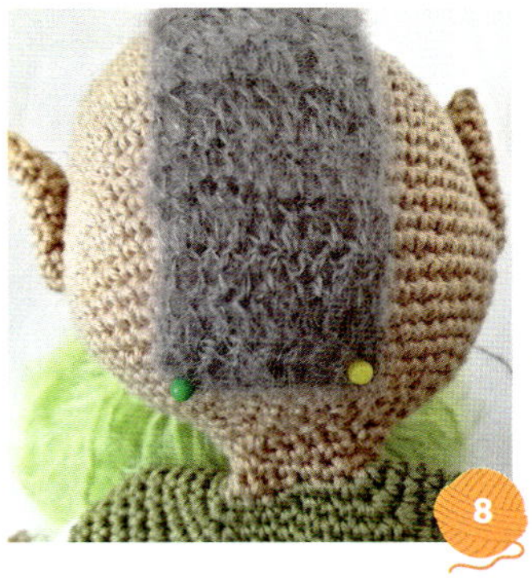

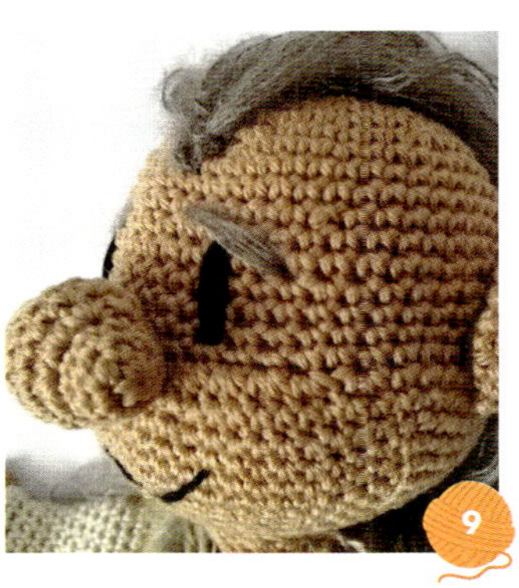

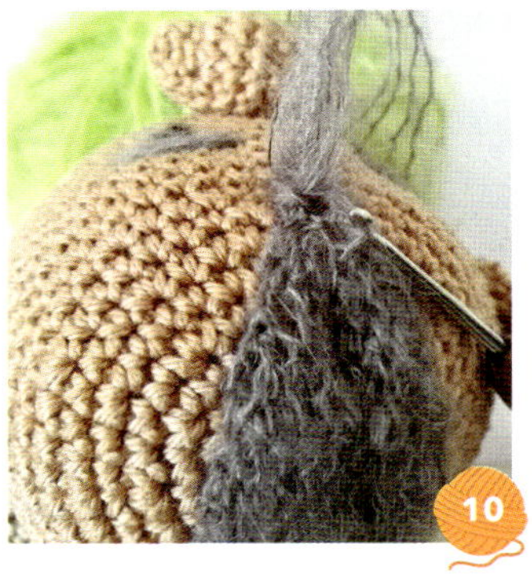

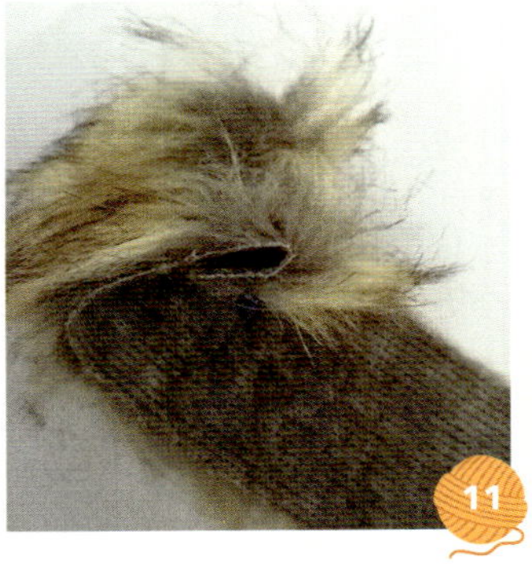

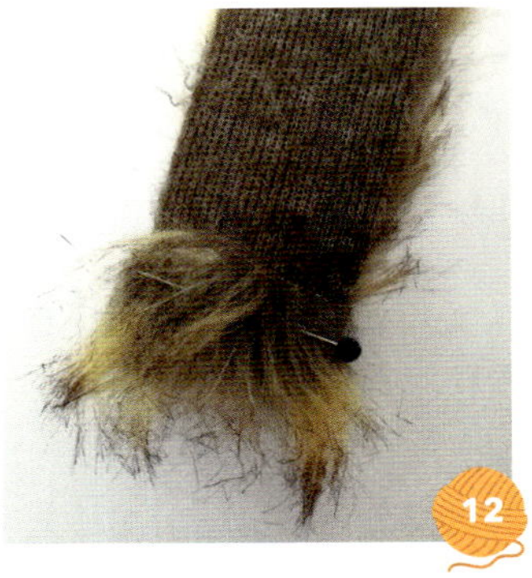

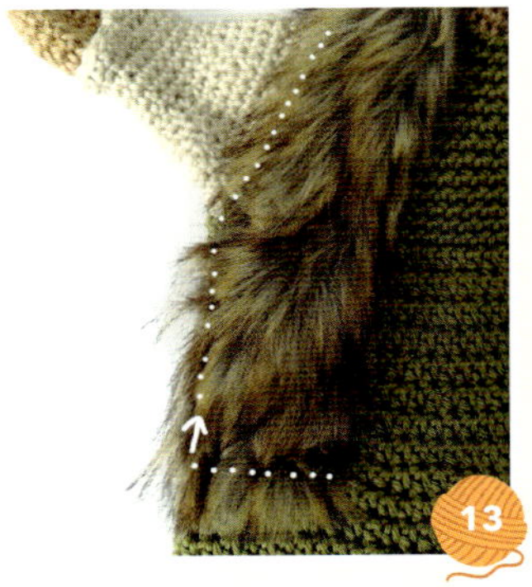

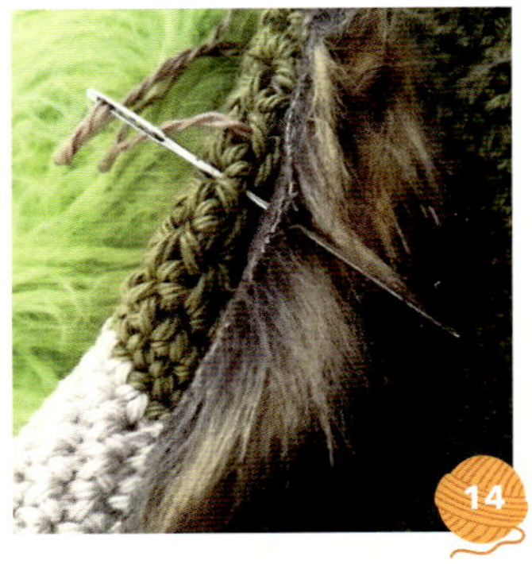

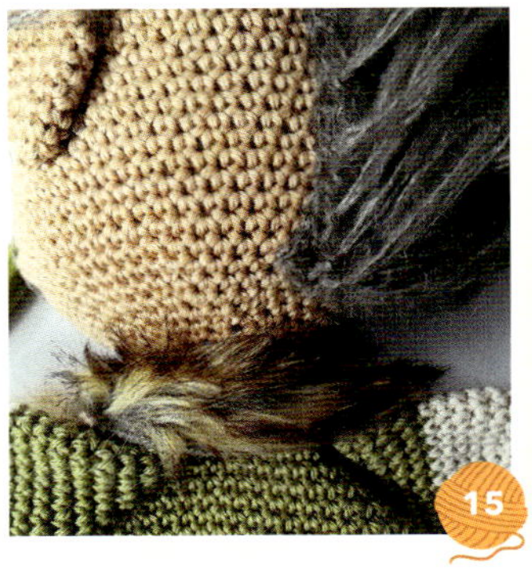

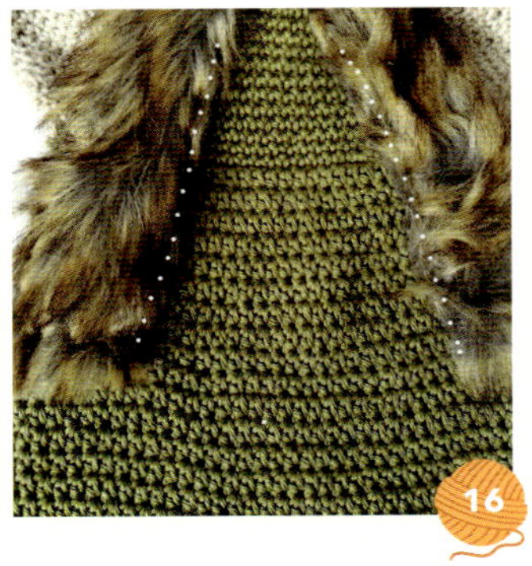

Bevor wir die Borte annähen, müssen wir sie erst einmal an beiden Enden ca. 1 cm umnähen (Foto 11 und 12). Durch das Zuschneiden auf die gewünschte Länge würde sich die Borte sonst mit der Zeit auflösen. Durch das Umnähen wird dies verhindert.

Die Borte wird in der 66. Rd des Körpers angenäht und dann weiter in Pfeilrichtung befestigt. Wir orientieren uns dabei am Verlauf des grünen Kleides (Foto 13 und 14). Die Borte hinten über den Hals legen (Foto 15) und auf der zweiten Seite genauso annähen. Darauf achten, auch die Innenseite festzunähen (Foto 16).

Die Beine nähen wir mit einem Faden in der Farbe des Kleides in der letzten Runde des Kleides an. Nun noch die Feder an einer Schnur befestigen und Albe als Kette umhängen. Und fertig ist der Waldschrat.

KANN ALBE DEM SCHUSSELIGEN UND VERGESSLICHEN GLÜHWÜRMCHEN HELFEN?

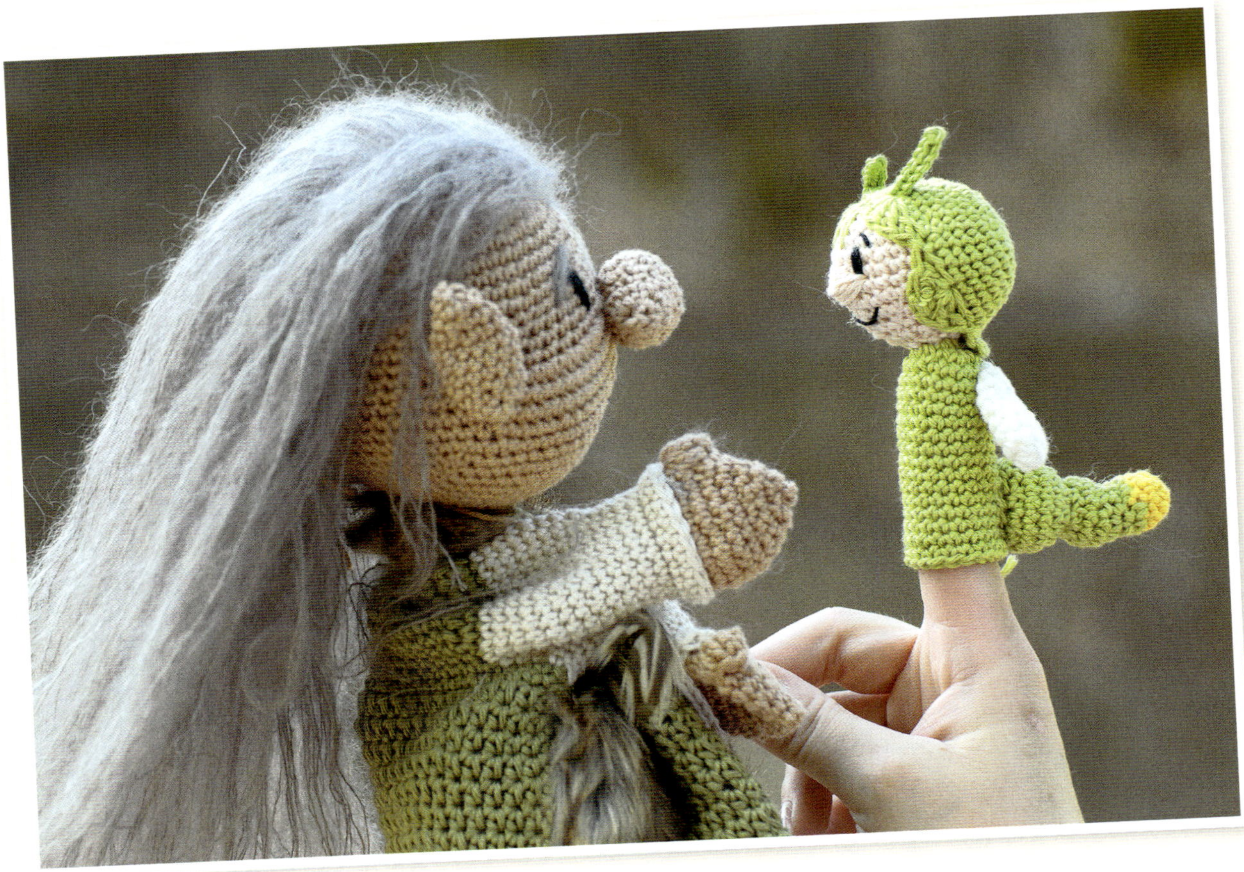

FRIDO. DAS WUSELIGE MONSTERCHEN

Geduld ist nicht gerade Monsterchens Stärke. Frido ist der wuseligste (und ungeduldigste) Zauberwaldbewohner überhaupt. Nichts geht ihm schnell genug und oft fängt er etwas an, dann fällt ihm plötzlich etwas anderes ein, was er anstellen könnte, und schon stürzt er sich darauf. Bei einer Sache jedoch ist er absolut ruhig und konzentriert, beim Zielschießen mit seiner Schleuder. Das wissen auch die anderen Waldbewohner. Wenn Livra und Larina sehen, dass die Äpfel am Baum des Bauern reif sind, rufen sie Frido, denn mit einem gezielten Schuss holt er ihnen die schönsten und leckersten Äpfel vom Baum. Und wenn im Zauberwald das Waldfest ansteht, bei dem es auch ein großes Wettschießen gibt, winken schon ganz viele Waldbewohner ab, wenn sie hören, dass Frido mitmacht, denn gegen ihn hat keiner eine echte Chance. Frido streicht wie jedes Jahr die tollen Gewinne ein. Angst hat übrigens keiner vor ihm, sieht man mal von Morty ab. Aber Morty fällt ja schon in Ohnmacht, wenn er eine Maus sieht …

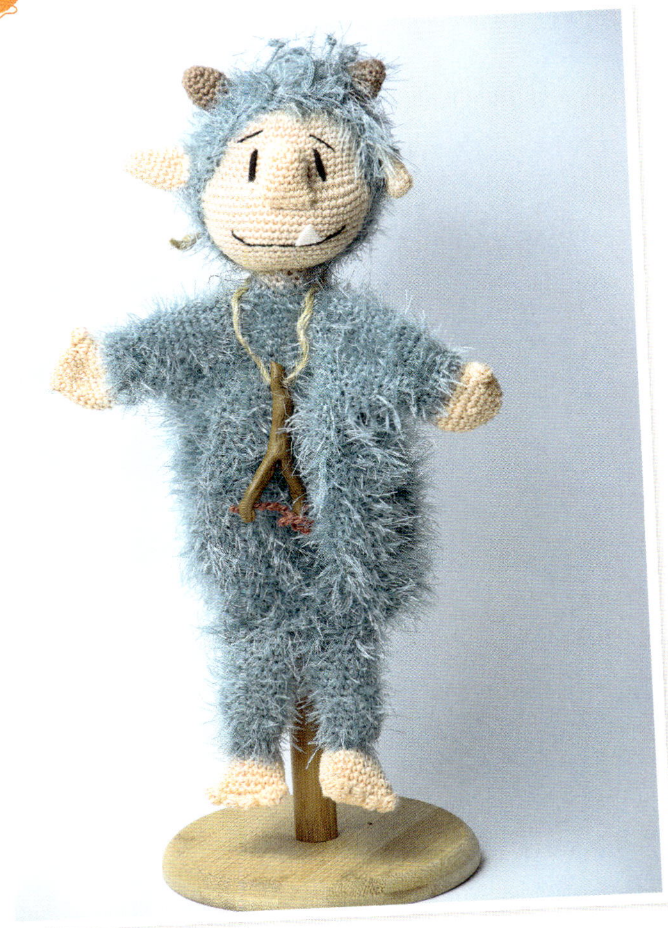

DAS BRAUCHT MAN

Wolle

Catona von Scheepjes, 100 % Baumwolle, 50 g/125 m: 30 g Hautfarben (Nr. 255), 15 g Hellbraun (Nr. 257), Reste in Schwarz (Nr. 110) und Rotbraun (Nr. 388)

Schachenmayr Brazilia, 100 % Polyester, 50 g/90 m: 100 g in Mittelblau (Nr. 01291)

Zubehör

Häkelnadeln 2,5, 3,0 und 3,5 mm
Stick-/Vernähnadeln
Füllwatte
Rest Filz in Weiß
Fimo in Braun

Größe

Mit dem angegebenen Garn gehäkelt, hat das fertige Monsterchen eine Größe von 32 cm.

UND SO GEHT ES

KOPF UND OBERKÖRPER

Wir häkeln Frido nach der **Grundanleitung** bis zur 55. Rd **(siehe Seite 11 f.)**.

Hinweis: In der 44. Rd wechseln wir zum mittelblauen Kuschelgarn.

56. Rd: Jede 17. M verd (= 72 fM).

Jetzt schließen wir die Runde mit 1 Km in die 1. M. Von nun an häkeln wir hStb und in geschlossenen Runden, das heißt, jede Runde wird mit 1 Km in die 2. Lfm am Anfang geschlossen und beginnt mit 2 Lfm.

57.-67. Rd: 2 Lfm, 72 hStb (= 72 hStb).
68. Rd: Jede 11. und 12. M zus (= 66 hStb).
69. Rd: Jede 10. und 11. M zus (= 60 hStb).
70. Rd: Jede 9. und 10. M zus (= 54 hStb).
71. Rd: Jede 8. und 9. M zus (= 48 hStb).
72.-74. Rd: 48 hStb (= 48 hStb).
Die Arbeit beenden und den Faden vernähen.

ARME (2 X HÄKELN)

Für die Arme schlagen wir jeweils im Armausschnitt mit mittelblauem Kuschelgarn den Faden neu an und häkeln nach der **Grundanleitung Arm/Hand** **(siehe Seite 12 f.)**. Die Hand wird in Hautfarben gehäkelt.

FÜSSE UND BEINE (2 X HÄKELN)

Mit Häkelnadel 2,5 mm und Hautfarbe 2 Lfm anschlagen.

1. Rd: 6 fM in die 2. Lfm (= 6 fM).
2. Rd: Jede M verd (= 12 fM).

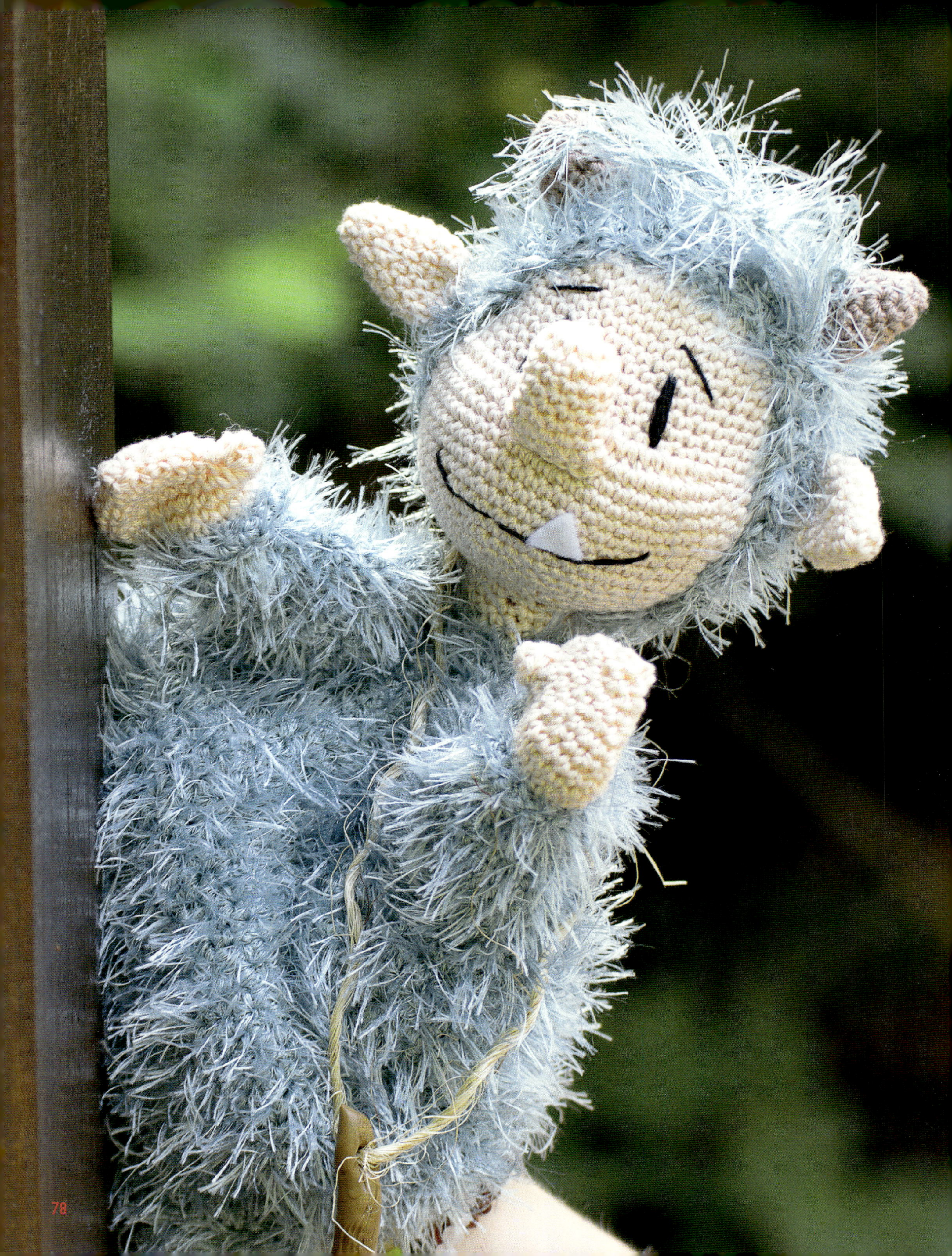

3. Rd: Jede 4. M verd (= 15 fM).
4. + 5. Rd: 15 fM (= 15 fM).
6. Rd: Jede 5. M verd (= 18 fM).
7.-9. Rd: 18 fM (= 18 fM).
10. Rd: Jede 6. M verd (= 21 fM).
11. Rd: 21 fM (= 21 fM).
Jetzt den Fuß mit Füllwatte füllen, an der oberen Reihe zusammenlegen und die nächste Reihe durch beide Maschen häkeln **(siehe Foto 9 und 10 auf Seite 62)**.
1. R: * 1 M überspr, 5 DStb in 1 M und zus abmaschen, 1 Lfm, 1 M überspr, 1 Km * 2 x wdh **(siehe Foto 11 und 12 auf Seite 63)**.

Für das Bein schlagen wir auf dem Fuß mit Häkelnadel 3,0 mm 6 Maschen mit dem blauen Kuschelgarn an. Die Runde mit 1 Km schließen, 1 Lfm häkeln und die Arbeit wenden. Ab hier arbeiten wir dann in Spiralrunden weiter.
Hinweis: Die Arbeit muss gewendet werden, weil ansonsten die linke Häkelseite außen wäre, und da diese ein anderes Maschenbild hat, würde das auffallen und nicht zum Rest passen.
1. Rd: Jede M verd (= 12 fM).
2. Rd: Jede 2. M verd (= 18 fM).
3.-14. Rd: 18 fM (= 18 fM).
Das Bein immer wieder mit Füllwatte füllen. Die letzten 6 Reihen des Beines bleiben ungefüllt. Die Arbeit beenden und einen längeren Faden zum Annähen stehen lassen (Foto 1).

HAARE

Mit Häkelnadel 3,5 mm und dem blauen Kuschelgarn 2 Lfm anschlagen.

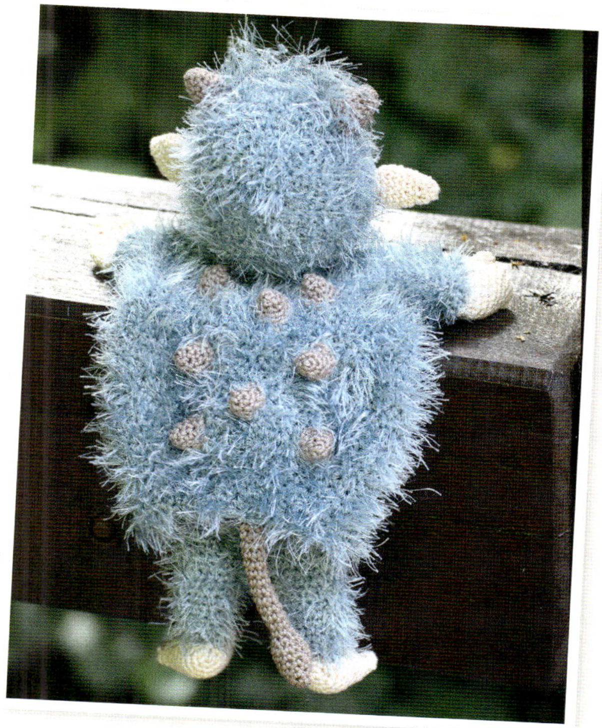

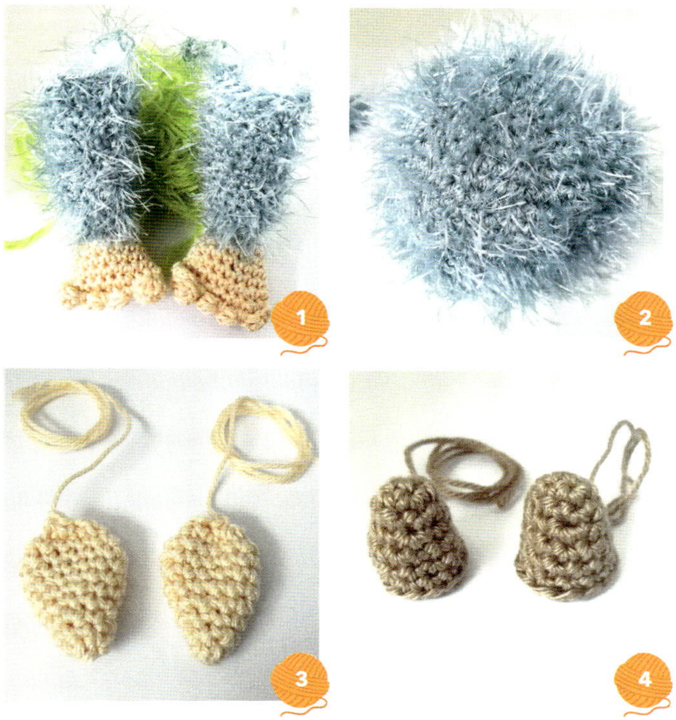

1. Rd: 6 fM in die 2. Lfm (= 6 fM).
2. Rd: Jede M verd (= 12 fM).
3. Rd: Jede 2. M verd (= 18 fM).
4. Rd: Jede 3. M verd (= 24 fM).
5. Rd: Jede 4. M verd (= 30 fM).
6. Rd: Jede 5. M verd (= 36 fM).
7. Rd: Jede 6. M verd (= 42 fM).
8. Rd: Jede 7. M verd (= 48 M).
9. Rd: Jede 16. M verd (= 51 fM).
10.-19. Rd: 51 fM (= 51 fM).
Die Arbeit beenden und einen längeren Faden zum Annähen stehen lassen (Foto 2).

OHREN (2 X HÄKELN)

Mit Häkelnadel 2,5 mm und Hautfarben 2 Lfm anschlagen.
1. Rd: 6 fM in die 2. Lfm (= 6 fM).
2. Rd: Jede 2. M verd (= 9 fM).
3. Rd: 9 fM (= 9 fM).
4. Rd: Jede 3. M verd (= 12 fM).
5.-8. Rd: 12 fM (= 12 fM).
9. Rd: Je 2 M zus (= 6 fM).
Die Arbeit mit 1 Km beenden und einen längeren Faden zum Annähen stehen lassen.
Die Ohren bleiben ungefüllt (Foto 3).

HÖRNER (2 X HÄKELN)

Mit Häkelnadel 2,5 mm und Braun 2 Lfm anschlagen.
1. Rd: 4 fM in die 2. Lfm (= 4 fM).
2. Rd: Jede 2. M verd (= 8 fM).
3. Rd: 8 fM (= 8 fM).
4. Rd: Jede 2. M. verd (= 12 fM).
5.-7. Rd: 12 fM (= 12 fM).
Die Arbeit beenden und einen längeren Faden zum Annähen stehen lassen (Foto 4).

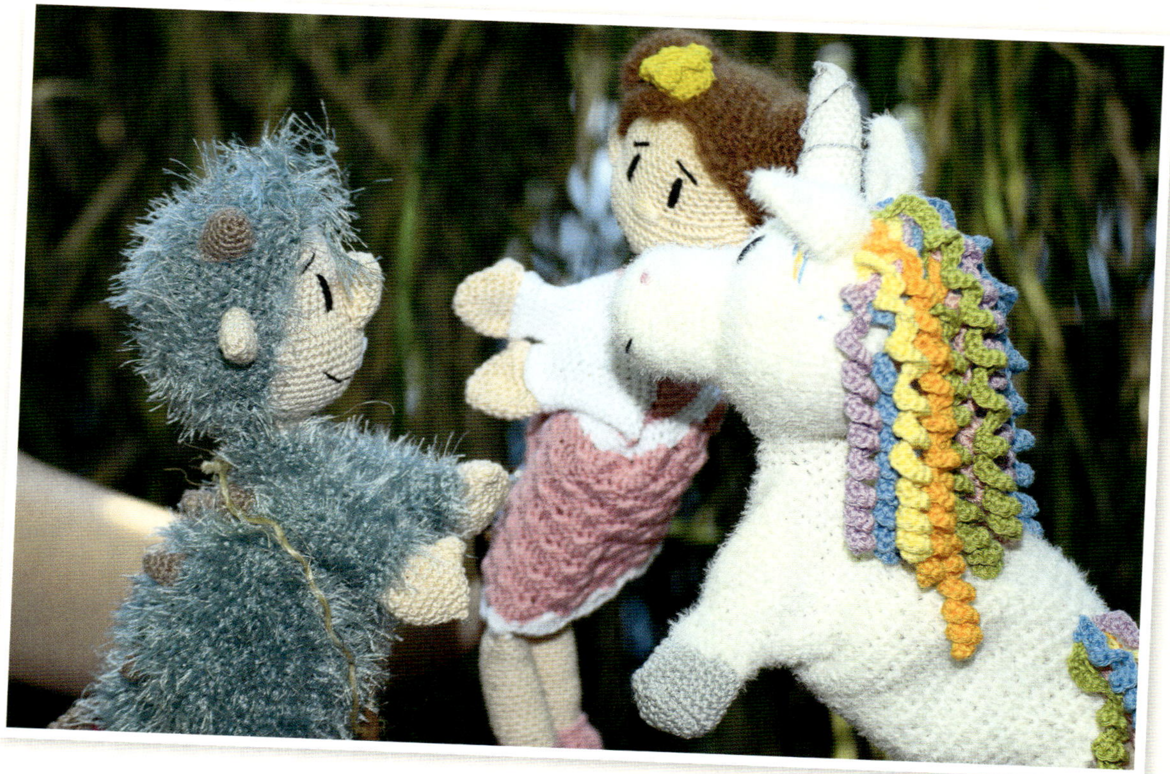

NASE

Mit Häkelnadel 2,5 mm und Hautfarben 2 Lfm anschlagen.

1. Rd: 6 fM in die 2. Lfm (= 6 fM).
2. Rd: Jede M verd (= 12 fM).
3.-8. Rd: 12 fM (= 12 fM).
Füllwatte in die Nase geben, zusammenlegen und die nächste Reihe durch beide Maschen häkeln. Die Reihe hat dann 6 fM.
Die Arbeit beenden und einen längeren Faden zum Annähen stehen lassen (Foto 5).

STACHEL (8 X HÄKELN)

Diese werden wie die Hörner gearbeitet, allerdings nur bis zur 4. Rd (Foto 6).

SCHWANZ

Mit Häkelnadel 2,5 mm in Braun 2 Lfm anschlagen.
1. Rd: 6 fM in die 2. Lfm (= 6 fM).
2. Rd: 6 fM (= 6 fM).
3. Rd: Jede 2. M verd (= 9 fM).
4. Rd: 9 fM (= 9 fM).
5. Rd: Jede 3. M verd (= 12 fM).
6. Rd: 12 fM (= 12 fM).
Die Schwanzspitze mit Füllwatte füllen.
7. Rd: Je 2 M zus (= 6 fM).
8.-22. Rd: 6 fM (= 6 fM).
Die Arbeit beenden und einen längeren Faden zum Annähen stehen lassen.
Der Schwanz bleibt bis auf die Schwanzspitze ungefüllt (Foto 7).

STEINSCHLEUDER

Aus braunem Fimo eine Steinschleuder formen und an Gabel und Griff ein Loch einstechen. Dann nach Herstellerbeschreibung im Ofen aushärten.
Wenn die Steinschleuder hart ist, eine Lfm-Kette aus 14 Maschen an der Gabel befestigen. Ein ca. 34 cm langes Stück Paketschnur zuschneiden, durch das Loch am Ende der Steinschleuder ziehen und verknoten. So kann Frido die Steinschleuder jederzeit zum Benutzen abnehmen (Foto 8).

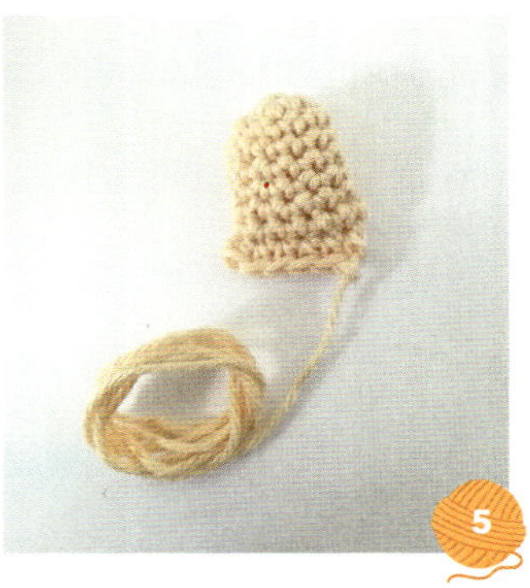

5

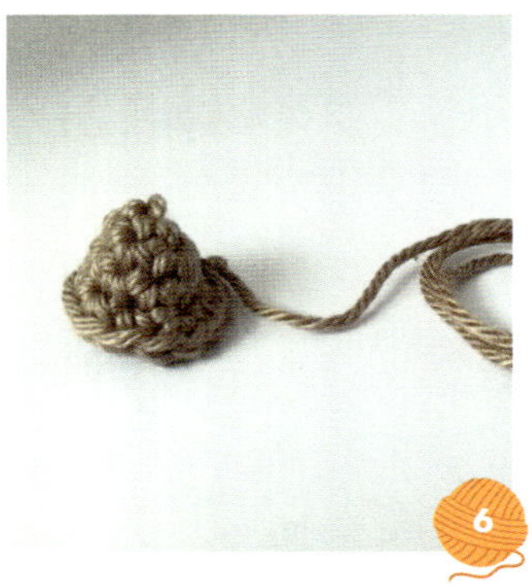

6

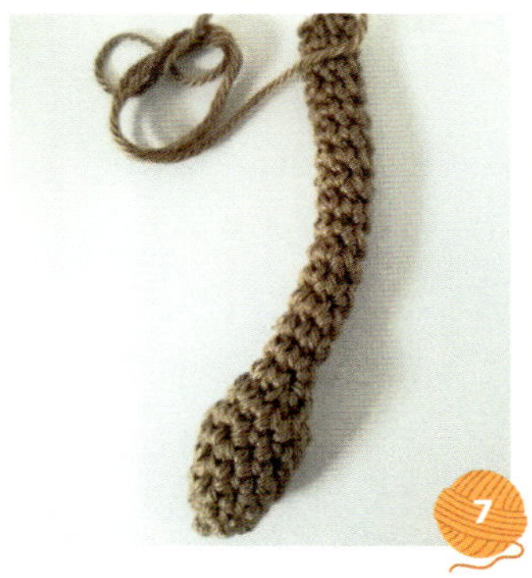

7

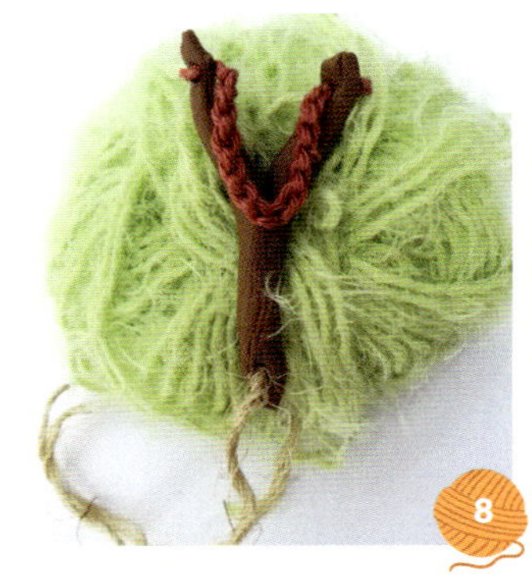

8

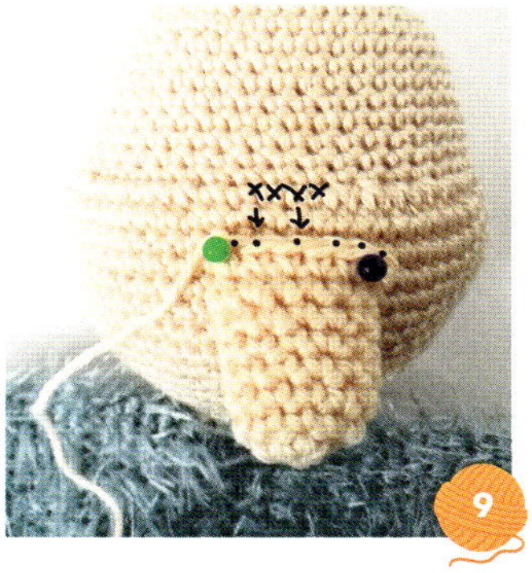

9

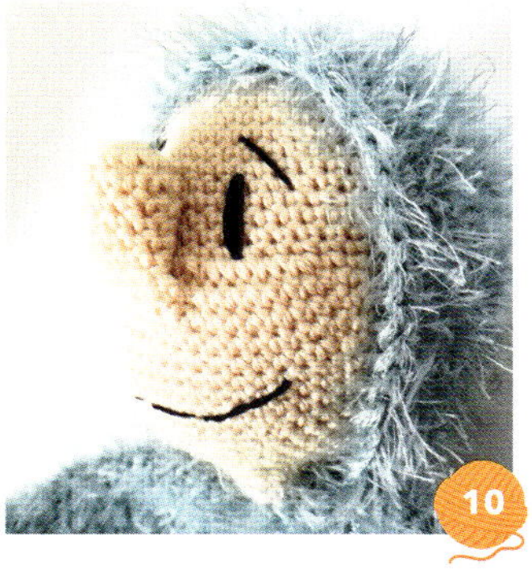

10

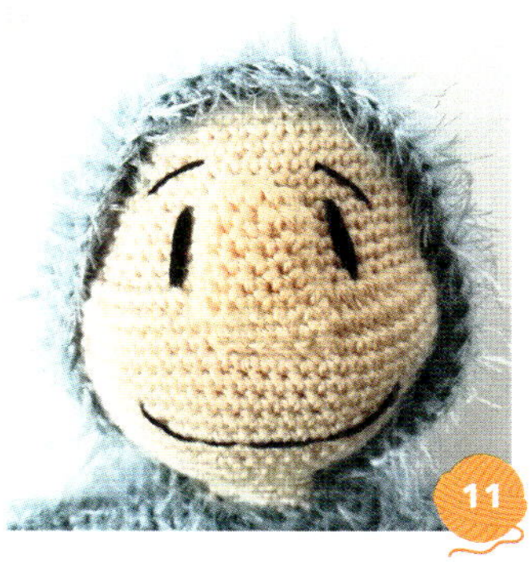

11

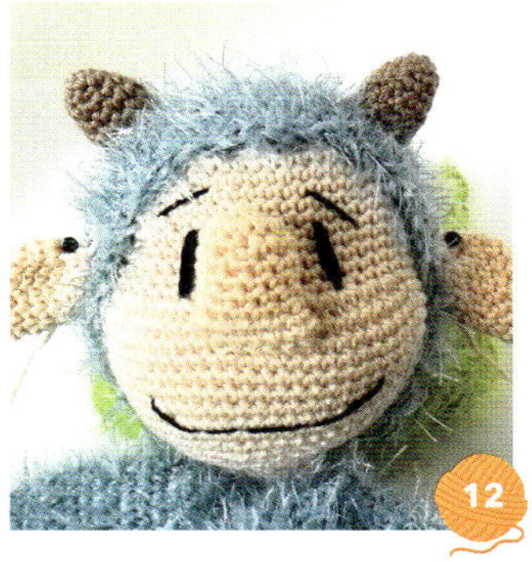

12

FERTIGSTELLUNG

Zuerst nähen wir die Nase an, allerdings nicht wie sonst an der zuvor markierten Stelle, sondern mit der letzten Reihe zwei Reihen darunter (Foto 9). Die Nase hochklappen und mit ein paar Stichen ans Gesicht annähen, so entsteht eine hübsche Stupsnase (Foto 10).

Nun die Haare positionieren. Da das Monsterchen eine Nase hat, die in einer anderen Höhe sitzt, ist es gut, vor dem Sticken der Augen die Haare bereits aufzusetzen, um danach die richtige Position für die Augen zu finden. Die Augen werden mit ein paar Stichen vertikal über ca. 3 bis 4 Maschen aufgestickt. Anschließend Augenbrauen und Mund aufsticken (Foto 11).

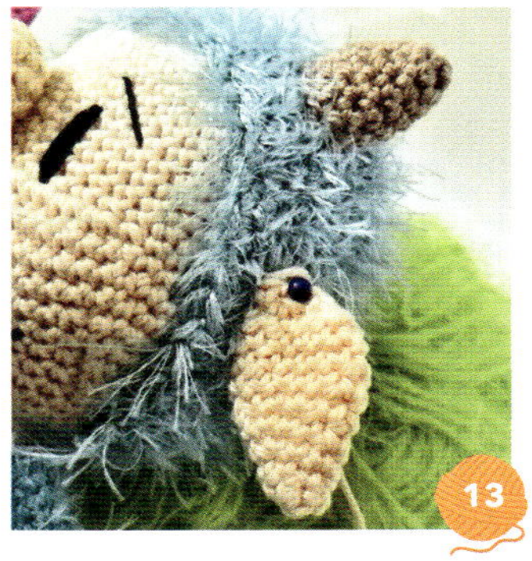

13

Die Hörner mit Füllwatte füllen und zwischen der 11. und 14. Rd mit 12 Maschen Abstand festnähen. Die Ohren werden 4 Reihen unterhalb der Hörner angenäht (Foto 12 und 13).

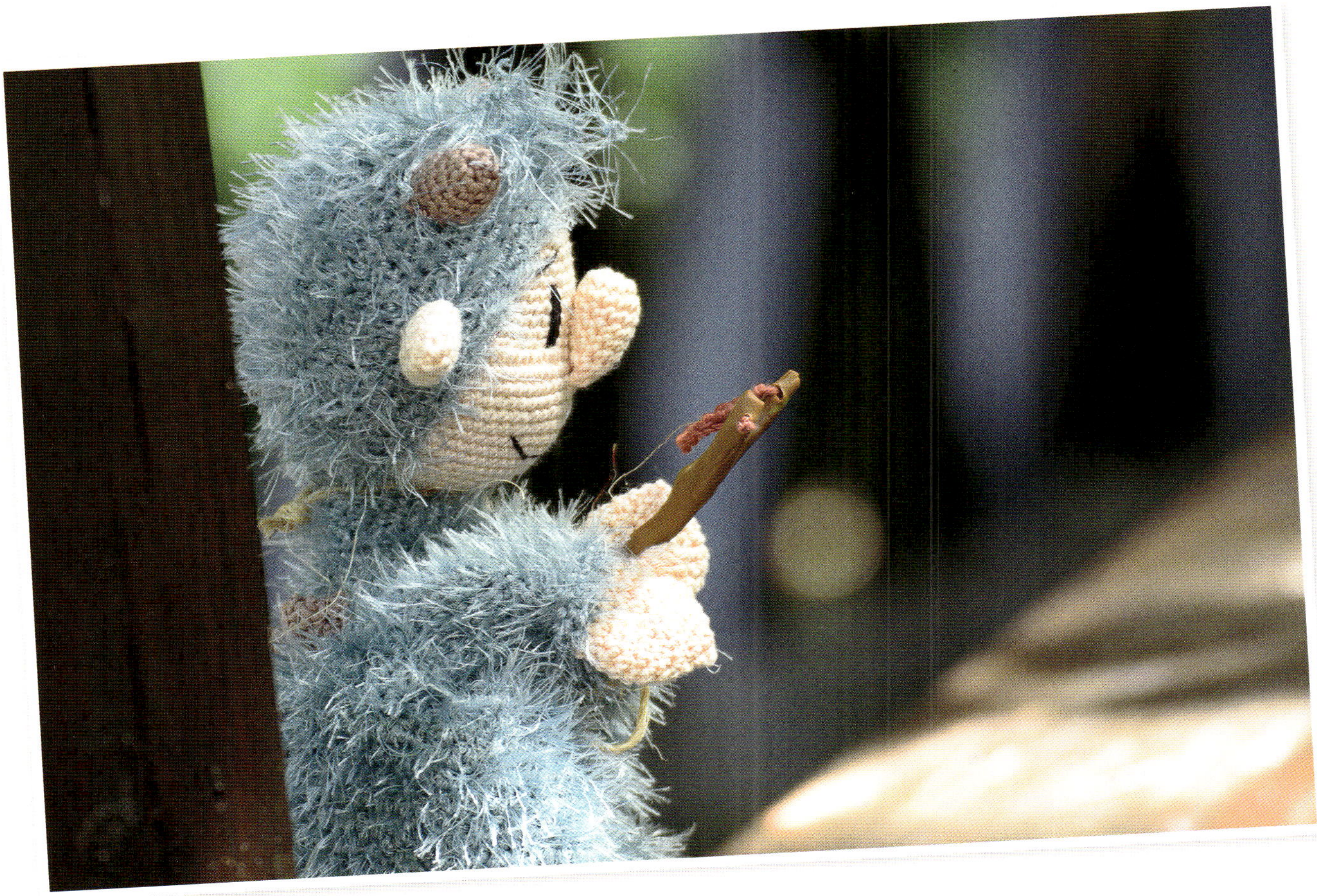

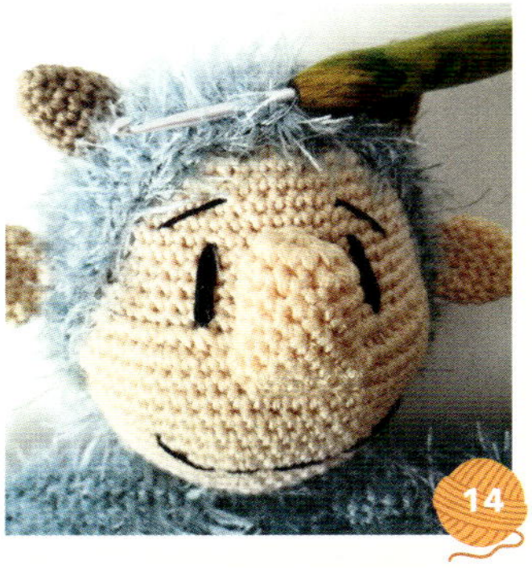

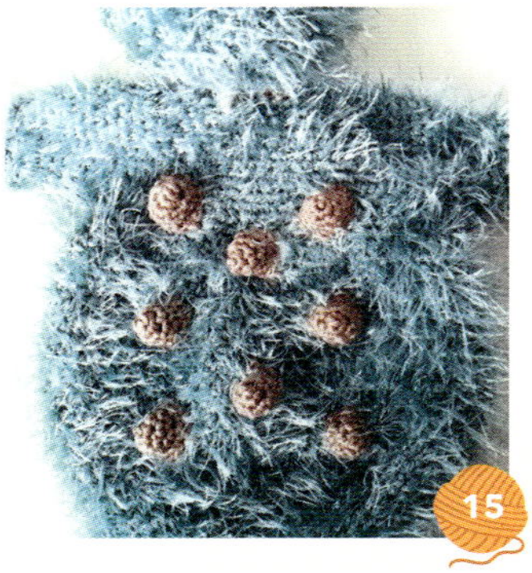

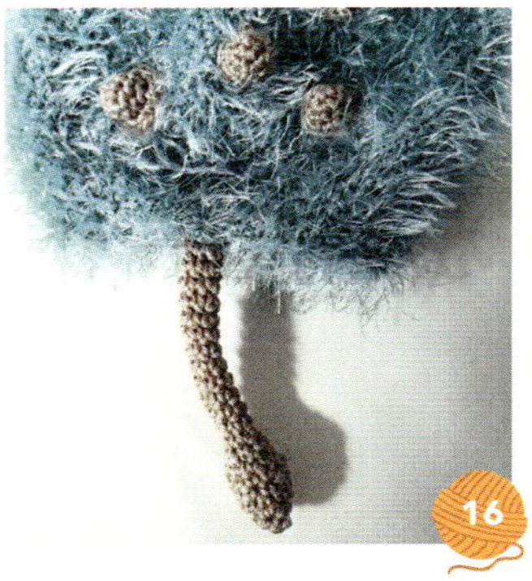

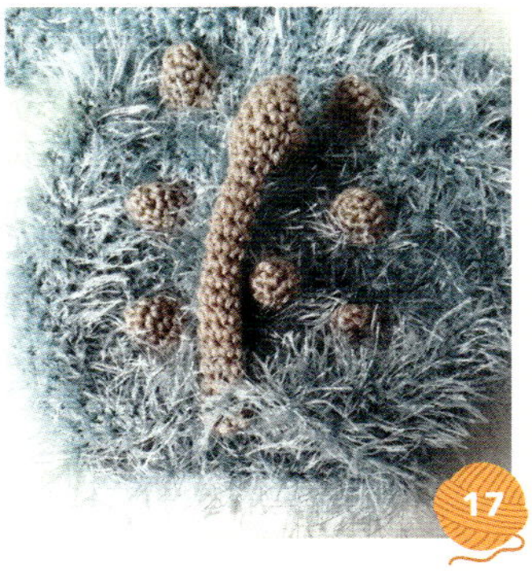

Aus dem Kuschelgarn 8 ca. 20 cm lange Strähnen zuschneiden und jeweils zwei Strähnen zwischen den beiden Hörnern als Pony einknüpfen (Foto 14).

Die Stacheln mit Füllwatte stopfen und wie auf dem Foto annähen (Foto 15).

Den Schwanz unterhalb zu den mittigen Stacheln an die Innenseite des Kleides annähen (Foto 16 und 17).

Die Beine nähen wir mit einem Faden in der Farbe des Kleides in der letzten Runde des Kleides an. Nun noch aus Filz einen spitzen Zahn zuschneiden und oberhalb des Mundes annähen oder festkleben.

Jetzt nur noch die Schleuder umhängen und Frido ist bereit, Äpfel vom Baum zu holen.

FRIDO IST MEISTER DARIN, ÄPFEL VOM BAUM ZU SCHIEßEN.

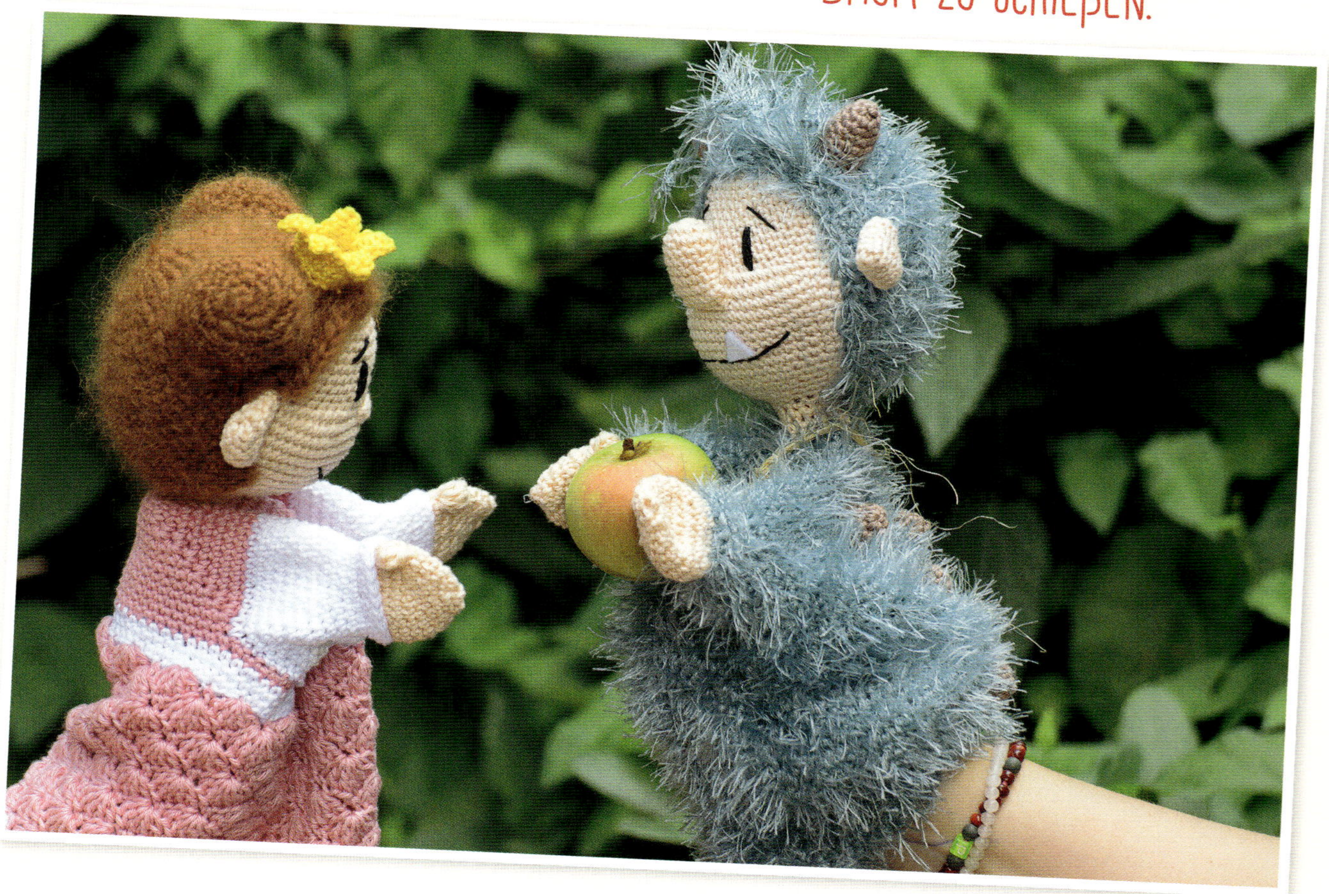

MIRO, DAS ABENTEUERLUSTIGE PILZCHEN

Nichts und niemand macht dem kleinen Miro Angst. Er liebt es, auf dem Waldboden umherzustreifen und ist stets auf der Suche nach einem Abenteuer. Er ist so ganz anders als Morty, das schreckhafte Gespenst. Miro kann überhaupt nicht verstehen, dass dieses sich so fürchtet. Er selbst traut sich selbst in die tiefste Waldhöhle, um für Albe Kräuter zu sammeln. Ein bisschen eitel ist Miro aber auch. Er liebt es, den anderen Waldbewohnern von seinen Abenteuern zu erzählen, und wenn man ihn trifft und nicht aufpasst, steht man am nächsten Tag noch da, um seinen Geschichten zu lauschen. Deshalb gehen die anderen ihm meist aus dem Weg. Nur Tita, das Burgfräulein, nicht. Sie hört ihm stundenlang zu. Natürlich flunkert Miro dabei ein bisschen, um ihr zu imponieren. Abends träumt er dann in seinem Waldbett davon, einmal mit Tita ein gemeinsames Abenteuer zu erleben …

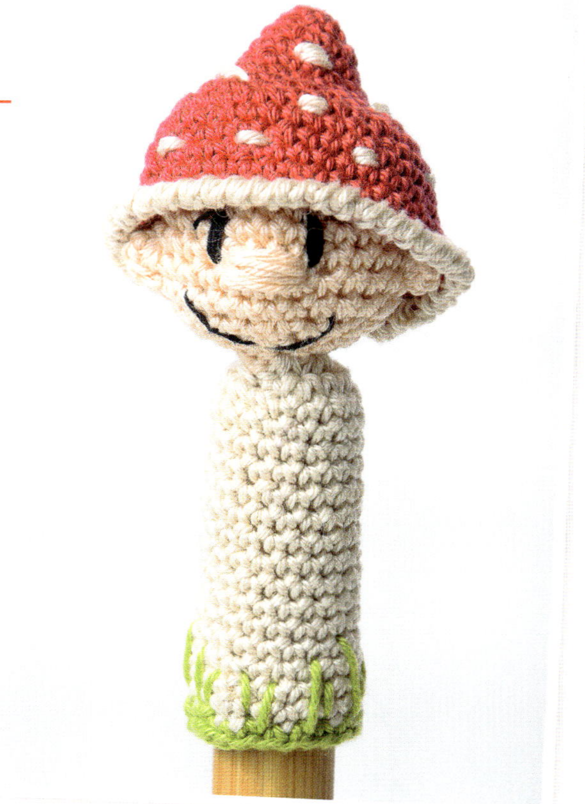

DAS BRAUCHT MAN

Wolle
Catona von Scheepjes, 100 % Baumwolle, 50 g/125 m: Reste in Hautfarben (Nr. 255), Natur (Nr. 505), Apfelgrün (Nr. 513), Rosenrot (Nr. 258) und Schwarz (Nr. 110)

Zubehör
Häkelnadeln 2,5 mm
Stick-/Vernähnadeln
Füllwatte

Größe
Mit dem angegebenen Garn gehäkelt, hat das fertige Pilzchen eine Größe von ca. 10 cm.

UND SO GEHT ES

KOPF/KÖRPER

Mit Häkelnadel 2,5 mm und Hautfarben 2 Lfm anschlagen.
1. Rd: 6 fM in die 2. Lfm (= 6 fM).
2. Rd: Jede M verd (= 12 fM).
3. Rd: Jede 2. M verd (= 18 fM).
4. Rd: Jede 3. M verd (= 24 fM).
5. Rd: Jede 4. M verd (= 30 fM).
6.–10. Rd: 30 fM (= 30 fM).
11. Rd: Jede 4. und 5. M zus (= 24 fM).
12. Rd: Jede 3. und 4. M zus (= 18 fM).
Den Kopf mit Füllwatte füllen.
13. Rd: Jede 2. und 3. M zus (= 12 fM).
Gegebenenfalls noch etwas Füllwatte nachstopfen.
14. Rd: Je 2 M zus häkeln (= 6 fM).

Hier beginnt der Körper:

15. Rd: Farbwechsel zu Natur, jede M verd (= 12 fM).
16. Rd: Jede 2. M verd (= 18 fM).
17.–31. Rd: 18 fM (= 18 fM).
Die Arbeit beenden und den Faden vernähen (Foto 1).

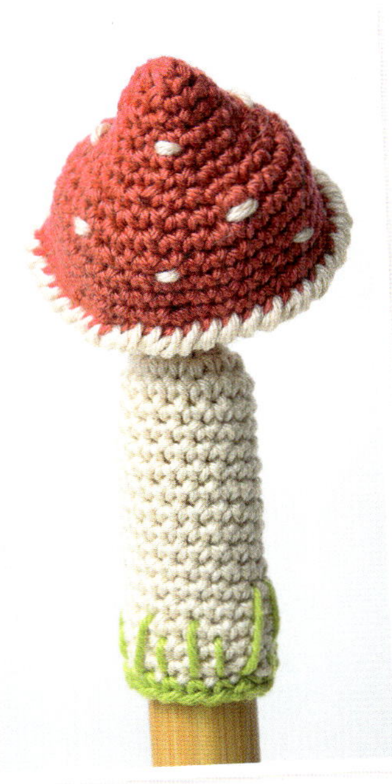

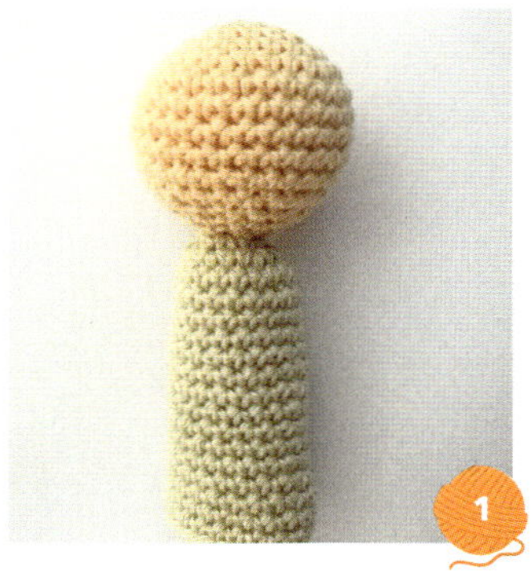

1

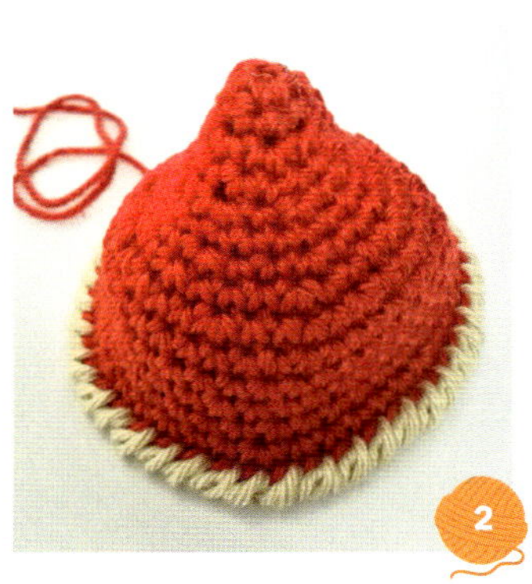

2

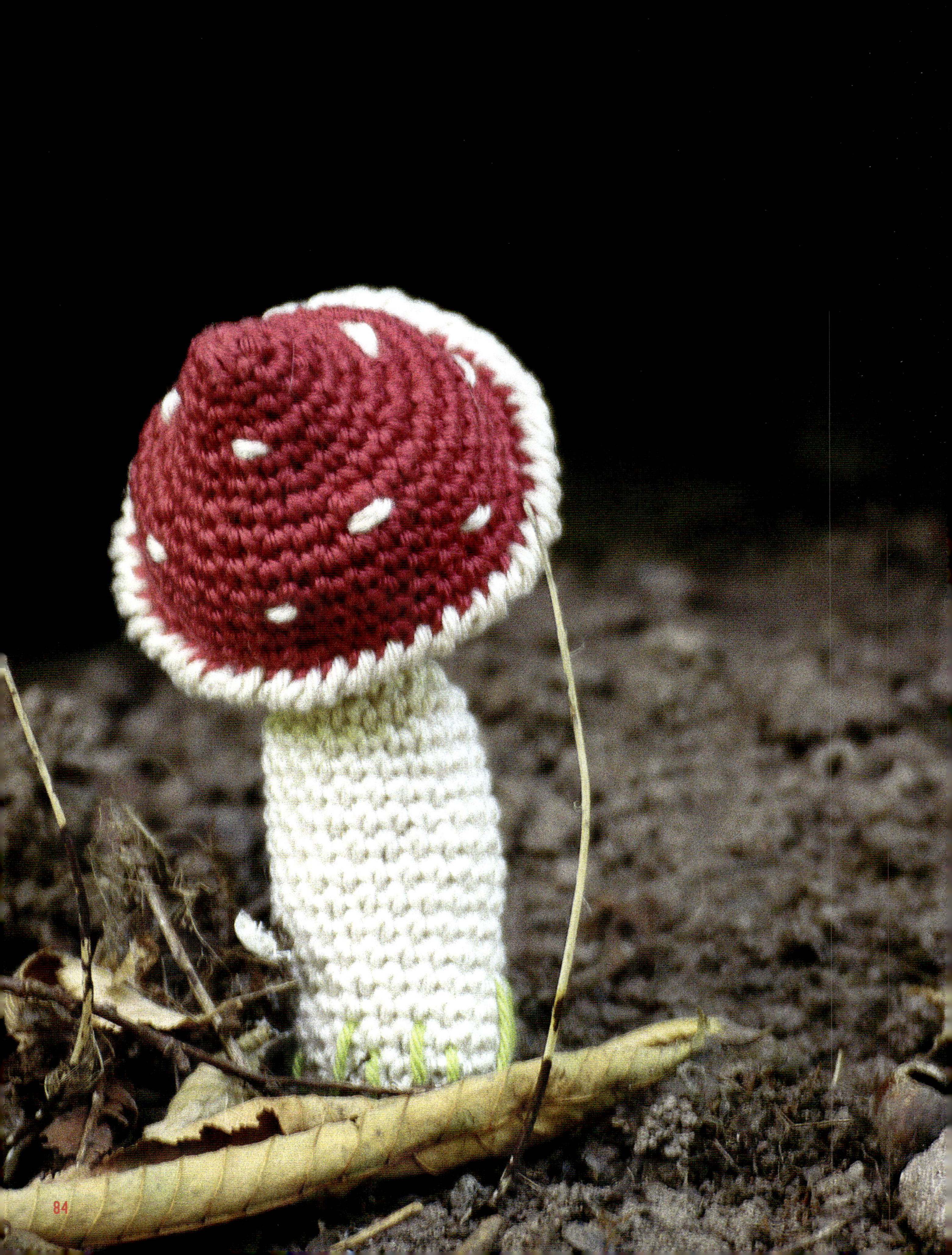

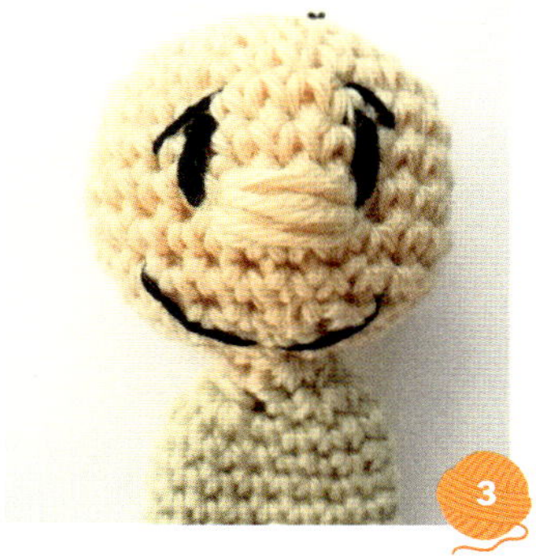

3

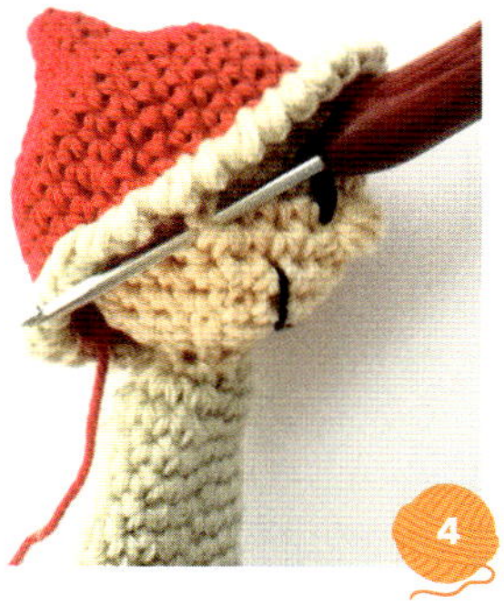

4

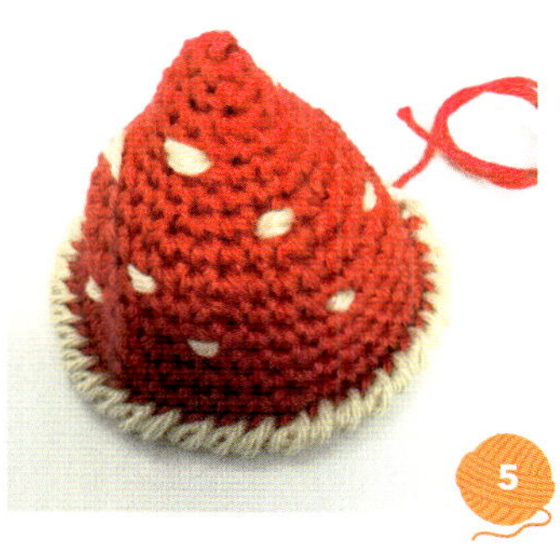

5

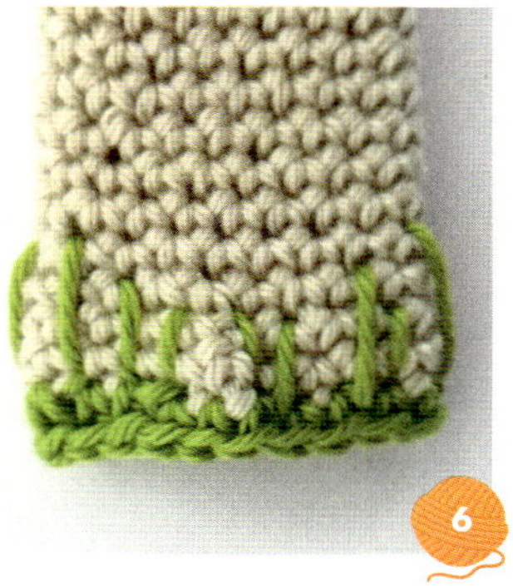

6

PILZHUT

Mit Häkelnadel 2,5 mm in Rosenrot 2 Lfm anschlagen.
1. Rd: 6 fM in die 2. Lfm (= 6 fM).
2. Rd: 6 fM (= 6 fM).
3. Rd: Jede 2. M verd (= 12 fM).
4. Rd: 12 fM (= 12 fM).
5. Rd: Jede 2. M verd (= 18 fM).
6. Rd: 18 fM (= 18 fM).
7. Rd: Jede 3. M verd (= 24 fM).
8. Rd: Jede 4. M verd (= 30 fM).
9. Rd: Jede 5. M verd (= 36 fM).
10.–13. Rd: 36 fM (= 36 fM).
14. Rd: Jede 6. M verd (= 42 fM).
15. Rd: Farbwechsel zu Natur, 42 Krebsmaschen (siehe Seite 9) häkeln (= 42 M).
Die Arbeit beenden und einen längeren Faden zum Annähen stehen lassen.

Hinweis: Ich habe den roten und naturfarbenen Faden sehr großzügig abgeschnitten, denn den roten Faden kann man prima zum Annähen des Hutes, den naturfarbenen zum Sticken der Punkte benutzen (Foto 2).

FERTIGSTELLUNG

Zuerst die Nase sticken, dann Augen, Augenbrauen und Mund (Foto 3) aufsticken.

Für die Ohren schlinge ich den Faden erneut an. Um die beste Position für die Ohren zu finden, orientiere ich mich am Pilzhut (Foto 4). Dafür setze ich ihn probehalber auf. Nach Anschlingen des Fadens 3 fM und 1 Km in 1 M arbeiten. Anfangs-und Endfaden vernähen.

Den Pilzhut besticken wir mit Tupfen. Dafür mit dem naturfarbenen Faden 2–3-mal um eine Masche stechen. Die Flecken versetzt aufsticken (Foto 5) und den Hut anschließend auf dem Kopf festnähen.

Zum Schluss eine Runde feste Maschen in Apfelgrün um den unteren Rand des Körpers häkeln und die Arbeit beenden. Dabei jedoch einen längeren Faden stehen lassen, um damit das Gras rund um das Pilzchen sticken zu können (Foto 6).

Und schon ist Miro fertig und bereit für das nächste Abenteuer!

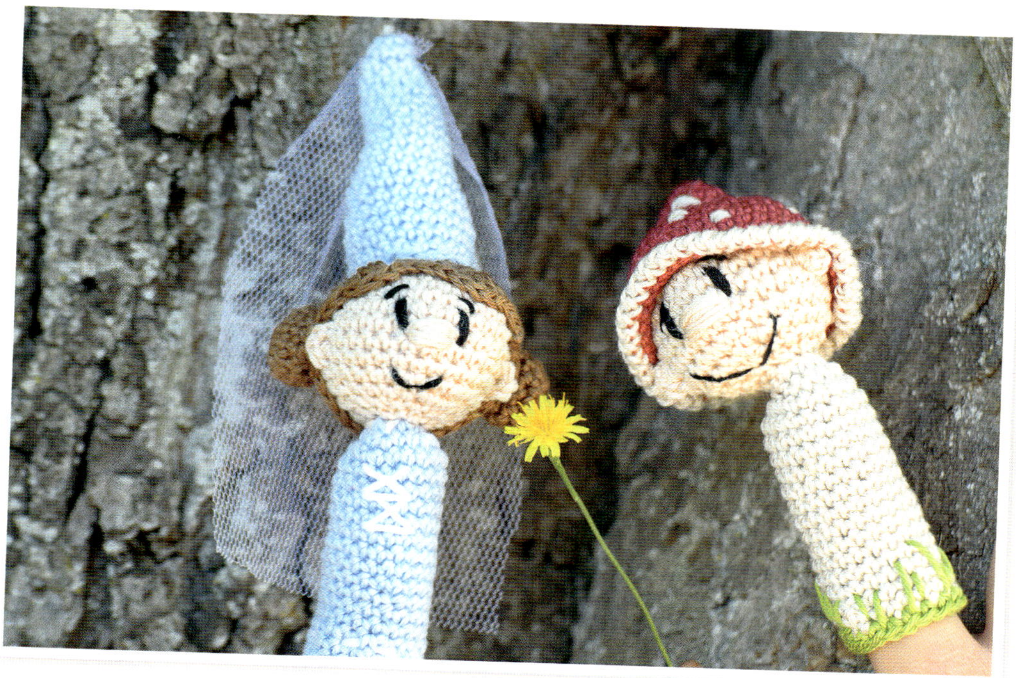

TITA, DAS BURGFRÄULEIN, HÖRT STUNDENLANG MIROS ABENTEUER-GESCHICHTEN ZU.

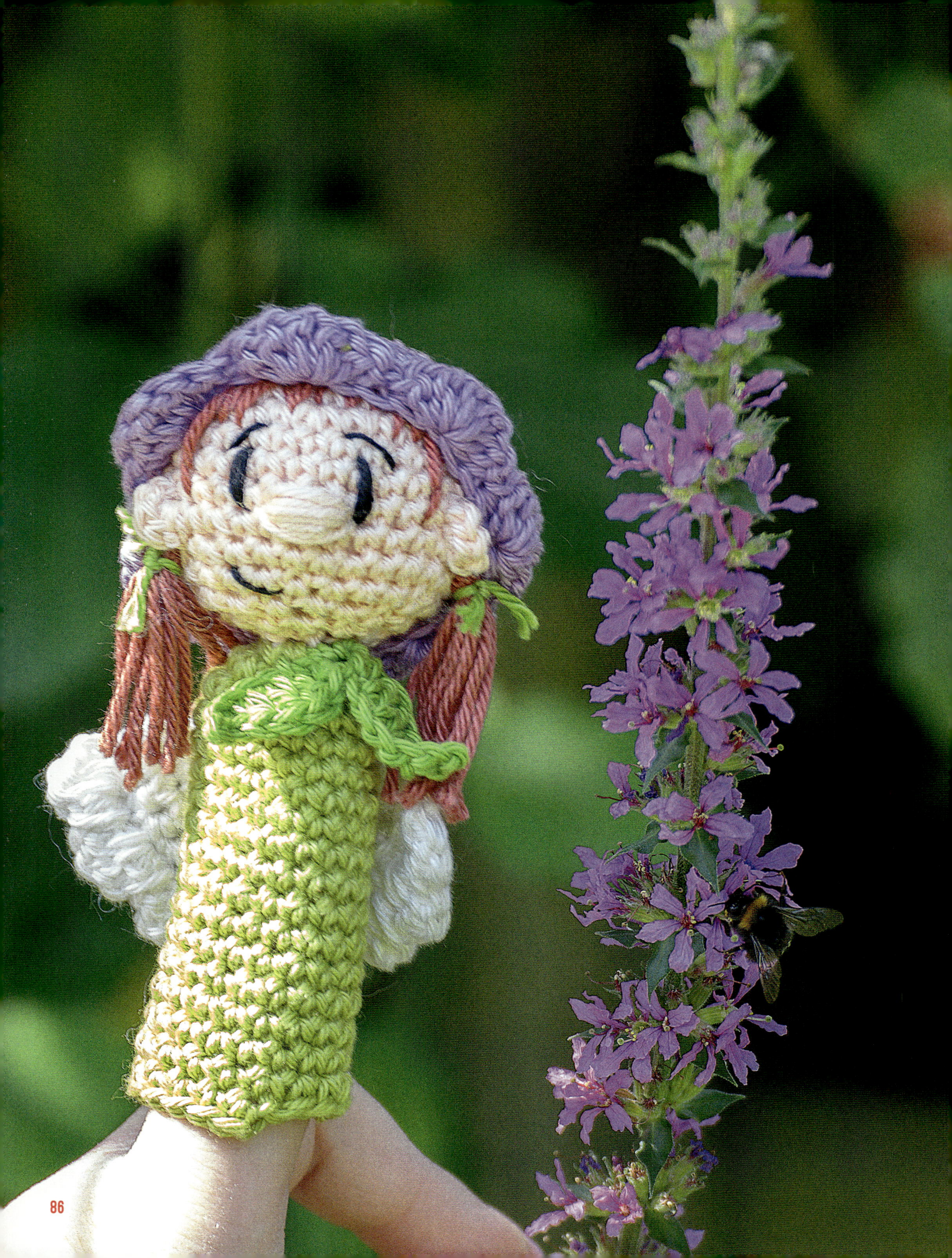

RIVKA, DIE GESELLIGE BLUMENFEE

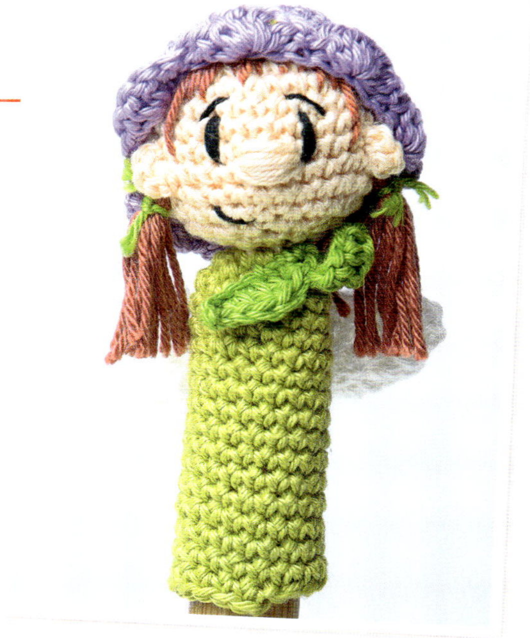

Sie mag es, wenn das Leben um sie herum pulsiert! Je mehr Trubel, desto besser. Am liebsten sind ihr die Feste, die sie das ganze Jahr über auf die Beine stellt: das Regenfest, das Blütenpollenfest, das Flussfest, das Hutfest und viele andere mehr. Einen Grund, zu feiern, gibt es immer, findet Rivka. Wenn sie ein Fest plant, trommelt sie Livra, Annike, Andrash und Lasse zusammen. Von Livra gibt es dann die leckersten Kuchen und Häppchen aus der Hofküche, Annike sorgt mit Andrash für die Musik und Lasse ruft alle Glühwürmchen zusammen, damit auch bis tief in die Nacht gefeiert werden kann. Kaum ist ein Fest vorbei, sind die Bewohner gespannt, wann die nächste Einladung kommt. Bei all dem Feiern vergisst Rivka manchmal, dass sie eine Blumenfee ist und dafür Sorge tragen soll, dass auch im nächsten Jahr wieder viele Blumen blühen. Dann kann man sie beobachten, wie sie emsig Blumensaat ausstreut … (und wahrscheinlich in Gedanken schon das Saatfest plant).

DAS BRAUCHT MAN

Wolle
Catona von Scheepjes, 100 % Baumwolle, 50 g/125 m: Reste in Hautfarben (Nr. 255), Weiß (Nr. 106), Apfelgrün (Nr. 513), Dunkelgrün (Nr. 515), Flieder (Nr. 226), Rotbraun (Nr. 388) und Schwarz (Nr. 110)

Zubehör
Häkelnadel 2,5 mm
Stick-/Vernähnadeln
Füllwatte

Größe
Mit dem angegebenen Garn gehäkelt, hat die fertige Blumenfee eine Größe von ca. 10 cm.

UND SO GEHT ES

KOPF/KÖRPER

Mit Häkelnadel 2,5 mm und Hautfarben 2 Lfm anschlagen.
1. Rd: 6 fM in die 2. Lfm (= 6 fM).
2. Rd: Jede M verd (= 12 fM).
3. Rd: Jede 2. M verd (= 18 fM).
4. Rd: Jede 3. M verd (= 24 fM).
5. Rd: Jede 4. M verd (= 30 fM).
6.–10. Rd: 30 fM (= 30 fM).
11. Rd: Jede 4. und 5. M zus (= 24 fM).
12. Rd: Jede 3. und 4. M zus (= 18 fM).
Den Kopf mit Füllwatte füllen.
13. Rd: Jede 2. und 3. M zus (= 12 fM).
Gegebenenfalls noch Füllwatte nachstopfen.
14. Rd: Je 2 M zus häkeln (= 6 fM).

Hier beginnt der Körper:

15. Rd: Farbwechsel zu Apfelgrün, jede M verd. (= 12 fM).
16. Rd: Jede 2. M verd (= 18 fM).
17.–31. Rd: 18 fM (= 18 fM).
Die Arbeit beenden und den Faden vernähen (Foto 1).

BLUMENHUT

Mit Häkelnadel 2,5 mm und Flieder 2 Lfm anschlagen.
1. Rd: 6 fM in die 2. Lfm (= 6 fM).
2. Rd: Jede M verd (= 12 fM).
3. Rd: Jede 2. M verd (= 18 fM).
4. Rd: Jede 3. M verd (= 24 fM).
5. Rd: Jede 4. M verd (= 30 fM).
6.–11. Rd: 30 fM (= 30 fM).
12. Rd: Nur in die vorderen Maschenglieder arbeiten:
* 2 M überspr, 5 Stb in 1 M, 1 M überspr, 1 fM * 6 x whd.
Die Arbeit beenden und einen längeren Faden zum Annähen stehen lassen (Foto 2).

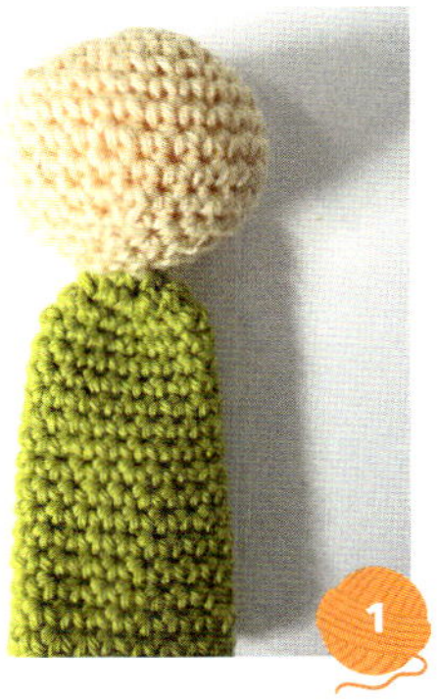
1

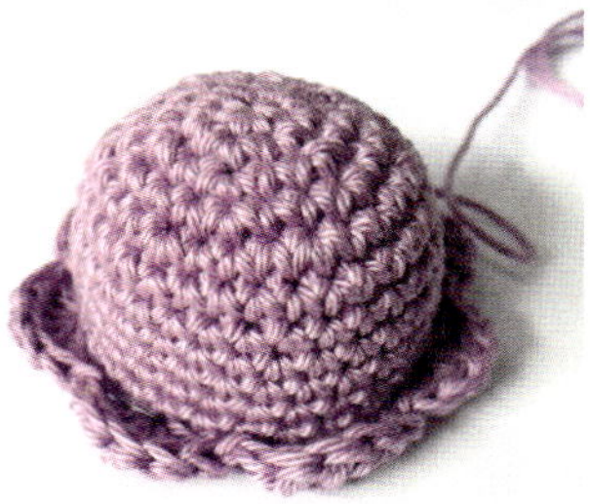
2

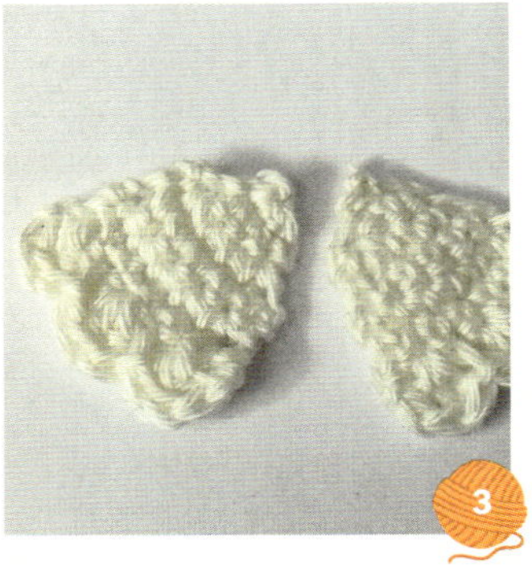

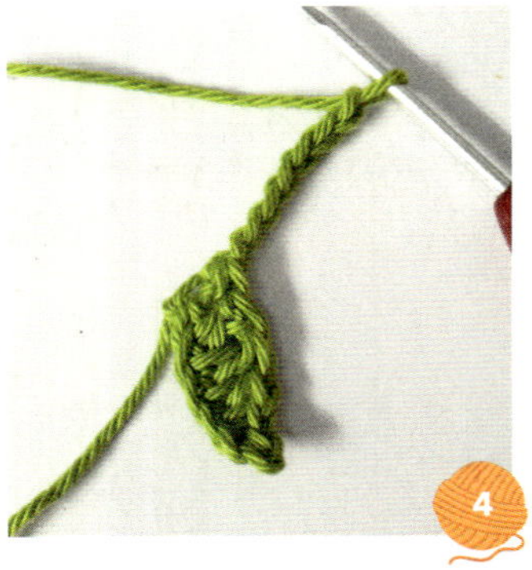

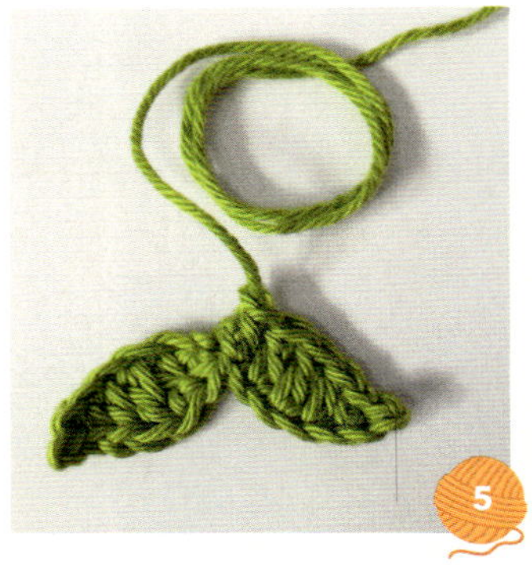

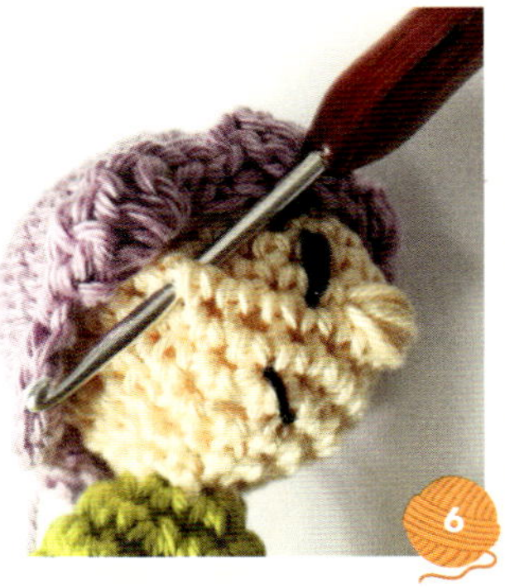

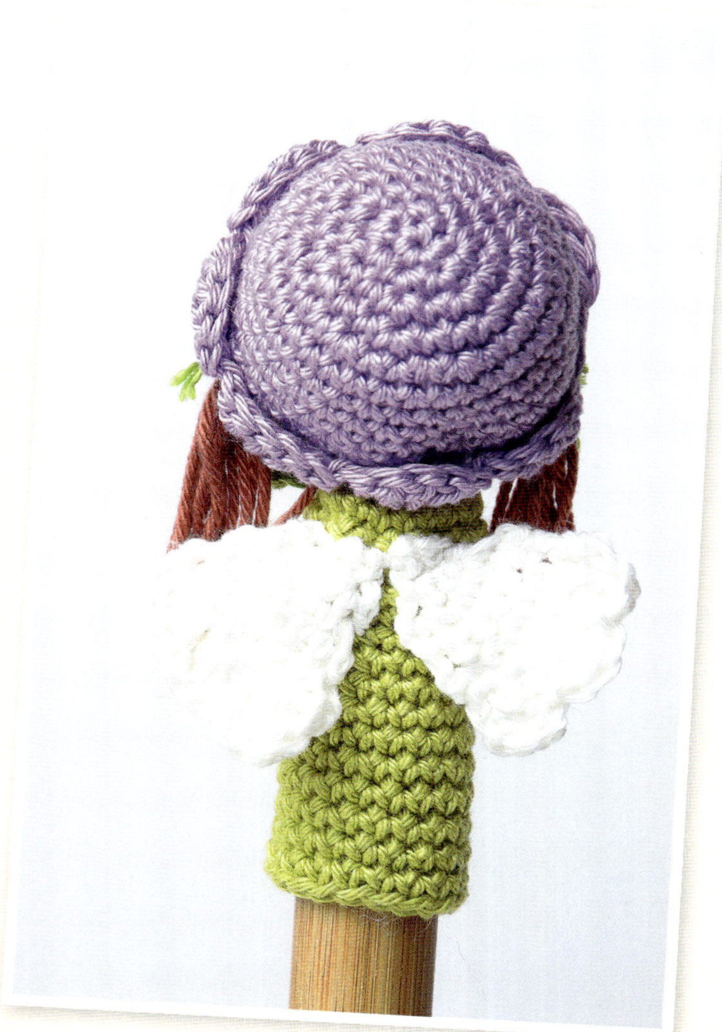

FLÜGEL (2 X HÄKELN)

Hinweis : Die Flügel werden in Reihen gearbeitet.
Mit Häkelnadel Nr. 2,5 und Weiß 2 Lfm anschlagen
1. R: 2 fM in 2. LfM, 1 Wende-Lfm (= 2 fM)
2. R: jede M. verd, 1 Wende -Lfm (= 4 fM)
3. R: 1 M. verd., 2 fM , 1 M. verd. 1 Wende-Lfm (= 6 fM)
4.- 6. R: 6 fM, 1 Wende-Lfm (= 6 fM)
7.R: * 3 Stb in eine Masche, 1 Km * 3 x whd.

Arbeit mit einer Km beenden und den Faden vernähen **(Foto 3)**.

BLÄTTER

Mit Häkelnadel 2,5 mm und Dunkelgrün 7 Lfm anschlagen.
1. R: 1 Km, 1 fM, 1 hStb, 2 Stb, 1 hStb, 7 Lfm **(Foto 4)**.
1 Km, 1 fM, 1 hStb, 2 Stb, 1 hStb **(Foto 5)**.

FERTIGSTELLUNG

Zuerst die Nase aufsticken, im Anschluss Augen, Augenbrauen und Mund auf das Gesicht aufsticken. Den Hut auf den Kopf setzen, um so die beste Position für die Ohren zu finden. Wenn man sie hat, den hautfarbenen Faden anschlingen und 3 fM und 1 Km in 1 M

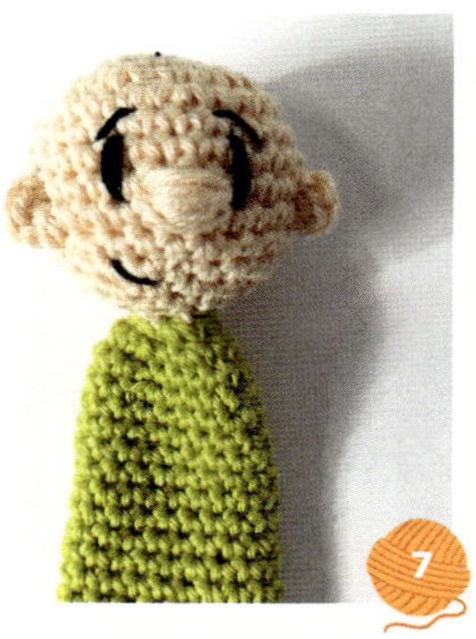

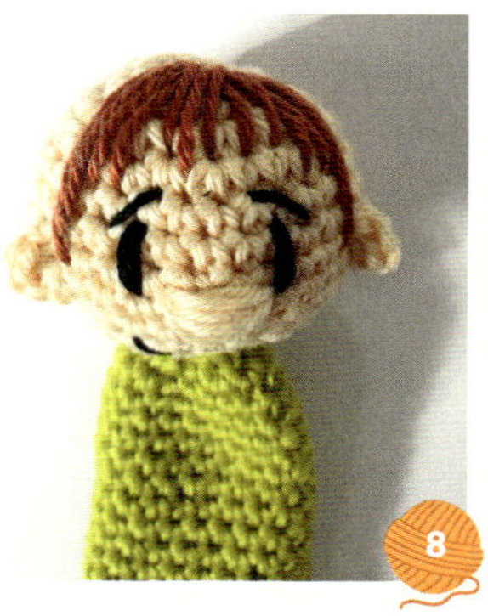

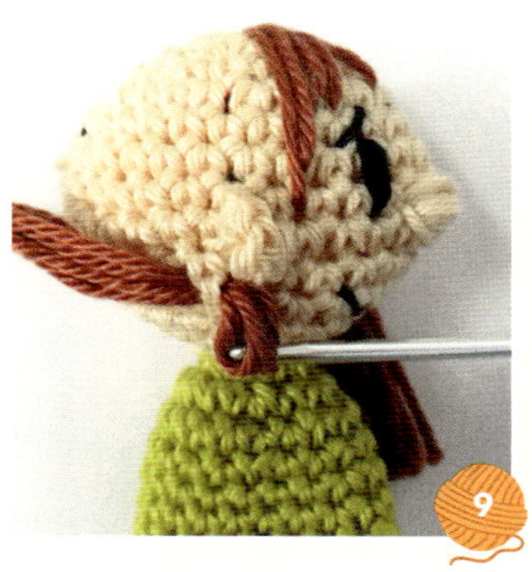

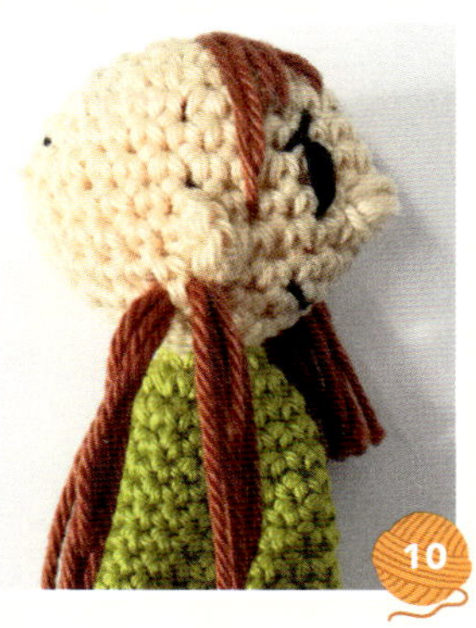

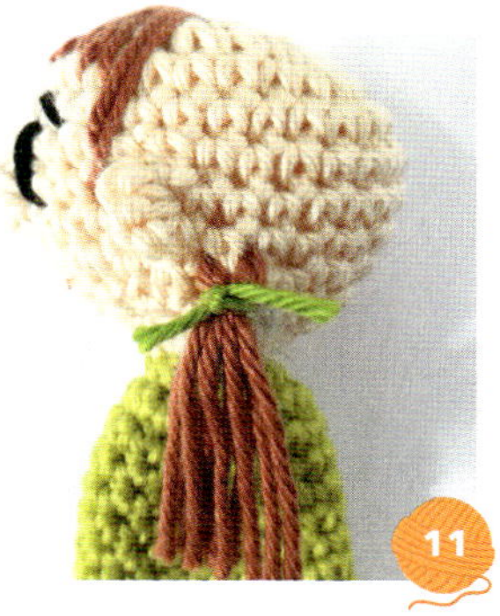

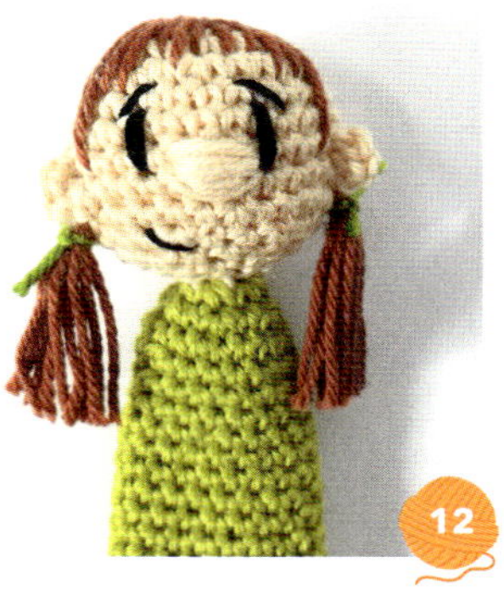

häkeln (Foto 6). Anfangs- und Endfaden vernähen. Auf der anderen Seite das zweite Ohr genauso arbeiten. Dann sieht das Gesicht wie auf Foto 7 aus.
Mit rotbraunem Faden ein paar Stirnfransen aufsticken (Foto 8). Ebenfalls in Rotbraun 12 etwa 30 cm lange Strähnen zuschneiden und unterhalb der Ohren mit einer Häkelnadel einziehen (Foto 9), aber nicht komplett durchziehen (Foto 10). Die Haare nun zu einem Zopf binden und in der gewünschten Länge abschneiden (Foto 11). Auf der anderen Seite wiederholen. Jetzt sieht Rivka aus wie auf Foto 12.
Die Blätter in der 15. Rd des Körpers, die Flügel zwischen der 18. und 23. Rd des Körpers annähen. Den Blumenhut aufsetzen und ebenfalls annähen.

Und nun ist Rivka fertig und freut sich schon auf das nächste Treffen mit ihren Freunden.

DIE BLUMENSAAT IST IN DER ERDE, JETZT PLANT RIVKA MIT IHREN FREUNDEN DAS SAATFEST!

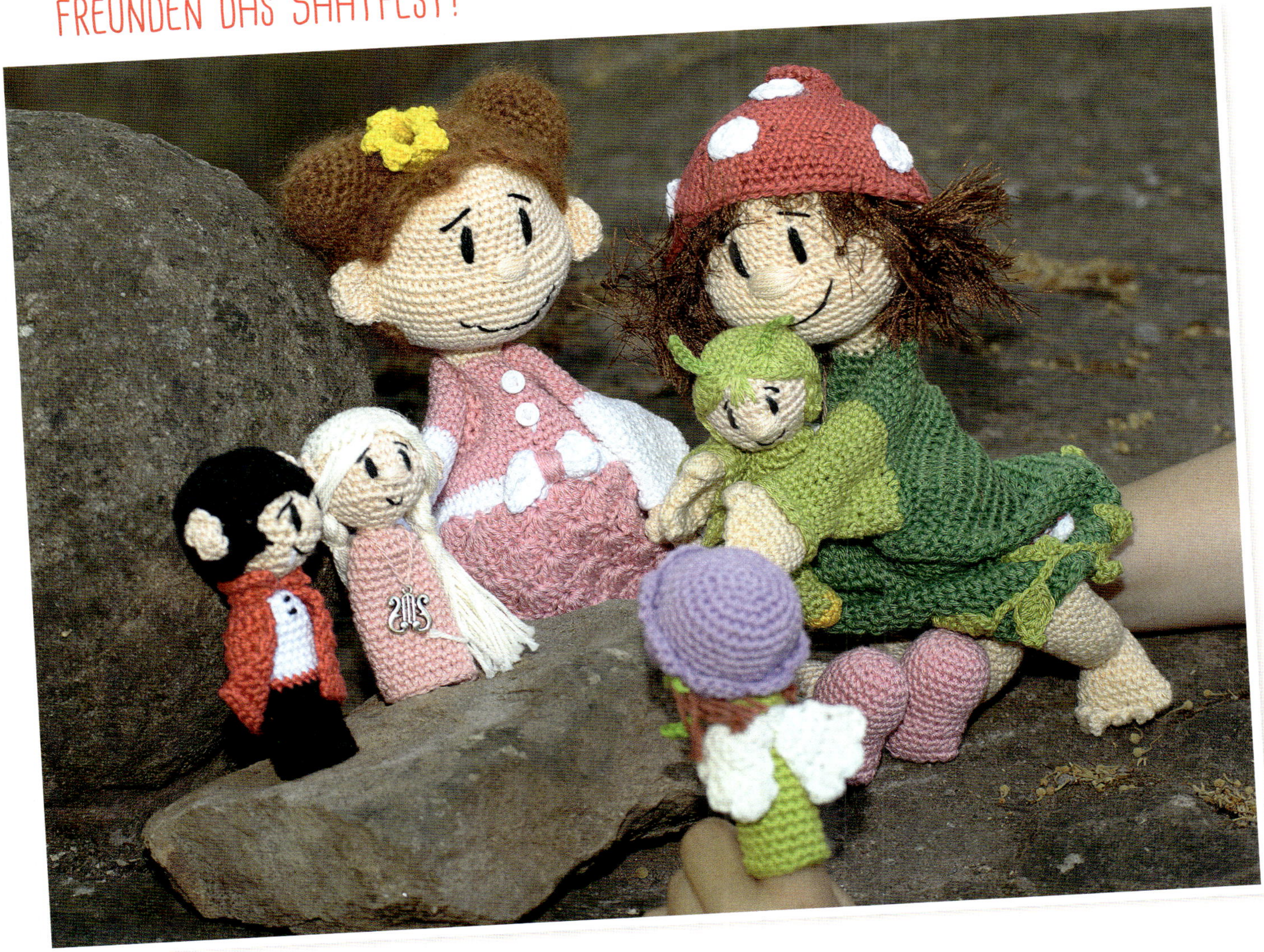

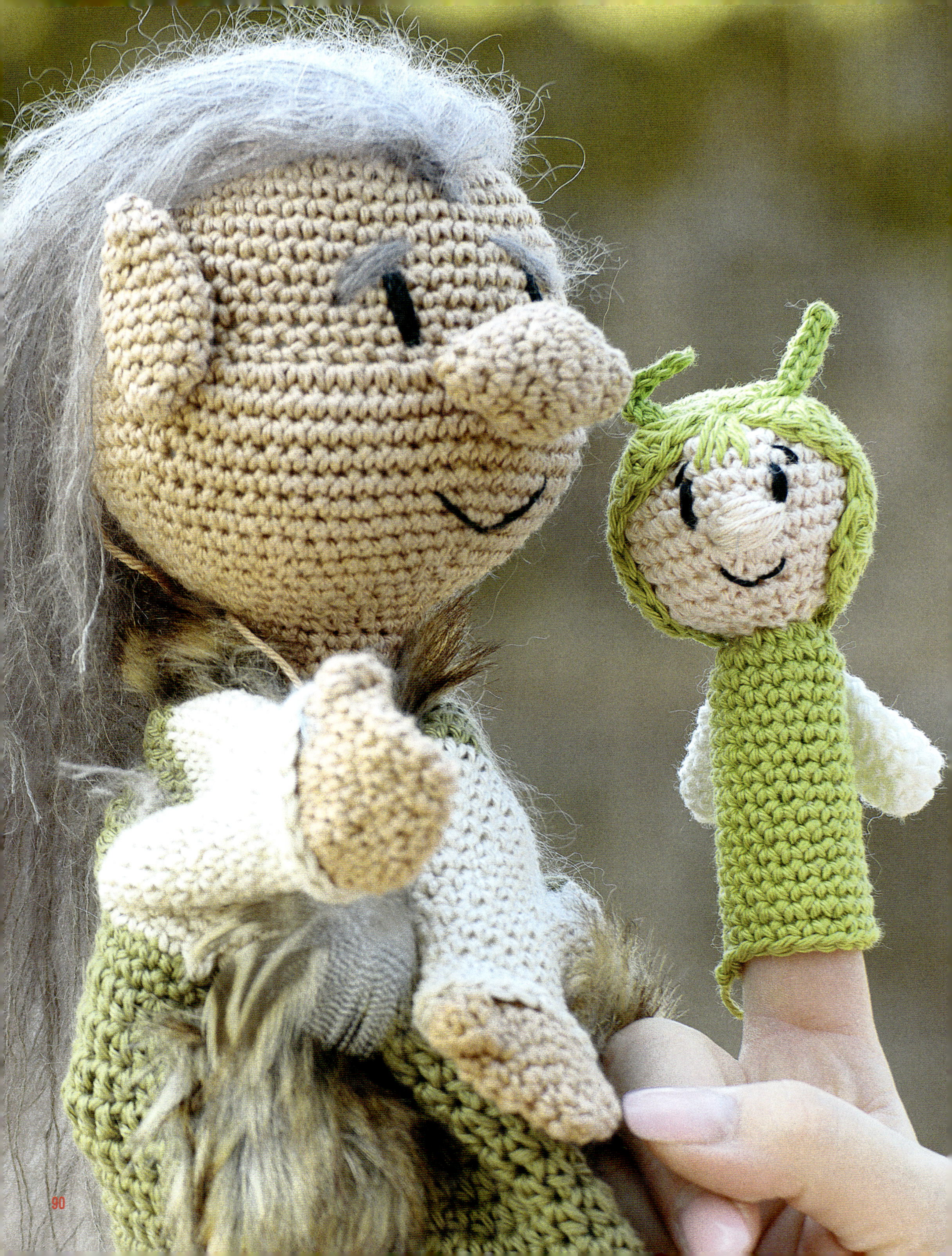

HOTTI, DAS VERGESSLICHE GLÜHWÜRMCHEN

Hotti ist wirklich sehr schusselig … Manchmal vergisst es sogar, dass es ein Glühwürmchen ist. Stellt euch das mal vor! Oder es vergisst wieder mal seinen Geburtstag. Wie gut, dass andere Waldbewohner daran denken und stets ein Fest bereiten. Auch beim Einkaufen vergisst Hotti gern etwas, dann kann es schon vorkommen, dass es abends mit knurrendem Magen zu Bett gehen muss, weil kein Brot im Hause ist. Dirkus hat ihm den Tipp gegeben, sich doch einen Einkaufszettel zu schreiben. Beflügelt von der tollen Idee läuft Hotti nach Hause (in dem Moment hat das vergessliche Glühwürmchen doch tatsächlich vergessen, dass es ja eigentlich fliegen kann), schreibt den Einkaufszettel und fliegt flugs zum Waldladen. Und was ist? Es hat den Einkaufszettel zu Hause vergessen. Nein, so kann es einfach nicht weitergehen, beschließt Hotti und macht sich auf den Weg zu Albe. Vielleicht hat der Waldschrat ja ein paar Zauberkräuter gegen seine Schusseligkeit.

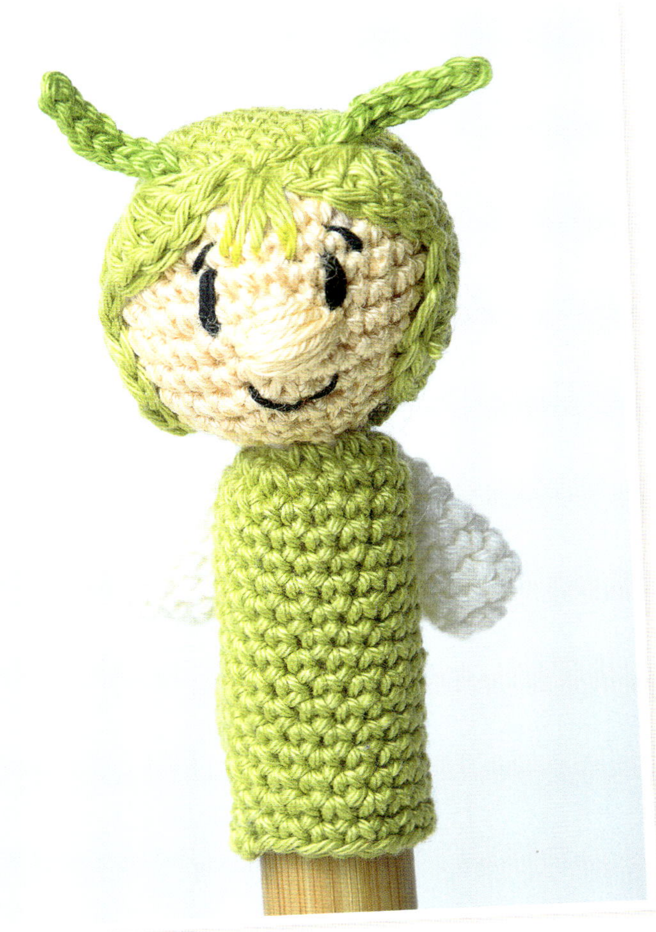

DAS BRAUCHT MAN

Wolle
Catona von Scheepjes, 100 % Baumwolle, 50 g/125 m: Reste in Hautfarben (Nr. 255), Weiß (Nr. 106), Apfelgrün (Nr. 513), Gelb (Nr. 208) und Schwarz (Nr. 110).

Zubehör
Häkelnadel 2,5 mm
Stick-/Vernähnadeln
Füllwatte

Größe
Mit dem angegebenen Garn gehäkelt, hat das fertige Glühwürmchen eine Größe von ca. 10 cm.

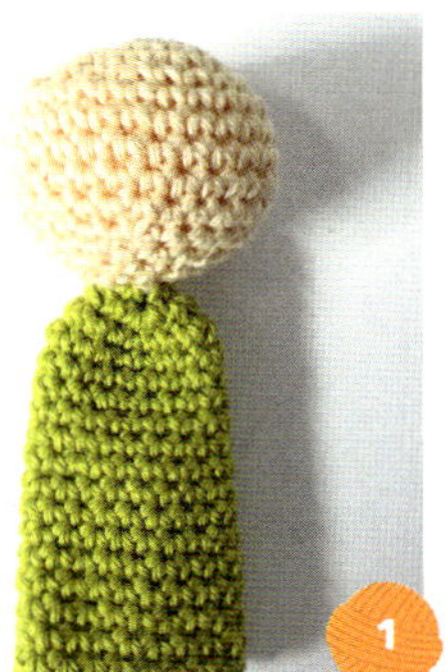
1

UND SO GEHT ES

KOPF/KÖRPER

Mit Häkelnadel 2,5 mm in Hautfarben 2 Lfm anschlagen.
1. Rd: 6 fM in die 2. Lfm (= 6 fM).
2. Rd: Jede M verd (= 12 fM).
3. Rd: Jede 2. M verd (= 18 fM).
4. Rd: Jede 3. M verd (= 24 fM).
5. Rd: Jede 4. M verd (= 30 fM).
6.–10. Rd: 30 fM häkeln (= 30 fM).
11. Rd: Jede 4. und 5. M zus (= 24 fM).
12. Rd: Jede 3. und 4. M zus (= 18 fM).
Den Kopf mit Füllwatte füllen.
13. Rd: Jede 2. und 3. M zus (= 12 fM).
Gegebenenfalls noch Füllwatte nachstopfen.
14. Rd: Je 2 M zus häkeln (= 6 fM).

Hier beginnt der Körper:

15. Rd: Farbwechsel zu Apfelgrün, jede M verd (= 12 fM).
16. Rd: Jede 2. M verd (= 18 fM).
17.–31. Rd: 18 fM (= 18 fM).
Die Arbeit beenden und den Faden vernähen (Foto 1).

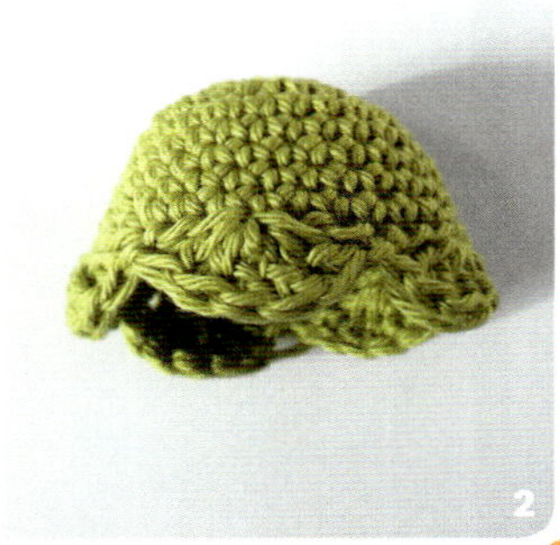

2

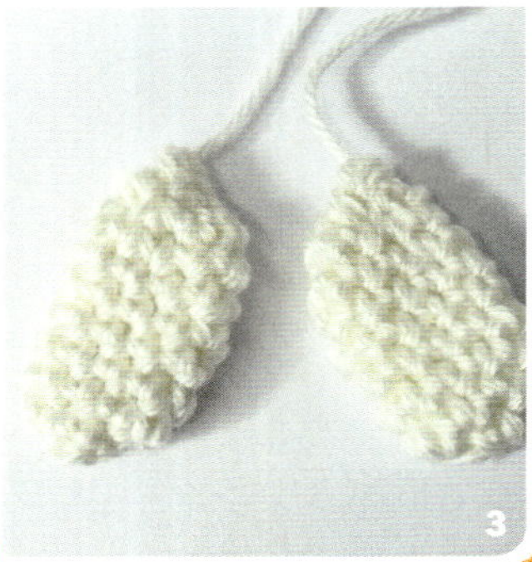

3

HAUBE

Mit Häkelnadel 2,5 mm in Apfelgrün 2 Lfm anschlagen.
1. Rd: 6 fM in die 2. Lfm (= 6 fM).
2. Rd: Jede M verd (= 12 fM).
3. Rd: Jede 2. M verd (= 18 fM).
4. Rd: Jede 3. M verd (= 24 fM).
5. Rd: Jede 4. M verd (= 30 fM).
6.–10. Rd: 30 fM (= 30 fM).
12. Rd: Nur in die vorderen Maschenglieder arbeiten:
* 2 M überspr, 5 Stb in 1 M, 2 M überspr, 1 fM * 5 x whd.
Die Arbeit beenden und einen längeren Faden zum Annähen stehen lassen (Foto 2).

FLÜGEL (2 X HÄKELN)

Mit Häkelnadel 2,5 mm in Weiß 2 Lfm anschlagen.
1. Rd: 6 fM in die 2. Lfm (= 6 fM).
2. Rd: Jede 2. M verd (= 9 fM).
3.–8. Rd: 9 fM (= 9 fM).
9. Rd: Jede 2. und 3. M zus (= 6 fM).
Die Arbeit mit 1 Km beenden und einen längeren Faden zum Annähen stehen lassen. Die Flügel bleiben ungefüllt (Foto 3).

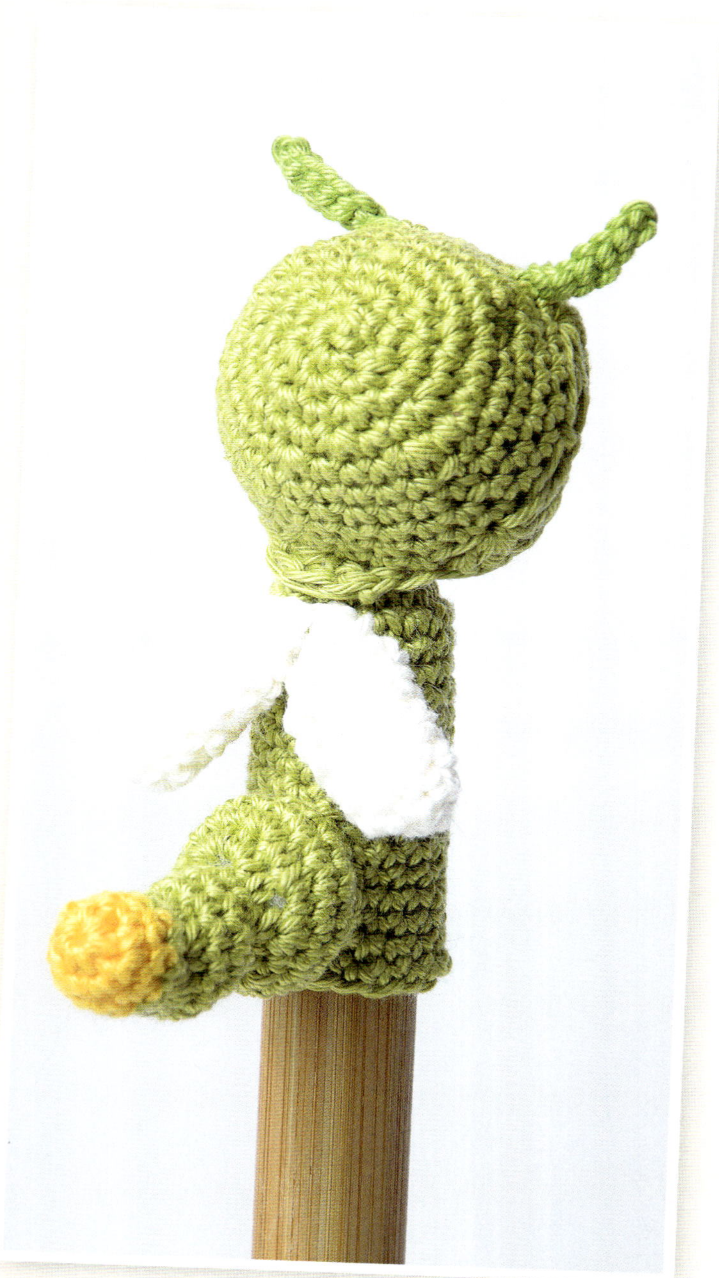

SCHWANZ

Mit Häkelnadel 2,5 mm in Gelb 2 Lfm anschlagen.
1. Rd: 6 fM in die 2. Lfm (= 6 fM).
2. Rd: Jede 2. M verd (= 9 fM).
3. Rd: 9 fM (= 9 fM).
Den Schwanz schon mal mit Füllwatte stopfen.
4. Rd: Farbwechsel zu Grün, jede 2. und 3. M zus (= 6 fM).
5. Rd: Jede M verd (= 12 fM).
6. + 7. Rd: 12 fM (= 12 fM).
Füllwatte nachstopfen.
8. Rd: Je 2 M zus häkeln (= 6 fM).
9. Rd: Jede M verd (= 12 fM).
10. Rd: Jede 2. M verd (= 18 fM).
11. + 12. Rd: 18 fM (= 18 fM).
13. Rd: Jede 2. und 3. M zus häkeln (= 12 fM).
Mit Füllwatte stopfen.
Die Arbeit beenden und einen längeren Faden zum Annähen stehen lassen (Foto 4).

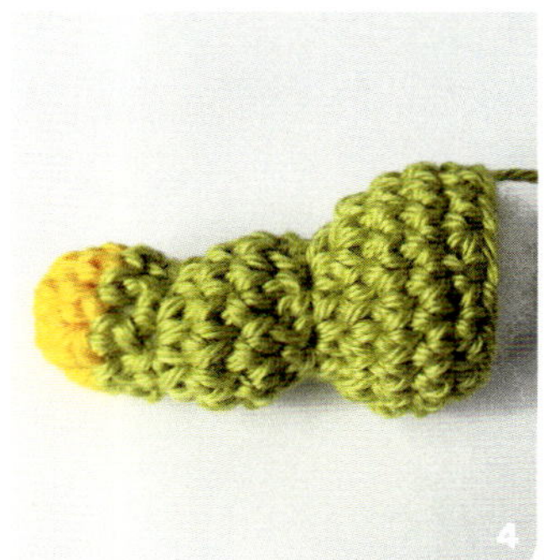

4

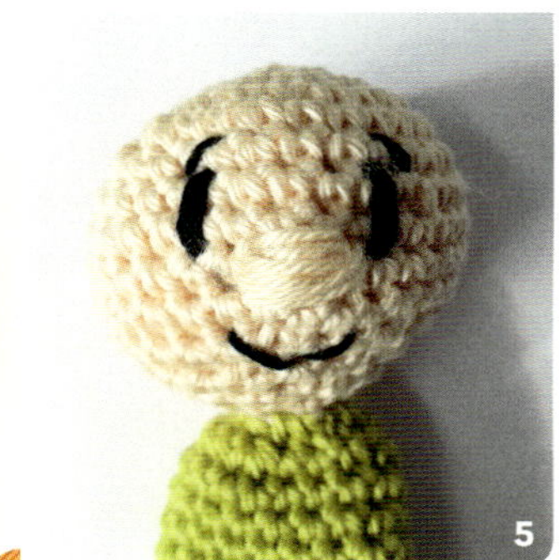

5

FERTIGSTELLUNG

Zuerst die Nase aufsticken, im Anschluss Augen, Augenbrauen und Mund auf das Gesicht aufsticken (Foto 5). Die Haube auf den Kopf setzen und festnähen.

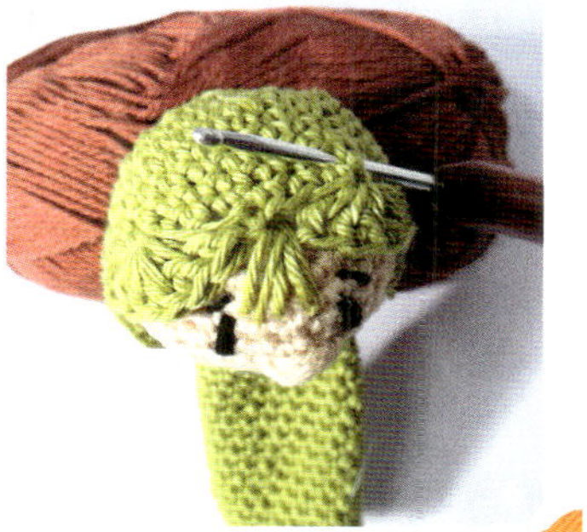

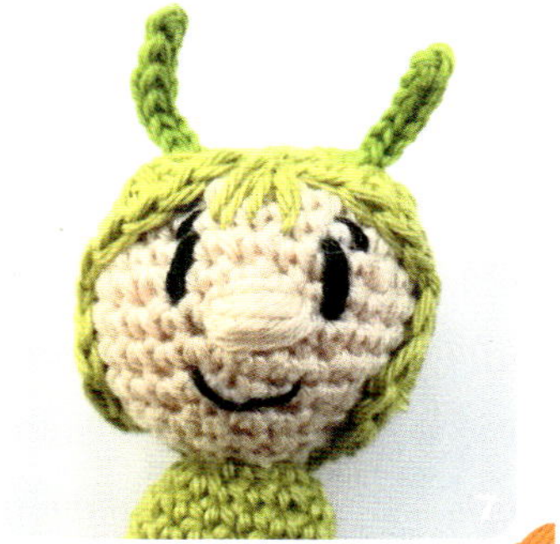

Für die zwei Fühler den Faden jeweils in Apfelgrün am Kopf anschlingen (Foto 6). 7 Lfm häkeln und auf der Lfm-Kette 6 Km zurückhäkeln. Den Fühler mit 1 Km am Kopf befestigen. Die Arbeit beenden und den Faden vernähen. Mit einem Abstand von 5 Maschen den zweiten Fühler an die Haube häkeln (Foto 7).

Den Schwanz zwischen der 25. und 30. Rd des Körpers annähen (Foto 8). Jetzt noch die Flügel auf die Rückseite (zwischen der 17. und 20. Rd) des Körpers nähen und schon ist Hotti bereit, ordentlich zu leuchten!

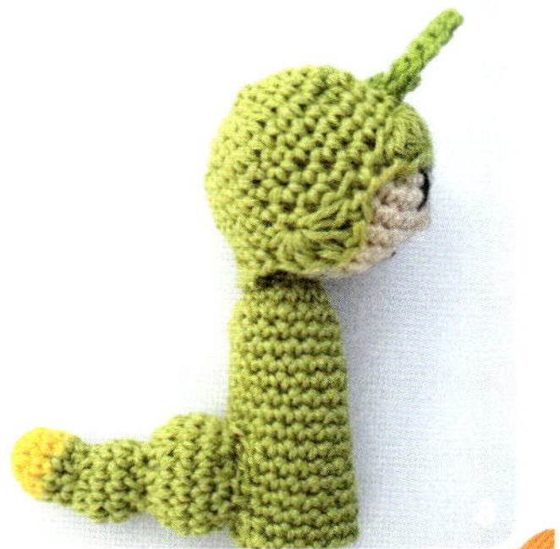

DIRKUS, DER WEISE MAGIER, GIBT HOTTI DEN TIPP MIT DEM EINKAUFSZETTEL.

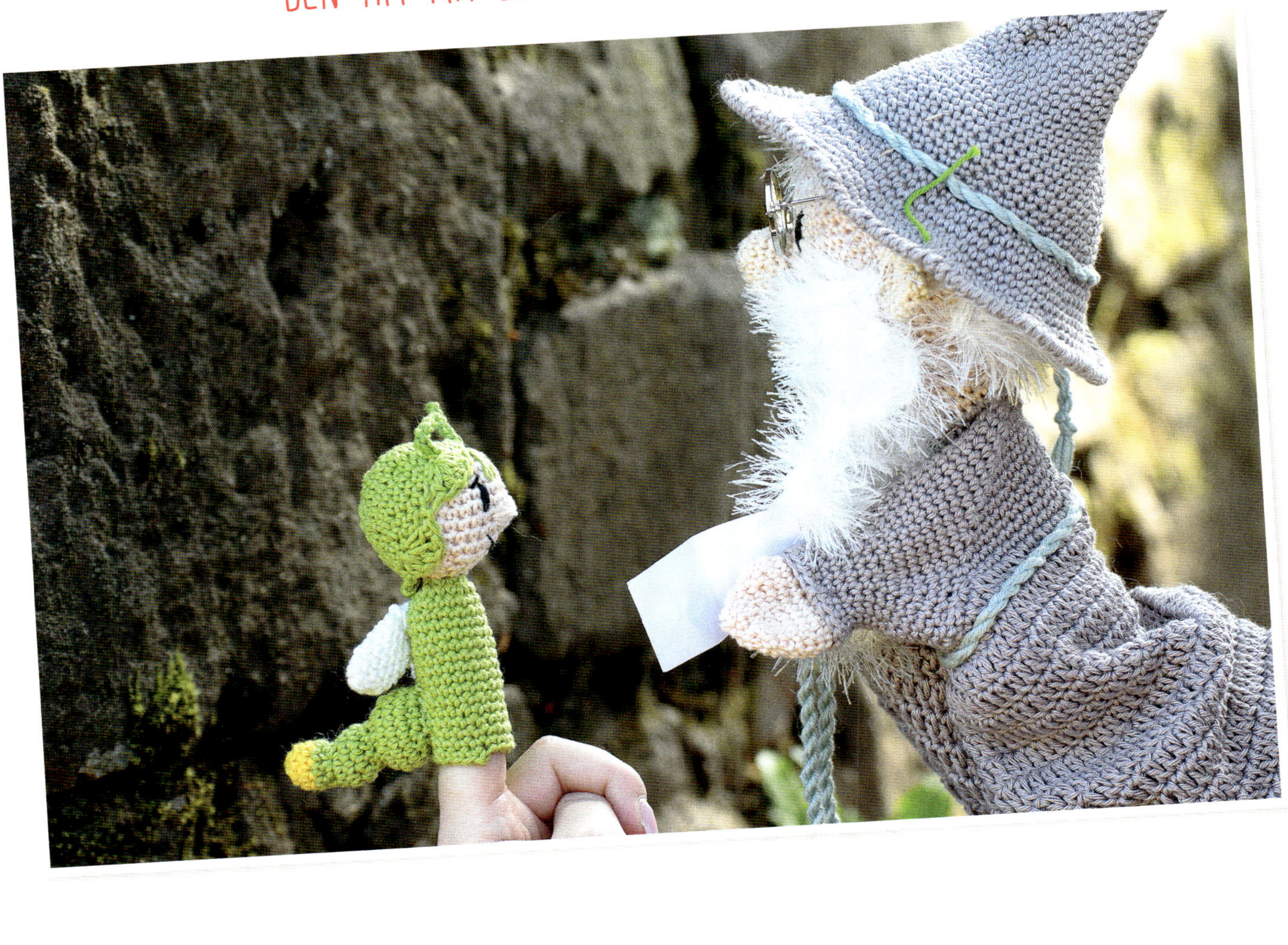

DANKSAGUNG

Bedanken möchte ich mich zuallererst bei meinem Mann und meinen Kindern für ihre unendliche Geduld und dafür, dass sie mich ermutigt haben, wenn irgendetwas mal nicht so klappte – und für ihre Begeisterung, wenn eine Figur fertig war. Ich danke euch, dass ihr immer an mich geglaubt und nie an meiner Arbeit gezweifelt habt. Nicht zuletzt danke ich euch, dass ihr mein Wollchaos mit gelassener Ruhe ertragen habt.

Bedanken möchte ich mich auch bei meiner Mama, die mir im Alter von sechs Jahren das Häkeln mit unendlicher Gelassenheit beigebracht hat. Ein ganz besonderes Dankeschön geht an meinen Fotografen René. Kein noch so schlammiger Waldboden, keine noch so dichte Hecke haben ihn davon abgehalten, die wunderbaren Fotos zu machen. Geduldig hat er meine Ideen in die Wirklichkeit umgesetzt. Danke, René, du hast dazu beigetragen, dass meine Hand- und Fingerpuppen lebendig wurden.

Ein großes Dankeschön geht an den Leopold Stocker Verlag und Frau Pekarz, die dieses Abenteuer mit mir zusammen eingegangen sind, an meine Lektorin Annerose Sieck für ihren wachsamen Blick und ihre Unterstützung bei den einführenden Geschichten, an meine geduldige Testhäklerinnen Susanne, Sandra und Christiane, die alle Fehler gnadenlos aufgedeckt haben.

Zu guter Letzt möchte ich bei meinen Sponsoren Scheepjes, my Boshi, Buttinette und Schachenmayr bedanken, die mir die tolle Wolle zur Verfügung gestellt haben. Ein herzliches Dankeschön geht natürlich auch an die liebe Familie Schmenk von WollLolli für die wunderbaren handgedrechselten Häkelnadeln. Eure Häkelnadeln sind einzigartig und man merkt die Liebe, mit der sie hergestellt werden!

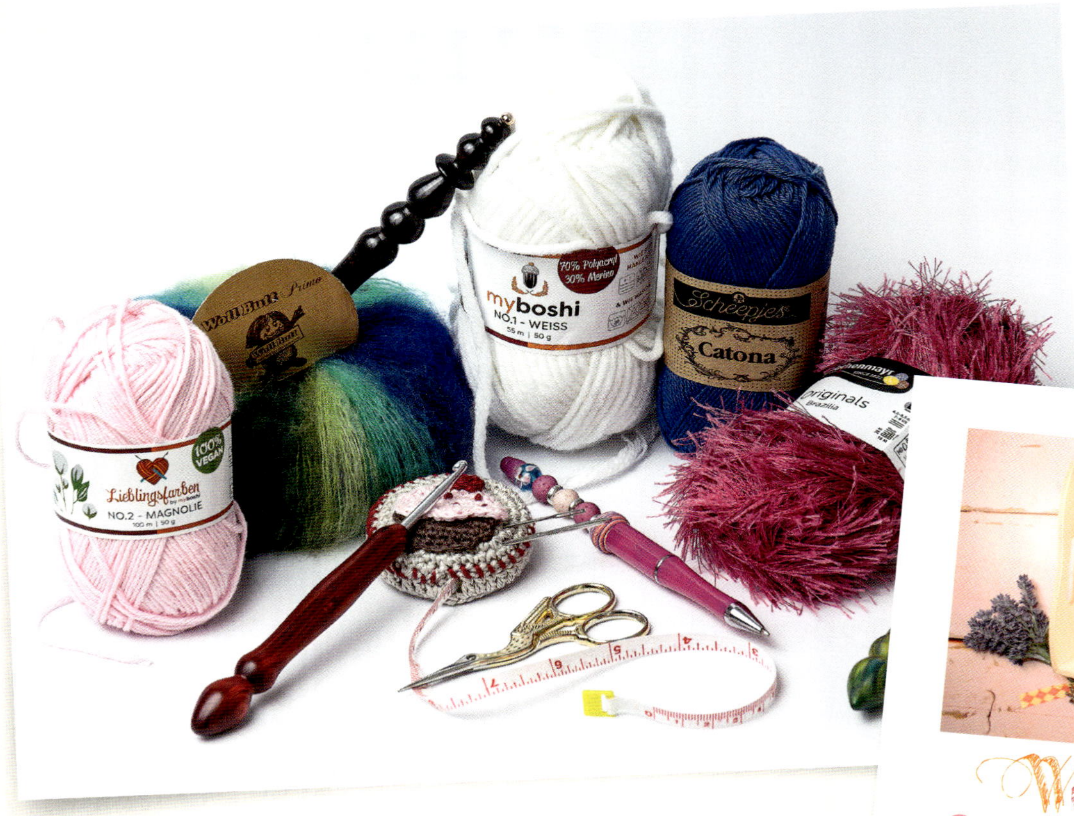

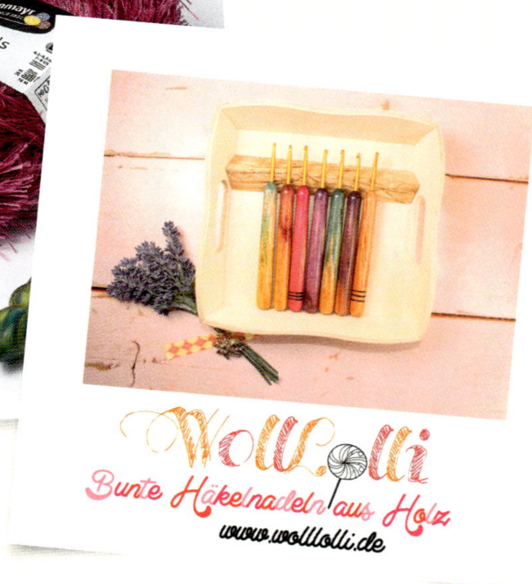

AUS UNSEREM PROGRAMM

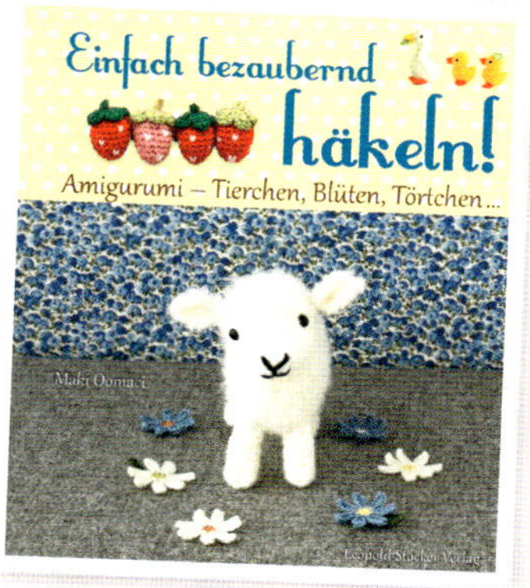

ISBN 978-3-7020-1475-9
Maki Oomaci
EINFACH BEZAUBERND HÄKELN!
Amigurumi – Tierchen, Blüten, Törtchen …

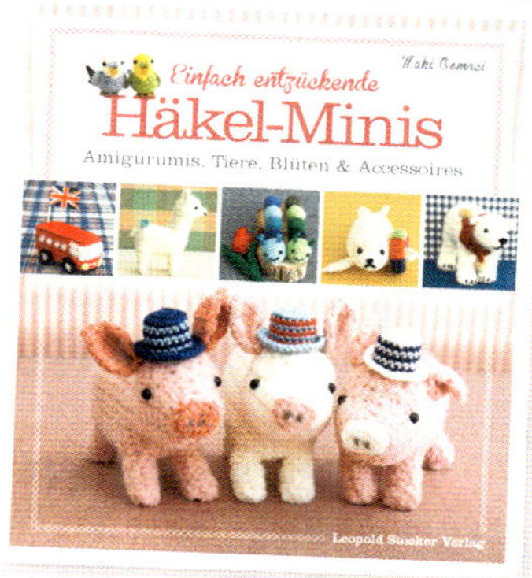

ISBN 978-3-7020-1548-0
Maki Oomaci
EINFACH ENTZÜCK-ENDE HÄKEL-MINIS
Amigurumis, Tiere, Blüten & Accessoires

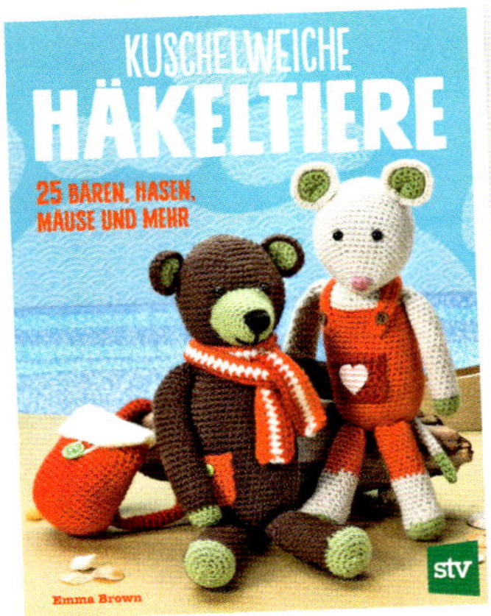

ISBN 978-3-7020-1683-8
Emma Brown
KUSCHELWEICHE HÄKELTIERE
25 Bären, Hasen, Mäuse & mehr

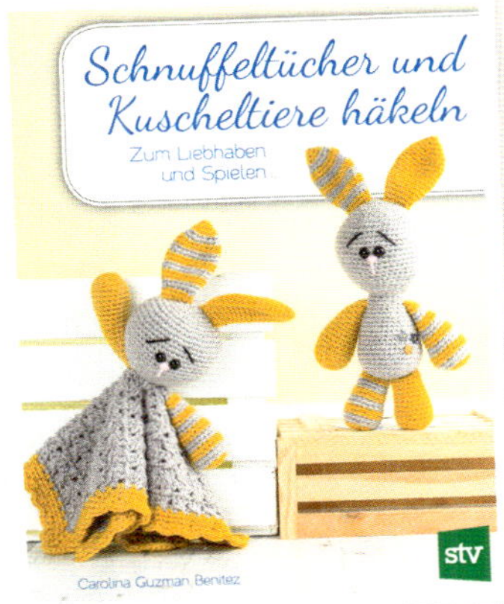

ISBN 978-3-7020-1684-5
Carolina Guzman Benitez
SCHNUFFELTÜCHER UND KUSCHELTIERE HÄKELN
Zum Liebhaben und Spielen …

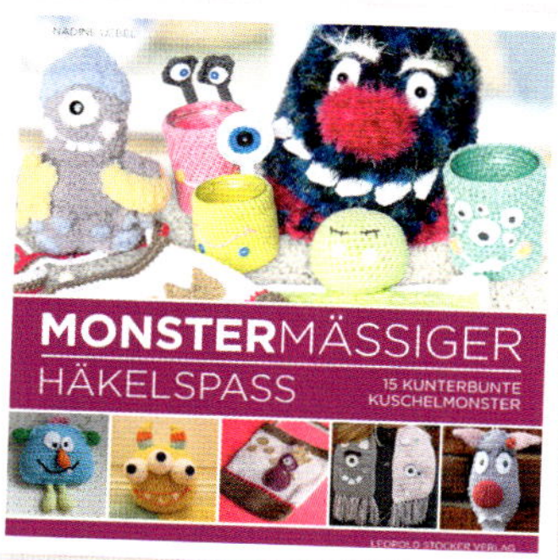

ISBN 978-3-7020-1663-0
Nadine Uebel
MONSTERMÄSSIGER HÄKELSPASS
15 kunterbunte Kuschelmonster

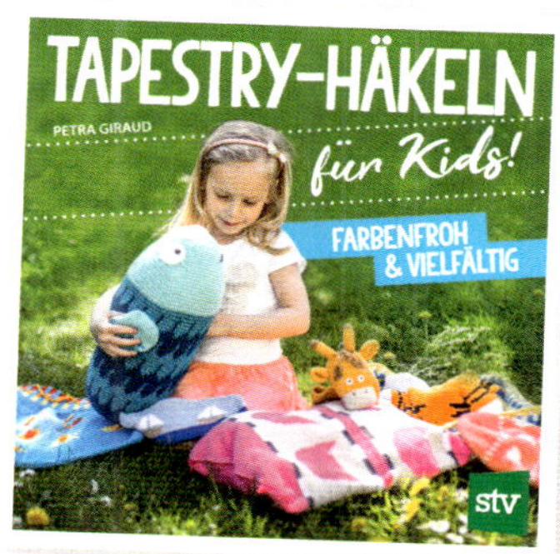

ISBN 978-3-7020-1745-3
Petra Giraud
TAPESTRY-HÄKELN
für Kids
Farbenfroh & vielfältig

Leopold Stocker Verlag
Graz – Stuttgart

AUS UNSEREM PROGRAMM

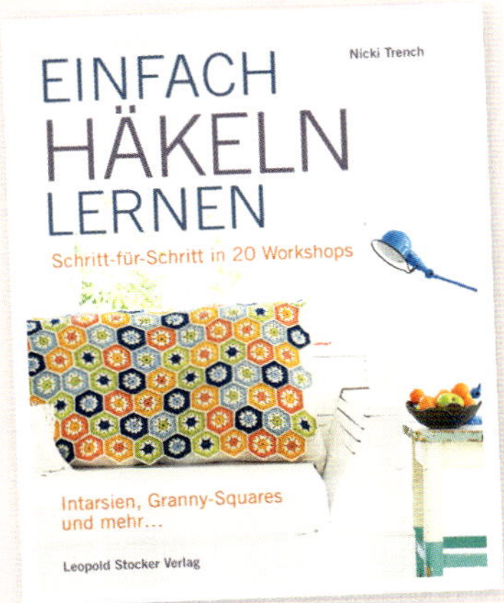

ISBN 978-3-7020-1549-7
Nicki Trench
EINFACH HÄKELN LERNEN
Schritt für Schritt in 20 Workshops
Intarsien, Granny-Squares und mehr…

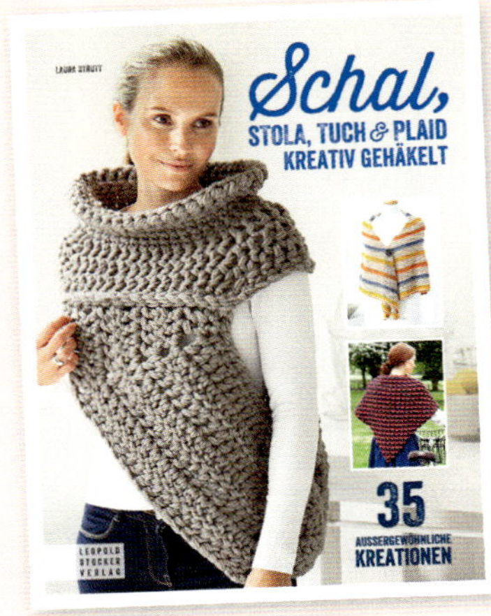

ISBN 978-3-7020-1622-7
Laura Strutt
SCHAL, STOLA, TUCH & PLAID KREATIV GEHÄKELT
35 außergewöhnliche Kreationen

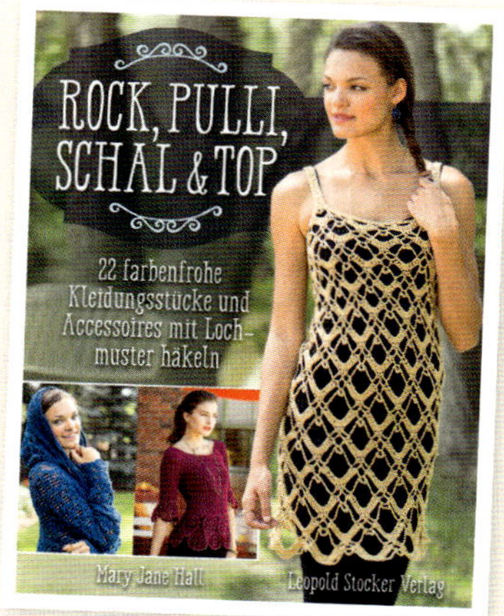

ISBN 978-3-7020-1654-8
Mary Jane Hall
ROCK, PULLI, SCHAL & TOP
22 farbenfrohe Kleidungsstücke
und Accessoires mit Lochmuster häkeln

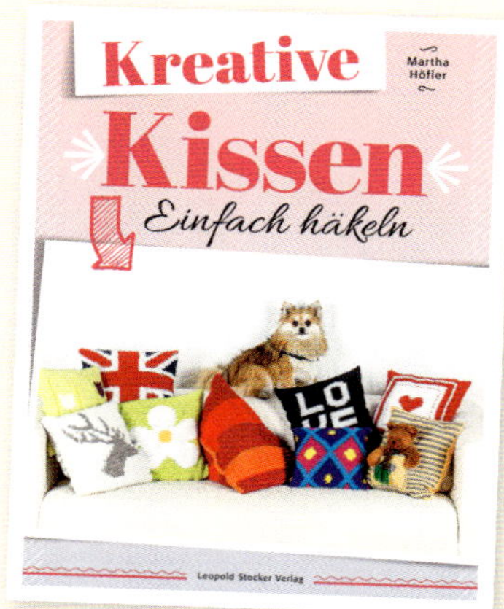

ISBN 978-3-7020-1544-2
Martha Höfler
KREATIVE KISSEN
Einfach häkeln

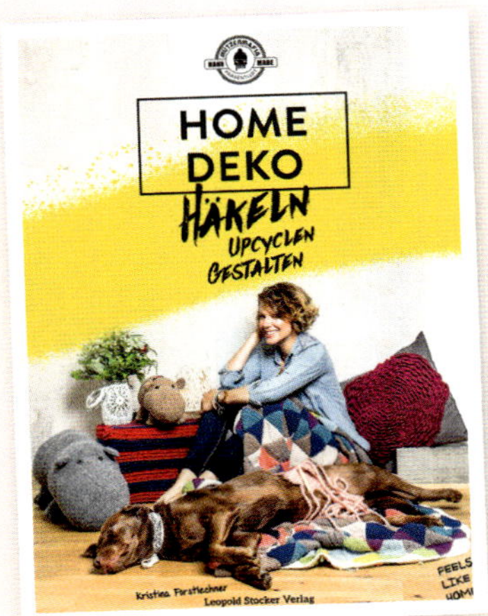

ISBN 978-3-7020-1543-5
Kristina Forstlechner
„Mützenmafia" präsentiert:
HOME-DEKO
Häkeln, Upcyclen, Gestalten

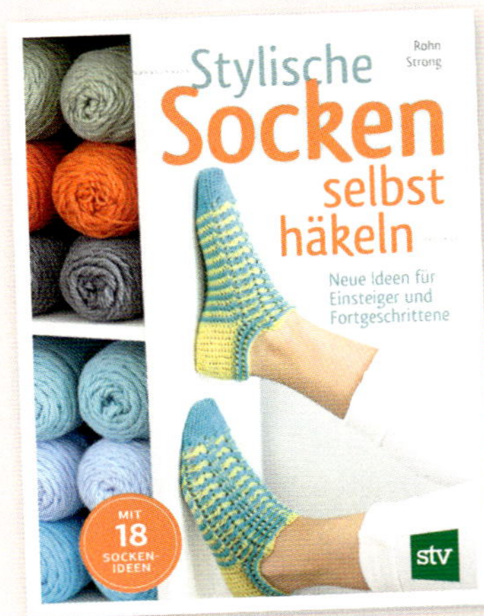

ISBN 978-3-7020-1690-6
Rohn Strong
STYLISCHE SOCKEN SELBST HÄKELN
Neue Ideen für Einsteiger und Fortgeschrittene

Leopold Stocker Verlag
Graz – Stuttgart